LA CULTURA DEL Ayuno

I0877667

LUCIANO SUBIRÁ

LA CULTURA DEL Ayuno

ENCUENTRA UN NIVEL MÁS PROFUNDO
DE INTIMIDAD CON DIOS

PATMOS

La cultura del ayuno: encuentra un nivel más profundo de intimidad con Dios
© 2024 por Luciano Subirá

Publicado por Editorial Patmos,
Miramar, FL 33027

Todos los derechos reservados.

Publicado originalmente en portugués por Editora Hagnos Ltda, São Paulo, SP, Brasil, con el título *A cultura do jejum: encontre o nível mais profundo de intimidade com Deus* © 2022 Luciano Subirá.

A menos que se indique lo contrario, las citas bíblicas han sido tomadas de la Reina-Valera 1960 ® © Sociedades Bíblicas en América Latina, 1960. Renovado © Sociedades Bíblicas Unidas, 1988. Utilizado con permiso. Reina-Valera 1960® es una marca registrada de Sociedades Bíblicas Unidas, y se puede usar solamente bajo licencia.

Las citas bíblicas indicadas como «NVI» han sido tomadas de la Santa Biblia, NUEVA VERSIÓN INTERNACIONAL® NVI® © 1999, 2015, 2022 por Biblica, Inc.® Usado con permiso de Biblica, Inc.® Reservados todos los derechos en todo el mundo.

Las citas bíblicas indicadas como «NTV» han sido tomadas de la *Santa Biblia*, Nueva Traducción Viviente, © Tyndale House Foundation, 2010. Usado con permiso de Tyndale House Publishers, Inc., 351 Executive Dr., Carol Stream, IL 60188, Estados Unidos de América. Todos los derechos reservados.

Las citas bíblicas indicadas como «LBLA» han sido tomadas de LA BIBLIA DE LAS AMERICAS © Copyright 1986, 1995, 1997 by The Lockman Foundation Usadas con permiso.

Las citas bíblicas indicadas como «RVA» han sido tomadas de la Santa Biblia, Reina-Valera Antigua. Traducida por Casiodoro de Reina en 1569 y revisada por Cipriano de Valera en 1602.

Las citas bíblicas marcadas como «NBV» han sido tomadas de la Nueva Biblia Viva © 2006, 2008 por Biblica, Inc..® Usado con permiso de Biblica, Inc.® Reservados todos los derechos en todo el mundo.

Diseño de portada e interior por Adrián Romano.
Revisado por Regina Romano.

ISBN: 978-1-64691-329-9
ISBN: 978-1-64691-330-5 (eBook)

Categoría: Vida cristiana.

Impreso en Brasil | *Printed in Brazil.*

Dedico este libro a Valnice Milhomens Coelho, una de las personas que más me ha inspirado en la enseñanza de las Escrituras, gracias a su estilo dinámico, su aplicación práctica y su contenido revelador. Ella fue una de las personas que más me inspiró sobre el ayuno, tanto por precepto como por ejemplo. Sé que muchos de mi generación sienten la misma gratitud por el impacto de su ministerio. Dejo aquí mi homenaje de honor y gratitud por todo el conocimiento bíblico y el despertar espiritual que esta mujer de Dios derramó en la vida de tantos.

Contenido

Agradecimientos

Hago público mi agradecimiento al Dr. Aldrin Marshall por toda su ayuda durante los últimos años, ya sea acompañándome en mis ayunos prolongados, consultándome y evaluando mis exámenes, hablando sobre el cuidado del cuerpo o incluso cuando nos divertimos y comemos juntos. De hecho, su cocina demuestra que la comida sana también puede ser maravillosa en el paladar. Su contribución a mi calidad de vida, y no solo a mi ministerio, ha sido de gran valor.

A Débora Mühlbeier Lorusso, por todo el trabajo de preparación de textos de la mayoría de mis libros publicados desde 2018 (aun cuando su nombre no aparece en las fichas técnicas; aquí, afortunadamente, fue debidamente homenajeada). Has hecho que las ideas comunicadas en mis textos sean más claras y aún más precisas. ¡Te agradezco tu fantástico trabajo!

Prefacio

«Lo que persistimos en hacer se vuelve más fácil, no porque cambie la naturaleza de la tarea, sino porque aumenta nuestro poder para realizarla».

RALPH WALDO EMERSON

Cuando mi amigo Luciano Subirá me invitó a escribir el prefacio de este libro sobre el ayuno, una película comenzó a desarrollarse en mi mente, trayéndome todo lo que presencié y aprendí sobre el ayuno como médico y cristiano.

Como cristiano, la práctica del ayuno siempre ha sido familiar no solo en mi vida, sino también en la vida de mis seres más cercanos. Desde niño, creciendo en un ambiente cristiano, era común escuchar que alguien estaba haciendo algún tipo de ayuno, incluso sin un entendimiento bíblico y científico de sus objetivos, beneficios y cuál es la forma adecuada de entrar, salir y cómo proceder después del final del ayuno.

Como médico, tuve varias experiencias con pacientes que querían ayunar, algunos acudieron a mí para preguntarme cómo proceder. Empecé a centrarme mucho en este tema, mientras acompañaba a aquellos pacientes cristianos que llevaban muchos años haciendo esta práctica, pero sin ningún apoyo.

Me di cuenta que las diferentes formas de ayunar de cada paciente hacían una gran diferencia en el estado clínico de cada uno, ya que cada uno tiene su propia peculiaridad, es decir, su respuesta individual ante algún evento que afecta a su organismo. Y es necesario respetar las respuestas que da el cuerpo en relación a esta práctica. Observé avances increíbles en los aspectos físicos y mentales de varios pacientes que ayunaron conscientemente y bajo supervisión clínica. Pero también vi muchos absurdos, errores que podían ser fatales.

Una de las más graves fue la de una persona que, después de una conferencia en el Seminario de Salud Metanoia sobre el agua, me contó una experiencia que había tenido. Vivía en una región muy calurosa y decidió ayunar completamente (sin comida ni agua). En promedio, una persona que pesa setenta kilos tiene de doce a dieciséis kilos de tejido adiposo, lo que equivale a 100.000 y 150.000 kilocalorías respectivamente. Estas reservas son suficientes para mantener el metabolismo basal durante cincuenta a setenta días, pero sin agua nuestro cuerpo colapsa rápidamente en cinco días. A una temperatura que acelera el proceso de deshidratación, esto se vuelve aún más peligroso. Esta persona fue a «orar al monte» y al tercer día tuvo que ser retirado en ambulancia porque había sufrido una insuficiencia renal aguda.

Cuando escuché este informe, se disparó en mi mente una señal de advertencia de que debo ayudar a las personas que pretenden hacer ayunos cortos o prolongados con la seguridad y el conocimiento que esta práctica requiere, porque los ayunos se hacen con la motivación y el estilo equivocados (antes, durante y después del ayuno) agravan el terreno para las enfermedades.

Dios hizo cada parte de nuestro cuerpo al detalle para que funcionara perfectamente, creando mecanismos para que podamos vivir una vida abundante en las tres dimensiones (espíritu, alma y cuerpo). Entre estos mecanismos, cuando miramos a Jesús vemos que Él practicó y enseñó sobre el ayuno. Y si nos proponemos vivir la realidad de Romanos 8:29: «Porque a los que antes conoció, también los predestinó a ser hechos conformes a la imagen de su Hijo, para que él sea el primogénito entre muchos hermanos», debemos entender que todas sus enseñanzas están insertas en un propósito. Nada de lo dicho son cabos sueltos, al contrario, la Biblia nunca se contradice, sino que siempre se complementa. Leerlo sabiamente es fundamental para que podamos vivir plenamente en nuestro espíritu, alma y cuerpo.

¿Alguna vez te has parado a pensar en cómo funciona tu cuerpo? La mayoría de las veces queremos comprender nuestras emociones (que también son fundamentales), pero me gustaría recordarte que fuiste diseñado para ser un todo y no fragmentos. Durante mucho tiempo la iglesia se ocupó del espíritu, solo del espíritu inmortal. Después de un tiempo se abrió a lo emocional, al cuidado de las emociones, pero hace muy poco abrió los ojos a lo que está pasando con los cuerpos del pueblo de Dios.

Tuve mucha resistencia al comienzo de mi viaje, cuando decidí hablar abiertamente de que los cristianos se estaban enfermando por su estilo de vida, especialmente con el liderazgo y los ministerios de intercesión. Una vez vino un líder a pedirme perdón, porque durante mi ministerio se sintió invadido, siendo confrontado en su estilo de vida. Me reveló que no quería tocar esa zona. Fue un momento de restauración en la vida de ese pastor, y en la mía también, ya que me animó a tener una palabra de confrontación.

Observar el ayuno de tantos pacientes y hermanos en Cristo me dio varias reflexiones y un deseo enorme de extender los beneficios del ayuno para que pueda ser una práctica diaria para el pueblo de Dios. La combinación del estudio de la Palabra, libros cristianos y artículos científicos me dio mayor amplitud, deshacer mitos y falsos paradigmas y construyendo hechos y verdades sobre este tema aún controvertido.

Quiero dejarles otro relato de un paciente cristiano que seguí y que les ayudará a entender un poco sobre los procesos del ayuno en el cuerpo humano. Una vez un pastor vino a verme, queriendo hacer un ayuno prolongado como Jesús. Como ya era mi paciente, entendió la importancia de no hacer esto sin supervisión. Fue mi primer paciente en ayuno de cuarenta días. Entonces le sugerí que hiciera una serie de pruebas para que pudiéramos entender la funcionalidad de cada órgano. Con los exámenes en la mano, planificamos un período de preparación para el ayuno.

Una dieta específica durante catorce días (dos semanas). Para que este proceso también pudiera ser monitoreado, todas las semanas venía a mi consultorio y revisábamos su estado clínico. Un pastor amigo de este paciente decidió ayunar también, pero sin toda la preparación que hice con mi paciente. El paciente, con toda la preparación, logró hacer el ayuno propuesto, pero el otro paciente, cuando vino a mi consultorio, le pedí que terminara el ayuno, ya que su cuerpo no podría responder de manera saludable hasta el final. Le expuse todos los riesgos de continuar el ayuno. Me dijo: «Doctor, si no me hubiera pedido que parara, sé que no habría podido soportarlo».

Después de mi primer seguimiento de ayuno de cuarenta días, tuve el privilegio de acompañar a Luciano Subirá en tres ayunos de cuarenta días y otros de menor duración, y bromeábamos diciendo que estaba siendo un experimento. Bueno, este material que tienes en tus manos es el resultado de estos ayunos, de experiencias con el Espíritu Santo y la necesidad de que la Iglesia sea guiada de manera práctica, pero con profundidad teológica, sobre la importancia del ayuno en nuestras vidas.[1]

En Cristo,

Dr. Pr. Aldrin Marshall.
Médico con posgrado en Medicina Bioquímica y Práctica Ortomolecular, Nutrición, Oncología Integrativa y Homeopatía Pediatra con Título de Especialización de la Sociedad Brasileña de Pediatría. Pastor de la Iglesia Bautista Lagoinha. Creador, junto a su esposa Cristiana Toledo, del Seminario Metanoia Saúde.

1. Descubra Metanoia Saúde y sus recursos para la salud integral a través del sitio www.metanoiasaude.com.br.

Presentación

> «El ayuno no puede entenderse simplemente como la abstinencia de comida y bebida, sino de cualquier cosa que sea legítima en sí misma por algún propósito espiritual».
>
> MARTYN LLOYD-JONES

El propósito de este libro es triple. En primer lugar, pretendo presentar la doctrina bíblica del ayuno para el creyente en Jesús; en segundo lugar, resaltar la necesidad de una percepción profética de su relevancia para el fin de los tiempos; en tercer y último lugar, ofrecer orientación práctica sobre cómo practicar esta disciplina espiritual.

Cabe mencionar que mi motivación va más allá de simplemente traer claridad doctrinal y enseñar cómo ayunar. También pretendo (y diría que principalmente) despertar la fe del lector. Sí, se necesita fe para practicar el ayuno, y solo hay una manera de obtenerlo: «Así que la fe es por el oír, y el oír, por la palabra de Dios» (Romanos 10:17). ¡La enseñanza bíblica promueve la fe!

Por eso, te invito a hacer algo más que leerlo rápidamente. Reflexiona y ora sobre lo que lees. Preferiblemente seguir el orden de los capítulos, ya que se construye una lógica en la forma en que están ordenados. Mi oración a Dios mientras escribo este libro es que, tanto durante la lectura como después, sientas «hambre de ayunar».

Que el Espíritu Santo proporcione una aplicación personalizada de esta enseñanza a tu corazón, de la manera que solo Él puede hacerlo. Que seas iluminado, despierto y marcado para siempre por el valor del ayuno. ¡Creo y profetizo que tu viaje espiritual nunca será el mismo!

Luciano Subirá.
Orvalho.com

1

¿Manda la Biblia que ayunemos?

> «De todos los medios de gracia, el ayuno ha sido el más incomprendido. Algunos lo exaltan por encima de toda Escritura y razón. Otros lo ignoran por completo».
>
> **JOHN WESLEY**[1]

Este será nuestro punto de partida. Para el cristiano que teme a Dios y es fiel a lo que enseñan las Sagradas Escrituras, no importa lo que la gente piense sobre un determinado tema, sino lo que nuestro Señor diga al respecto. Por lo tanto, es sumamente importante preguntar: «¿nos ordena la Biblia ayunar?».

Adelanto que la respuesta puede ser relativa o incluso subjetiva, según el enfoque. Muchos afirman (y yo mismo repetí esta afirmación durante mucho tiempo) que en el nuevo pacto no existe la obligación de ayunar. Se ha tratado, especialmente en los tiempos modernos, como opcional. Es como si el mensaje se comunicara así: «si ayunas, está bien. ¡Pero recuerda, no es necesario! De hecho, en muchos círculos cristianos, aunque sea en otras palabras, el tema se enseña exactamente en estos términos.

Ya no se habla mucho del ayuno en la iglesia contemporánea, eso es un hecho. Además, en la enseñanza de los pocos que deciden tocar el tema, el agravante es que hay más excusas para no ayunar que estímulos para practicarlo. Es necesario analizar mejor, a la luz de las Escrituras, esta importante disciplina espiritual.

---

1. WESLEY, *Juan. El Sermón de la Montaña*, p. 160.

Empezando desde el principio

En el Antiguo Testamento, los judíos tenían un solo día anual[2] de ayuno: el Día de la Expiación: «A los diez días de este mes séptimo será el día de expiación; tendréis santa convocación, y afligiréis vuestras almas, y ofreceréis ofrenda encendida a Jehová» (Levítico 23:27). El acto de «afligir el alma» era *obligatorio*, y quien no lo hiciera sería ejecutado: «Porque toda persona que no se afligiere en este mismo día, será cortada de su pueblo» (Levítico 23:29). Es un hecho que la expresión «afligir el alma» no se refiere simplemente a un tipo de sentimiento interior, ya que sería demasiado subjetivo que alguien pudiera realmente hacerlo. Si bien se utilizó para explicar otros tipos de abstinencia, como en la ley de los votos (Números 30:13), vale resaltar que, en el contexto del día de la expiación, era una referencia directa al ayuno, tanto que este evento llegó a ser conocido como «el día del ayuno» (Jeremías 36:6), al que Pablo se refirió más tarde (Hechos 27:9).

Aunque los hebreos tenían un día anual obligatorio de ayuno, en palabras de John Davis: «El verbo ayunar, o el sustantivo ayunar, no se encuentra en todo el Pentateuco. Si hay prescripciones al respecto, vienen en un lenguaje ambiguo, como este: "afligiréis vuestras almas", Levítico 16:29; Números 29:7».[3]

Hay muchos ejemplos de ayuno en el Antiguo Testamento, pero ninguno en respuesta a una ordenanza. Hubo momentos, por ejemplo, en que Dios mismo convocó a los ayunos:

> Ceñíos y lamentad, sacerdotes; gemid, ministros del altar; venid, dormid en cilicio, ministros de mi Dios; porque quitada es de la casa de vuestro Dios la ofrenda y la libación.
>
> *Proclamad ayuno*, convocad a asamblea; congregad a los ancianos y a todos los moradores de la tierra en la casa de Jehová vuestro Dios, y clamad a Jehová. (Joel 1:13-14, énfasis añadido)

2. Más tarde, en el período posterior al exilio babilónico, los judíos comenzaron a practicar cuatro ayunos anuales (Zacarías 8:18-19). Aunque no hay registro de ninguna orden divina al respecto, Dios no estaba en contra de esta práctica.

3. DAVIS, John. *Nuevo Diccionario Bíblico*, p. 630.

Sin embargo, siempre fueron convocatorias proféticas puntuales. En ninguno de los casos queda claro que se estableciera una ordenanza para que el ayuno fuera una práctica regular o continua.

Los muchos ejemplos de ayuno practicados en el antiguo pacto son esclarecedores acerca de la disciplina (y los estudiaremos más adelante), pero no caracterizan un mandamiento.

Los israelitas, en los días del profeta Isaías, comenzaron a preguntarse por qué a Dios no le importaban los ayunos que realizaban. La respuesta divina afirma que estaban haciendo lo correcto, pero de manera incorrecta (Isaías 58:1-14); por lo tanto, el Señor no habló en contra del ayuno, sino que guio a su pueblo a hacerlo correctamente. Esto revela que Dios esperaba que su pueblo ayunara y lo hiciera apropiadamente. Aun así, no comunica una idea de obligación.

¿Y en el Nuevo Testamento?

Del mismo modo, para los creyentes del nuevo pacto, no existe una ordenanza clara de ayunar. Los textos utilizados para apoyar el imperativo son notoriamente cuestionables, ya que no aparecen en los manuscritos bíblicos más antiguos, razón por la cual apenas aparecen en las versiones bíblicas modernas.[4] F. F. Bruce, en su obra *Comentario bíblico NVI*, señala: «Los versículos citados en apoyo de esto, por ejemplo, Mateo 17:21; Marcos 9:29; 1 Corintios 7:5; Hechos 10:30, están tomados de manuscritos inferiores que fueron corrompidos por el creciente ascetismo en la iglesia».[5] La misma información se comunica en el *Diccionario Bíblico Wycliffe.*[6]

---

4. Les presento, a modo de ejemplo, una cita de la Biblia King James: «No os defraudéis unos a otros, salvo con el consentimiento, por un tiempo, de dedicaros al ayuno y a la oración; y reunidos otra vez, para que Satanás no os tiente a causa de vuestra incontinencia» (1 Corintios 7:5, traducción libre). Aunque la idea de abstinencia sexual está asociada a la separación para la oración mencionada por el apóstol, la palabra «ayuno» aparece solo en manuscritos más recientes.

5. BRUCE, F. F. *Comentario bíblico NVI: Antiguo y Nuevo Testamento*, p. 1077.

6. PFEIFFER, Charles F., VOS, Howard F. & REA, John. *Diccionario bíblico Wicliffe*, p. 1018.

Sin embargo, aunque evidentemente no existe ningún *imperativo*, el Nuevo Testamento está lleno de *menciones* al ayuno. No solo habla de las personas que ayunaron y la forma en que lo hicieron, sino que *infiere* que nosotros también ayunaríamos y, de igual manera, nos *instruye* sobre la manera correcta de hacerlo.

El punto es: muchos maestros han fallado seriamente al decir que debido a que no existe una ordenanza específica para el ayuno, entonces no debemos ayunar. Sin embargo, cuando consideramos las enseñanzas de Jesús, no se puede negar que el Maestro *esperaba* que ayunáramos:

> Cuando ayunéis, no seáis austeros, como los hipócritas; porque ellos demudan sus rostros para mostrar a los hombres que ayunan; de cierto os digo que ya tienen su recompensa.
>
> Pero tú, cuando ayunes, unge tu cabeza y lava tu rostro, para no mostrar a los hombres que ayunas, sino a tu Padre que está en secreto; y tu Padre que ve en lo secreto te recompensará en público. (Mateo 6:16-18)

Aunque, aparentemente, Jesús no estaba ordenando el ayuno, sus palabras revelan que, al menos, *esperaba* esta práctica de nosotros. Cristo no dijo «si» ayunamos, sino que puso énfasis en la instrucción de ayunar para «cuando» lo hagamos. Además de instruir sobre la correcta motivación al ayunar, también destacó que esta práctica produce resultados. ¿Cómo deducir algo diferente de que nuestro Señor expresó una clara *expectativa* de que sus seguidores ayunaran?

Aunque el propio Señor Jesús había ayunado durante cuarenta días y cuarenta noches antes del inicio de su ministerio, encontramos que sus discípulos no practicaron el ayuno de los judíos de esos días (excepto el del Día de la Expiación). Incluso hubo un tiempo en el que algunos incluso acusaron a Cristo por el hecho que sus discípulos no ayunaban. En aquella época, era costumbre entre los fariseos ayunar dos días a la semana (Lucas 18:12), los lunes y jueves.[7] La respuesta ofrecida por el Maestro es muy esclarecedora:

---

7. CHAMPLIN, Russel Norman. *Enciclopedia de Biblia, Teología y Filosofía*, vol. 3, p. 442.

> Entonces ellos le dijeron:
>
> ¿Por qué los discípulos de Juan ayunan muchas veces y hacen oraciones, y asimismo los de los fariseos, pero los tuyos comen y beben?
>
> Él les dijo: ¿Podéis acaso hacer que los que están de bodas ayunen, entre tanto que el esposo está con ellos? Mas vendrán días cuando el esposo les será quitado; entonces, en aquellos días ayunarán. (Lucas 5:33-35)

Note la declaración de Jesús. No dijo que estaba en contra de la práctica del ayuno por parte de sus discípulos, simplemente enfatizó que era una cuestión de tiempo: después de que él fuera retirado del contacto directo con los discípulos y regresara al Cielo, entonces ellos ayunarían. En otras palabras, cuando Jesús habló del ayuno, no se limitó solo a ese tiempo, sino que señaló un período específico: cuando estarían sin el novio, después de su muerte y resurrección. Desde una perspectiva cultural, la alegoría referente al novio es muy esclarecedora. Craig Keener, en el *Comentario Histórico-Cultural de la Biblia: Nuevo Testamento*, comenta:

> Los festejos nupciales pueden durar hasta siete días; se decidió que la alegría festiva era una obligación tan fundamental que los rabinos interrumpieron su instrucción para dar la bienvenida a la procesión de las novicias. No estaba permitido ayudar ni participar en otros actos de duelo ni trabajar duro durante el banquete de bodas. Jesús hace una analogía con su situación, declarando que sería inapropiado hablar mientras él todavía estaba allí.
>
> Una vez más, el consejo es inapropiado para el ayuno en estas circunstancias.[8]

La declaración del Maestro, por tanto, anula el argumento de quienes afirman que el ayuno era una determinación exclusiva y restringida a los judíos del antiguo pacto. ¿Cómo podemos

8. KEENER, Craig S. *Comentario histórico-cultural de la Biblia: Nuevo Testamento*, p. 72.

negar, dada tal aclaración bíblica, que el ayuno es algo que nuestro Señor espera de todos sus redimidos? ¿Cómo podemos negar que esa orientación también fue dada a la Iglesia? ¿O que la propia Iglesia, de hecho, lo ha practicado desde el comienzo de la era cristiana?

Note estos dos registros bíblicos sobre la iglesia en Antioquía: «Ministrando estos al Señor, y ayunando, dijo el Espíritu Santo: Apartadme a Bernabé y a Saulo para la obra a que los he llamado. Entonces, habiendo ayunado y orado, les impusieron las manos y los despidieron» (Hechos 13:2-3). Y nuevamente: «Y constituyeron ancianos en cada iglesia, y habiendo orado con ayunos, los encomendaron al Señor en quien habían creído» (Hechos 14:23). Así como en Antioquía, iglesia compuesta mayoritariamente por gentiles, encontramos, nuevamente, la práctica de la oración con ayuno en otras iglesias establecidas entre gentiles. Esto apunta a que la cultura del ayuno se establece más allá del entorno judío y no se limita al antiguo pacto.

Algunos buscan limitar la expresión los «días cuando el esposo les será quitado» (Lucas 5:35) a solo los tres días entre la muerte y la resurrección de Jesús, en lugar de reconocer que es la era actual de la Iglesia. Al respecto, Arthur Wallis afirma, en su obra *God's Chosen Fast* [El Ayuno Elegido de Dios]:

> Nos vemos obligados a aplicar los días de su ausencia al período actual, desde que ascendió al Padre hasta que regresa del cielo. Evidentemente, así entendieron los apóstoles las palabras de Jesús, pues los informes de que estaban ayunando no aparecieron hasta después de su ascensión al Padre (Hechos 13:2-3). […] Es a esta época de la Iglesia a la que se refiere el Maestro cuando dice: «Entonces ayunarán». ¡Ahora es el momento![9]

En el libro *Hambre de Dios*, al analizar el tiempo de ausencia del Novio, John Piper hace el siguiente comentario:

---

9. WALLIS, Arthur. *God's Chosen Fast*, p. 25.

En mi opinión, la razón más fuerte para este punto de vista es que el único lugar en Mateo en el que Jesús usa este término «novio» es para referirse a sí mismo regresando al final de la era de la iglesia. En Mateo 25:1-13 Jesús describe su segunda venida como la llegada del novio: «Y a la medianoche se oyó un clamor: ¡Aquí viene el esposo; salid a recibirle!» (Mateo 25:6). Claramente, entonces, Jesús habla de sí mismo como el novio difunto, no solo durante los tres días entre el Viernes Santo y el Domingo de Pascua, sino durante todo el tiempo hasta la segunda venida.[10]

¿Y el «silencio» de las Epístolas?

Pablo fue el único escritor que mencionó los ayunos (en plural) en una epístola. Escribiendo a los corintios, el apóstol dijo: «en desvelos, en ayunos» (2 Corintios 6:5). Por el contexto de la declaración, algunos dicen que no se puede concluir si se mencionó el ayuno voluntario o involuntario. Veamos el texto:

> Antes bien, *nos recomendamos en todo como ministros de Dios*, en mucha paciencia, en tribulaciones, en necesidades, en angustias; en azotes, en cárceles, en tumultos, en trabajos, en desvelos, *en ayunos*; en pureza, en ciencia, en longanimidad, en bondad, en el Espíritu Santo, en amor sincero, en palabra de verdad, en poder de Dios, con armas de justicia a diestra y a siniestra; por honra y por deshonra, por mala fama y por buena fama; como engañadores, pero veraces; como desconocidos, pero bien conocidos; como moribundos, mas he aquí vivimos; como castigados, mas no muertos; como entristecidos, mas siempre gozosos; como pobres, mas enriqueciendo a muchos; como no teniendo nada, mas poseyéndolo todo. (2 Corintios 6:4-10, énfasis añadido)

¿Cuál es el contexto de la declaración? Comienza con Pablo declarando «nos recomendamos en todo como ministros de Dios».

10. PIPER, John. *Hambre de Dios*, p. 28, 29.

Luego viene una lista de cosas que autentican el ministerio del apóstol. Entre ellas, tenemos las relacionadas con las adversidades: «en tribulaciones, en necesidades, en angustias; en azotes, en cárceles, en tumultos» (v. 4-5). Añádase a esto «por honra y por deshonra» y la etiqueta de «engañador» (v. 8). Otras, sin embargo, no tienen nada que ver con la adversidad, sino con la dedicación y el comportamiento: «en trabajos, en desvelos, *en ayunos*; en pureza, en ciencia, en longanimidad, en bondad, en el Espíritu Santo, en amor sincero, en palabra de verdad, en poder de Dios, con armas de justicia» (v. 5-7, énfasis añadido). En otras palabras, ¡las vigilias y los ayunos no estaban incluidos en la lista de adversidades involuntarias, sino en la lista de dedicación y comportamiento voluntario!

Luego, al final de la segunda epístola a los Corintios, el apóstol vuelve a mencionar el tema. Pablo responde a una comparación que esos hermanos hicieron entre él y otros ministros, que se estaban aprovechando de los cristianos en Corinto, y se defiende enumerando mucho de lo que había soportado por la causa del evangelio:

> ¿Son ministros de Cristo? (Como si estuviera loco hablo.) Yo más; en trabajos más abundante; en azotes sin número; en cárceles más; en peligros de muerte muchas veces. De los judíos cinco veces he recibido cuarenta azotes menos uno. Tres veces he sido azotado con varas; una vez apedreado; tres veces he padecido naufragio; una noche y un día he estado como náufrago en alta mar; en caminos muchas veces; en peligros de ríos, peligros de ladrones, peligros de los de mi nación, peligros de los gentiles, peligros en la ciudad, peligros en el desierto, peligros en el mar, peligros entre falsos hermanos; en trabajo y fatiga, en muchos desvelos, *en hambre y sed, en muchos ayunos*, en frío y en desnudez; y además de otras cosas, lo que sobre mí se agolpa cada día, la preocupación por todas las iglesias. (2 Corintios 11:23-28, énfasis añadido)

Destaqué la frase «en hambre y sed, en muchos ayunos». No estoy de acuerdo con quienes afirman que es un ayuno involuntario, por mera escasez. El apóstol menciona el ayuno después de haber hablado ya del hambre y la sed (estas sí creo que fueron involuntarias, circunstanciales) y además, añade el factor de pluralidad: muchos ayunos, y ni uno solo. La NVI tradujo la frase así: «Muchas veces me he quedado en ayunas» (2 Corintios 11:27). Parece que el ayuno es uno de los elementos de la lista, y no solo una explicación obvia de cómo sería pasar hambre y sed (indicado en el elemento anterior); este tipo de explicación no se utilizó en ninguna otra cosa relacionada por Pablo. Al respecto, Valnice Milhomens comenta: «Aquí hay una clara distinción entre tener hambre y ayunar. Hay muchos que no saben cómo marcar la diferencia. Pero el hambre es cuando no se come, por falta de alimento; El ayuno es cuando tienes algo que comer y decides no comerlo».[11]

Y a cualquiera que pueda argumentar que, en el texto de 2 Corintios, el autor solo habló de cosas negativas, me pregunto por qué, entonces, mencionó la palabra «trabajo» dos veces en esta supuesta lista negativa. Además, tenemos el registro bíblico de que Pablo ayunó y oró durante tres días cuando se convirtió (Hechos 9:9-11); también ayunó mientras servía a la iglesia en Antioquía (Hechos 13:1-3); más tarde, en sus viajes misioneros, cuando regresó para establecer presbíteros en varias ciudades, practicó también el ayuno (Hechos 14:23). Solo estos casos justifican la voluntariedad de los ayunos del apóstol. No entiendo por qué ciertos maestros intentan sacar de las epístolas paulinas una explicación de que los ayunos mencionados serían involuntarios; a menos que exista, por su parte, la intención de crear una norma según la cual el apóstol, en términos de ayuno, no sea un ejemplo a seguir, el mismo apóstol que les pidió que lo imitaran.

Si bien es cierto que el ayuno no es un imperativo en las cartas del apóstol, no se puede negar que el ayuno era parte de la práctica cristiana de aquel gigante espiritual. Pablo, un hombre que ayunaba, a menudo decía que deberíamos imitarlo (1 Corintios 4:16; 1 Corintios 11:1; Filipenses 3:17; 1 Tesalonicenses 1:6), ¿cómo podemos afirmar que el ayuno estaría excluido? No dijo que debía

11. COELHO, Valnice Milhomens. *El ayuno y la redención de Brasil* (5ª ed.), p. 215.

ser imitado en todo excepto en la práctica del ayuno; por el contrario, llamó a considerar su conducta, toda ella, ya fuera lo que pudieron ver en ese momento los testigos presenciales o lo que de ella quedó registrado en el relato bíblico, como un ejemplo a seguir, reproducir, imitar.

El aparente «silencio» de las epístolas sobre el tema del ayuno, por lo tanto, no puede entenderse como una prohibición de la práctica. Cito aquí un comentario muy apropiado de Valnice Milhomens:

> Además, es bueno recordar que las Epístolas pretendían completar y aclarar la enseñanza del Antiguo Testamento, a la luz de la revelación en Cristo. Sin embargo, jamás eliminarlos. Su objetivo era aplicar las enseñanzas de Jesús y nunca subestimarlas.[12]

Si las epístolas no nos ordenan ayunar, ¿es correcto concluir que no es importante? Pensar así es una falta de sentido común y una afrenta a la interpretación bíblica. Quienes defienden tal corriente de pensamiento no solo están ignorando una práctica del Antiguo Testamento que puede y debe verse a través del lente de la revelación de Jesús, sino que también están rechazando una enseñanza clara del propio Cristo, ya que, como hemos visto, Él demostró que esperaba que el cristiano ejerciera el ayuno.

Jesús no vino a enseñar a los judíos cómo vivir bien el antiguo pacto; vino a instituir el nuevo pacto y todas sus enseñanzas apuntan a las prácticas de los ciudadanos del reino de Dios. Este concepto se hace evidente cuando Cristo estaba a punto de ser llevado al cielo. En la llamada «gran comisión», dejó una orden a sus apóstoles:

> Por tanto, id, y haced discípulos a todas las naciones, bautizándolos en el nombre del Padre, y del Hijo, y del Espíritu Santo; enseñándoles que guarden todas las cosas que os he mandado; y he aquí yo estoy con vosotros todos los días, hasta el fin del mundo. Amén. (Mateo 28:19-20)

12. *Ibid.*, p. 196.

¿Qué significa la frase «enseñándoles que guarden todas las cosas que os he mandado»? «Todas las cosas» obviamente significa «todas las cosas», lo que incluye la enseñanza que una vez dio el Maestro sobre la manera correcta de ayunar. ¿Y quiénes eran las personas a las que había que enseñar? ¿Solo los *judíos* que vivieron bajo el antiguo pacto, la ley de Moisés? ¡Absolutamente no! Se refería no solo a sus discípulos judíos, sino también a los gentiles que se convertirían mediante la predicación del evangelio, lo que se puede ver en la expresión «haced discípulos a *todas las naciones*» (Mateo 28:19, énfasis añadido).

No tratamos otros temas de las enseñanzas de Cristo (las limosnas y las oraciones, por ejemplo) como si fueran opcionales. Se espera que los cristianos ayunen, al igual que la limosna y la oración, y se han dado pautas claras con respecto a su práctica.

Repito: es cierto que Jesús no presentó un imperativo, pero demostró la expectativa de que sería parte de la vida del creyente. Y tampoco creo que su propósito al hablar sobre el ayuno fuera simplemente expresar la expectativa de que algunos de sus discípulos ayunarían. Creo que nuestro Señor asumió que el ayuno sería practicado por todos sus seguidores, entonces hizo lo que hace un buen Maestro: guio la forma correcta de ayunar. En otras palabras, al hablar de cómo hacerlo, Cristo aprobó y animó a hacerlo.

El cristianismo se construyó sobre los cimientos de las creencias y prácticas judías, comunicadas por Dios mismo a través del Antiguo Testamento. Por supuesto que ha habido un cambio en la ley (Hebreos 7:12), y no lo estoy ignorando. Sin embargo, no se puede saltar a la interpretación de que aquellos nuevos cristianos judíos no necesitaban seguir prácticas del antiguo pacto como el ayuno, la oración y la limosna. De hecho, ya los practicaban; entonces, todo lo que necesitaban, en ese momento, era comprender la forma correcta de perpetuar una práctica antigua.

El hecho de que las prácticas antiguas no fueran completamente descartadas también se puede ver en la similitud del comportamiento de las personas bajo el antiguo y el nuevo pacto. Comenzando con alguien que vivió bajo la ley de Moisés, tenemos a Ana, la profetisa:

> Estaba también allí Ana, profetisa, hija de Fanuel, de la tribu de Aser, de edad muy avanzada, pues había vivido con su marido siete años desde su virginidad, y era viuda hacía ochenta y cuatro años; y no se apartaba del templo, sirviendo de noche y de día con ayunos y oraciones. (Lucas 2:36-37)

Cuando la Biblia enfatiza que la mujer adora noche y día, con ayunos y oraciones, lo hace exaltando su actitud; eso es un hecho. Ahora centrémonos en los líderes de la iglesia de Antioquía, formada en su mayor parte por gentiles conversos que vivían bajo el nuevo pacto. Note la enseñanza del apóstol Pablo sobre la gracia:

> Había entonces en la iglesia que estaba en Antioquía, profetas y maestros: Bernabé, Simón el que se llamaba Niger, Lucio de Cirene, Manaén el que se había criado junto con Herodes el tetrarca, y Saulo. Ministrando estos al Señor, y ayunando, dijo el Espíritu Santo: Apartadme a Bernabé y a Saulo para la obra a que los he llamado. Entonces, habiendo ayunado y orado, les impusieron las manos y los despidieron. (Hechos 13:1-3)

En ambos casos, tenemos siervos de Dios adorando, ayunando y orando, ya sea en el antiguo o en el nuevo pacto. ¿Por qué suponer que estas disciplinas se limitan al Antiguo Testamento o que son solo para judíos? Cristo dejó claro que sus seguidores ayunarían y, posteriormente, la Biblia revela que ayunarían. Aun así, ¿nos atreveríamos a decir que no es necesario ayunar?

John Wesley, gran maestro bíblico y fundador del metodismo, al hablar sobre los motivos del ayuno, utiliza las siguientes palabras:

> Tenemos un punto peculiar a favor del ayuno frecuente. En otras palabras: Jesús lo ordenó. En esta parte de su sermón no requirió expresamente ni ayuno, ni limosna, ni oración. Sus directrices muestran cómo ayunar, orar y dar limosna. Sin embargo, estas directrices nos tocan con la misma fuerza que las

imposiciones. Al ordenarnos que hagamos algo de cierta manera, Jesús incuestionablemente requiere que hagamos ese algo. Es imposible lograr algo de cierta manera si ese algo no se logra. Por lo tanto, cuando Jesús nos ordena dar limosna, ayunar y orar de tal o cual manera, estos son mandatos claros para llevar a cabo estas tareas. Se nos ordena cumplirlos y hacerlo de la manera prescrita para no perder nuestra recompensa.[13]

Mahesh Chavda, autor del extraordinario libro *El poder secreto de la oración y el ayuno*, expresa una comprensión similar:

> Jesús espera que ayunes y ores. En Mateo 6:5-7, no dice: «cuando tengas ganas de orar [...]». No, dijo tres veces: «cuando ores [...]». No *si*.
>
> Asimismo, Jesús no dijo en Mateo 6:16-17 «si alguna vez intentas ayunar, aunque sé que te es casi imposible [...]». No, dijo: «Cuando ayunéis [...]». No nos dio la opción de ayunar. Consideró el ayuno como una práctica tan natural de la vida cristiana que les dijo a sus discípulos y críticos que la oración y el ayuno serían parte de su vida después de su muerte. Nada ha cambiado desde que pronunció esas palabras. Si eres cristiano, entonces oras. Si eres cristiano, entonces ayunas.[14]

El famoso obispo de Hipona, conocido como San Agustín, apoya la misma lógica y conclusión:

> Si me preguntaran mi opinión sobre esta cuestión, respondería, después de pensarlo cuidadosamente que, en los Evangelios y las Epístolas, y en toda la colección de libros para nuestra instrucción, llamada Nuevo Testamento, veo que se ordena el ayuno.[15]

---

13. WESLEY, John. *El Sermón de la Montaña*, p. 169.
14. CHAVDA, Mahesh. *El poder secreto de la oración y el ayuno*, p. 31.
15. Citado por: PIPER, John. *Hambre de Dios*, p. 142.

Quizás la lectura de Agustín sobre el tema del ayuno fue similar a la de John Wesley quien, aun reconociendo que no había ninguna imposición en la instrucción de Jesús, afirmó: «Estas pautas nos tocan con la misma fuerza que las imposiciones». Richard Foster, sobre el dilema «orientación versus ordenanza», afirmó:

> Aunque sus palabras no expresan un orden, esto no es más que una cuestión de semántica. En el texto citado queda claro que Cristo apoyó la disciplina del ayuno y predijo que sus seguidores lo practicarían.
>
> Quizás sea mejor evitar el término «orden», ya que, estrictamente hablando, Jesús no ordenó el ayuno. Sin embargo, es obvio que se basó en el principio de que los hijos del Reino ayunarían. Para aquellos que anhelan caminar íntimamente con Dios, las declaraciones de Jesús son palabras que invitan.[16]

Sabemos que Jesús mismo practicaba el ayuno (Lucas 4:2), y el libro de Hechos muestra que los líderes de la iglesia también lo hacían (Hechos 13:2-3). Los registros históricos de los padres de la iglesia también revelan que el ayuno continuó siendo una práctica de los creyentes mucho después de los apóstoles. Por tanto, el ayuno no cesó. Aún hoy y hasta que venga el Esposo, debe ser parte de nuestras vidas, así como practicarse apropiadamente, de acuerdo con la enseñanza bíblica.

A pesar de haber demostrado hasta ahora que no existe ninguna obligación bíblica de ayunar, ni en el Antiguo ni en el Nuevo Testamento, es necesario dejar constancia de otra certeza que tengo, a partir de las Escrituras: no creo que sea posible sostener el argumento de que Jesús, en absoluto, no nos encargó de practicar el ayuno. Lo que Cristo no hizo, honestamente hablando, fue determinar los *tipos*, la *duración*, los *propósitos secundarios* y la *frecuencia* de los ayunos. Se apegó más al propósito principal (ayuno para Dios) y a las motivaciones del corazón. Aunque la ausencia de un imperativo lleva a algunos a concluir que no es

16. FOSTER, Richard. *Celebración de la disciplina*, p. 91.

una responsabilidad ayunar, yo sostengo lo contrario: creo que debemos hacerlo, aunque sé que existe una gran libertad personal de cada uno para cumplir con el encargo como mejor le parezca.

En definitiva, cada creyente decide cómo, cuándo y durante cuánto tiempo hará lo que *tiene que hacer*. Existe libertad sobre cómo practicar el ayuno, pero no debe considerarse opcional.

Más adelante hablaré de la frecuencia y duración de los ayunos, pero me gustaría decir que son de *carácter personal*. Alguien puede ayunar un día a la semana, un mes o un año. No existen reglas predefinidas o rígidas. Incluso existen diferentes formas de ayunar y diferentes duraciones de la abstinencia de alimentos. Cada persona gestiona como mejor entiende o según la dirección que recibe del Espíritu Santo. Sin embargo, no se debe negar que el ayuno *debe* ser parte de la vida de *todo* cristiano.

Arthur Wallis, en la obra clásica *El Ayuno Escogido Por Dios*, afirma:

> Durante más de un siglo, ha habido una tendencia a enfatizar y ensalzar, de tal manera, las enseñanzas de las epístolas, sugiriendo un reemplazo de las enseñanzas de Cristo tal como las tenemos en los evangelios.
>
> Algunos incluso han llegado a afirmar que las enseñanzas contenidas en el Sermón de la Montaña no tienen aplicación directa para los creyentes de hoy, que son básicamente mesiánicas o judías y que se cumplirán en una futura era milenaria. Quienes piensan así no solo están equivocados, sino que están en directa oposición a la comisión mencionada por Cristo. Si estas palabras tienen algún significado, es ciertamente porque Jesús se las enseñó a sus discípulos para que ellos, a su vez, las enseñaran a las siguientes generaciones de discípulos para que fueran obedecidos hasta el fin de los tiempos.[17]

17. WALLIS, Arthur. *El Ayuno Escogido Por Dios: Una Guia Prática y Espiritual Para el Ayuno*. E-book.

Un pensamiento contradictorio

Los pentecostales, incluyéndome a mí, predicamos el hablar en lenguas como evidencia física inicial del bautismo en el Espíritu Santo; lo hacen basándose en varias referencias a esta experiencia en el libro de Hechos y también porque Jesús habló de ello (Marcos 16:17). Al igual que el ayuno, no hay ningún imperativo en la Biblia con respecto a hablar en lenguas. Aunque Pablo menciona el tema, no lo ordena, y eso, para nosotros, es suficiente. Cuando se trata de ayunar, ¿no funciona el estándar de considerar tanto las referencias de Jesús como las prácticas de la Iglesia en Hechos? ¡Esto es muy incoherente!

Permítanme hacer otra comparación de nuestro estándar hermenéutico defectuoso: evangelizamos porque Jesús nos dijo que lo hiciéramos, según los registros del evangelio (Mateo 28:19; Marcos 16:15) y los hechos históricos de que la orden fue cumplida por los primeros discípulos (Marcos 16:20; Hechos 8:5); no dependemos de ninguna orden apostólica posterior para revalidar el mandato una vez dado por la Cabeza de la Iglesia. Cuando se trata de ayunar, ¿cambia la lógica?

Como dije antes, escucho y leo a personas argumentando que, si las epístolas no presentan ninguna ordenanza sobre el ayuno, entonces no debemos ayunar. Lo curioso es que las mismas personas predican el diezmo, sin que exista ningún imperativo en las epístolas sobre el tema. Son contradictorios en sus propios argumentos. No estoy hablando en contra del diezmo; creo, practico y enseño sobre esta práctica[18]. Me refiero solo a revisar las reglas de interpretación que hemos aplicado al ayuno.

La cuestión es que no es necesario encontrar un *imperativo* sobre el ayuno en las epístolas, cuando hay una simple *reorientación* de la práctica hacia la nueva alianza, comunicada por el mismo Cristo en su enseñanza.

El libro de Hebreos cita el registro de Génesis, en el que Melquisedec recibe los diezmos de Abraham (Hebreos 7:1-4), y

18. Trato el tema con más precisión en mi libro: *Una cuestión de honor: el valor del dinero en el culto* (5ª ed., 2015). Curitiba: Orvalho.

destaca que «los hijos de Leví reciben el sacerdocio, tienen mandamiento de tomar del pueblo los diezmos según la ley» (Hebreos 7:5). Luego, el escritor, hablando de Melquisedec, atestigua que «aquel cuya genealogía no es contada de entre ellos, tomó de Abraham los diezmos, y bendijo al que tenía las promesas» (v. 6). Luego concluye diciendo que «aquí los que reciben el diezmo son hombres mortales [los sacerdotes levitas]; pero allí, uno de quien se da testimonio de que vive [Melquisedec, que es figura de Cristo]» (v. 8). ¿Qué significa esta alegoría profética? Los siguientes versículos explican: «Y por decirlo así, en Abraham pagó el diezmo también Leví, que recibe los diezmos; porque aún estaba en los lomos de su padre cuando Melquisedec le salió al encuentro» (vv. 9-10). ¡Levi ni siquiera existía todavía! Era bisnieto de Abraham. Cuando el autor de Hebreos destaca a Leví, antes de su nacimiento, representado entonces, por su bisabuelo Abraham, inclinándose ante Melquisedec, que es figura de Cristo, y entregando los diezmos, se vislumbra una sombra de lo que es la sustancia de hoy: con el cambio del sacerdocio y la ley (atestiguado dos versículos después, Hebreos 7:12), ¡los diezmos que antes pertenecían a los levitas serían dados a Cristo!

Esto es más que suficiente para aceptar los diezmos en el nuevo pacto, aunque no sea el imperativo «diezmad». Es evidente que el propósito de Hebreos al comunicar una verdad como esta era que los creyentes dieran sus diezmos a Cristo, nuestro Sumo Sacerdote, y no que concluyeran que era solo una expectativa divina, sino opcional. Me sorprende cómo algunos van más allá para defender su propia opinión, en lugar de considerar las interpretaciones correctas y coherentes de las Escrituras. Como predicadores y maestros de la Biblia, deberíamos simplificar el tema del ayuno, y no al revés.

Afirmar que el *silencio* sobre el ayuno, que se encuentra en las epístolas, es una anulación de la ordenanza de Cristo, que se encuentra en los evangelios, es una gran aberración hermenéutica. Reafirmo este punto agregando otra prueba bíblica: Pablo, en sus epístolas, usó expresiones como «Porque yo recibí del Señor lo que también os he enseñado…» (1 Corintios 11:23). ¿Cuál es el contexto de esta declaración del apóstol a los gentiles? ¡Que los *cristianos* (y nótese que estos eran gentiles del nuevo pacto, los corintios, y no solo judíos del antiguo pacto) debían practicar lo que Jesús había determinado en su última cena!

Los apóstoles trajeron revelaciones complementarias, no exclusivas de las enseñanzas de Cristo. E incluso tales revelaciones vinieron del mismo Señor Jesús: «después de haber padecido, Jesús se presentó vivo a sus apóstoles, con muchas pruebas indiscutibles, apareciéndoseles durante cuarenta días y hablándoles del Reino de Dios» (Hechos 1:3). El escritor de Hebreos atestigua, respecto a nuestra salvación, que «habiendo sido anunciada primeramente por el Señor, nos fue confirmada por los que oyeron» (Hebreos 2:3). Los apóstoles y seguidores de Cristo que escribieron las epístolas tenían la misión de *confirmar*, no *contradecir*, lo que nuestro Señor ordenó. Esto me parece aún más claro cuando Pablo, escribiendo a Timoteo, afirma:

> Si alguno enseña otra cosa, y *no se conforma a las sanas palabras de nuestro Señor Jesucristo*, y a la doctrina que es conforme a la piedad, está envanecido, nada sabe, y delira acerca de cuestiones y contiendas de palabras, de las cuales nacen envidias, pleitos, blasfemias, malas sospechas, disputas necias de hombres corruptos de entendimiento y privados de la verdad, que toman la piedad como fuente de ganancia; apártate de los tales. (1 Timoteo 6:3-5, énfasis añadido)

El apóstol condenó las doctrinas que no están de acuerdo con las de Cristo; por lo tanto, esto incluye cualquier instrucción sobre el ayuno que sea diferente de lo que Jesús enseñó sobre el ayuno. Además, él mismo mantuvo la práctica del ayuno. Ante esta evidencia pregunto: ¿se podría utilizar a Pablo como referencia para la no necesidad de ayunar? Bíblicamente, no tiene mucho sentido.

Observemos otra declaración de Pablo sobre el origen de su comprensión bíblica y el mensaje que comunicaba en sus enseñanzas:

> Mas os hago saber, hermanos, que el evangelio anunciado por mí, no es según hombre; pues yo ni lo recibí ni lo aprendí de hombre alguno, sino por revelación de Jesucristo. (Gálatas 1:11-12)

¿Hay lógica detrás de la idea de Cristo, en su tiempo terrenal, determinando que ayunemos, pero retrocediendo y ya no incluyendo el ayuno en las instrucciones a la Iglesia que Él mismo construyó, poco después, a través de los apóstoles?

La verdad es que hemos complicado lo que debería ser sencillo. Si alguien no quiere vivir una vida marcada por el hábito del ayuno, es *su elección*, así como las *consecuencias* de descuidar esta disciplina. Sin embargo, nadie tiene derecho a *contradecir* las Escrituras afirmando que el ayuno no es importante o incluso necesario. Y, peor que creer esto, es propagar una comprensión tan errónea. Enseñar la Palabra de Dios no es solo un privilegio; también es una *responsabilidad*. Santiago, hablando por el Espíritu de Dios, afirmó: «Hermanos míos, no os hagáis maestros muchos de vosotros, sabiendo que recibiremos mayor condenación» (Santiago 3:1).

Por eso, repito: cada creyente decide cómo, cuándo y durante cuánto tiempo hará *lo que tiene que hacer*. Existe libertad sobre *cómo* practicar el ayuno, pero no debe considerarse opcional.

2

Una mirada al pasado

> «Jesús considera natural que sus discípulos observen la piadosa práctica del ayuno. El ejercicio riguroso de la abstinencia forma parte de la vida de los discípulos».
>
> DIETRICH BONHOEFFER[1]

Creo, de todo corazón, que Dios está restaurando el entendimiento y la práctica del ayuno y que esto seguirá ocurriendo, progresivamente, hasta el regreso de nuestro bendito Señor Jesús. También creo que un despertar espiritual en el cuerpo de Cristo es necesario y urgente. Por lo tanto, es necesario crear en la iglesia contemporánea, a la luz de las Escrituras «la cultura del ayuno».

La palabra *cultura*, que proviene del latín, significa esencialmente «acto, efecto o forma de cultivar»[2]. El Diccionario de la lengua española de la RAE define la cultura de la siguiente manera:

> 1: cultivo. 2: conjunto de conocimientos que permite a alguien desarrollar su juicio crítico. 3: conjunto de modos de vida y costumbres, conocimientos y grado de desarrollo artístico, científico, industrial, en una época, grupo social.

Es decir, a partir del concepto de cultivo en agronomía o biología, la palabra *cultura* pasó, con el tiempo, en un contexto social,

1. BONHOEFFER, Dietrich. *Discipulado*, p. 132.
2. CUNHA, Antonio Geraldo da. *Diccionario etimológico del portugués*, p. 194.

a relacionarse con aquello que promueve conocimientos y valores que, a su vez, determinan convicciones y, en definitiva, generan conductas.

Considerando esta definición, queda claro que la Iglesia moderna no tiene *una cultura de ayuno.* Sin embargo, cuando consideramos la historia, vemos que hubo momentos en que esta cultura fue predominante en la Iglesia de Jesucristo. Al respecto, Valnice Milhomens afirmó:

> Por lo tanto, al leer el libro de Hechos, estamos convencidos de que la práctica del ayuno era tan normal como lo era entre los judíos. ¿Habrían continuado los cristianos de las generaciones posteriores, cuando el evangelio se difundió por todo el mundo gentil, la práctica del ayuno? Ciertamente sí.[3]

El ayuno a lo largo de la historia

Se ha demostrado que los cristianos practican el ayuno a lo largo de la historia. Al citar este hecho, no defiendo la práctica de algo que se clasifica como mera tradición cristiana. Solo sostengo que la instrucción bíblica fue, de hecho, comprendida y practicada a lo largo de los siglos, a pesar de errores y extremismos que, en ciertos momentos, limitaron la comprensión y el ejercicio de esta bendita disciplina espiritual, algo que también parece ocurrir con cualquier otra práctica del cristianismo.

Además de los registros bíblicos (la única fuente de instrucción que reconocemos como autorizada), otras fuentes históricas también indican que los cristianos ayunaban. Reafirmo y enfatizo que los menciono no porque tengan la misma autoridad que la Biblia; no la tienen. Quiero llevarlos a la reflexión en aras de la historicidad y la prueba de continuidad como práctica común en la Iglesia cristiana.

La *Didajé*, el catecismo cristiano más antiguo, escrito en el siglo I, registra que muchos de los primeros cristianos mantuvieron

3. COELHO, Valnice Milhomens. *El ayuno y la redención de Brasil* (5ª ed.), p. 191.

el hábito de ayunar dos veces por semana y también antes del bautismo:

> Vuestros ayunos no deben coincidir con los de los hipócritas. Ayunan el segundo y quinto día de la semana. Sin embargo, debes ayunar el cuarto día y el día de la preparación. (Didajé, capítulo VIII, párrafo 1)

> Antes de bautizar, tanto el que bautiza como el que es bautizado, así como los que puedan, deben practicar el ayuno. Debes ordenar a la persona que está siendo bautizada que ayune durante uno o dos días.[4] (Didajé, capítulo VII, párrafo 4)

La *Didajé* fue mencionada por otros escritores antiguos como Clemente de Alejandría, Orígenes y Eusebio de Cesarea, que vivió en el siglo III, en su libro *Historia Eclesiástica.* Este rito de ayuno de los miércoles y viernes (para no coincidir con el día en que ayunaban los fariseos) fue apoyado por la Iglesia Ortodoxa Griega y citado por John Wesley, en su sermón XXII: «Los ayunos del cuarto y sexto día fueron practicados por los cristianos en todas partes».[5]

Ignacio, obispo de Antioquía, a finales del primer siglo, expresó su preocupación por el ayuno excesivo, lo que indica no solo que los cristianos ayunaban, sino también que algunos eran incluso más intensos de lo que deberían:

> Dedícate al ayuno y a la oración, pero no demasiado, no sea que con ello te destruyas. No os abstengáis completamente de vino y de carne, porque estas cosas no deben ser vistas con desdén, ya que [las Escrituras] dicen: «comeréis la plenitud de la tierra» (Génesis 45:18) Y nuevamente, «comeréis carne... y hierbas» (Éxodo 12:8). Y nuevamente: «vino que alegra el corazón del hombre, aceite que hace resplandecer su rostro, y

4. *Padres Apostólicos* (2017), p. 127.
5. WESLEY, John. *El sermón del monte,* p. 162.

alimento que sustenta sus fuerzas» (Salmos 104:15). Pero todo debe usarse con moderación, como don de Dios.[6]

Policarpo, obispo de Esmirna y discípulo directo del apóstol Juan (hecho comentado por Ireneo de Lyon y Tertuliano), en su carta a los Filipenses, en el siglo II, comenta:

> Abandonemos, pues, la vanidad de la multitud y sus falsas enseñanzas y volvamos a la palabra que nos fue transmitida desde el principio, velando en la oración y *permaneciendo firmes en la práctica del ayuno…*[7]

Justino, uno de los famosos mártires del siglo II, dijo:

> Explicaré cómo nosotros también nos dedicamos a Dios cuando, en Cristo, nos transformamos… Todos los que están persuadidos y creen que las cosas que enseñamos son verdaderas y las confiesan como verdaderas, y están dispuestos a vivir según ellas, son instruidos a orar y clamar a Dios con ayuno, por la remisión de sus pecados pasados, y oramos y ayunamos con ellos…[8]

Cirilo, obispo de Jerusalén, que vivió en el siglo IV, escribió:

> Por tanto, no seas en adelante una víbora, sino que, como antes eras del linaje de una víbora, despójate, dijo, del caparazón de serpiente de tu anterior vida pecaminosa. Porque toda serpiente se mete en un agujero y, tras desprenderse de la piel vieja, su cuerpo vuelve a ser joven. De la misma manera, entra también tú por la puerta estrecha y angosta, despójate de tu antiguo yo con el *ayuno* y arroja fuera de ti lo que te destruye.[9]

---

6. Citado por: PIPER, John. *Hambre de Dios,* p. 141.
7. *Padres Apostólicos,* p. 106.
8. Apología I,61. Citada por: COELHO, Valnice Milhomens. *El ayuno y la redención de Brasil* (5ª ed.), p. 193.
9. Citado por: PIPER, John. *Hambre de Dios,* p. 143.

Agustín, obispo de Hipona, que vivió entre los siglos IV y V, dijo:

> Pero ahora la necesidad me resulta dulce, dulzura contra la cual lucho para no ser tomado cautivo; y hago una guerra diaria a través del *ayuno*, obligando muchas veces a mi cuerpo a someterse y mis dolores son eliminados por el placer...[10]

Martyn Lloyd-Jones, en *Estudios sobre el Sermón de la Montaña*, al abordar el tema, no ignora la práctica del ayuno a lo largo de la historia:

> Los santos de Dios, en todas las épocas y en todos los lugares, no solo han creído en el *ayuno*, sino que también lo han puesto en práctica. Esto ocurrió entre los reformadores protestantes y, sin duda, también se observó en la vida de los hermanos Wesley y en la vida de George Whitefield. [...] El pueblo de Dios siempre ha sentido que el *ayuno* no solo es una práctica correcta, sino también que tiene un valor inmenso, en términos de sus efectos, bajo ciertas circunstancias.[11]

En *El poder secreto de la oración y el ayuno* (un libro que recomiendo mucho), Mahesh Chavda comenta:

> En la historia, el avivamiento aparece cuando la gente busca a Dios mediante la oración y el ayuno. El primer movimiento misionero mundial comenzó en el siglo primero, en Hechos 13. ¿Cuál fue el contexto de esta explosión del Reino? Mientras la Iglesia oraba y ayunaba, Dios los envió.
>
> También encontrarás que Policarpo, en el año 110, llamó a los cristianos a ayunar para poder superar las tentaciones. Tertuliano también defendió el ayuno, en el año 210, como un gran objetivo de la religión. Martín Lutero, el reformador, también ayunó. Cuando trabajó con manuscritos antiguos

10. *Ibid.*, p. 142.
11. LLOYD-JONES, Martyn. *Estudios en el Sermón de la Montaña*, p. 324.

para traducir las Escrituras al idioma alemán, asoció su trabajo con la oración y mucho ayuno. [...] Calvino también ayunaba regularmente, al igual que John Knox.

Prácticamente todos los grandes evangelistas oraron y ayunaron. Charles Finney escribió en su biografía que a menudo ayunaba en privado. Dijo que cuando la batería del Espíritu Santo se agotaba, cuando sentía que la unción del Espíritu se debilitaba, inmediatamente ayunaba durante tres días, y siempre terminaba esos ayunos sintiéndose recargado. [...]

Cuando Jonathan Edwards predicó su famoso sermón «Pecadores en manos de un Dios enojado», la gente del público dijo que sintieron que el suelo se abría y revelaba las profundidades del infierno, lo que les hizo clamar a Dios pidiendo misericordia y perdón. Edwards asoció su preparación para la oración con el ayuno.

John Wesley creía firmemente en el ayuno y ayunaba todos los miércoles y viernes. Estaba tan convencido de que el ayuno debería ser una parte obligatoria del estilo de vida de un ministro que les dijo a todos sus candidatos para el ministerio que debían comprometerse a orar y ayunar todos los miércoles y viernes si querían ministrar con él, evangelizar o pastorear una iglesia fundada a través de ese movimiento. Llegó a ser tan poderoso en su predicación que llegó a ser la primera voz en el gran despertar y avivamiento en Inglaterra y Estados Unidos. Algunos historiadores dicen que la carnicería y el sufrimiento de la Revolución Francesa que rápidamente se extendió al resto de Europa, fácilmente podrían haberse extendido a Inglaterra si no fuera por la predicación de Wesley. Y Wesley dio mucho crédito por el poder y el fruto de su ministerio a la disciplina del ayuno ante el Señor.

El gran predicador y maestro Charles Haddon Spurgeon alentó vigorosamente el ayuno, al igual que el misionero estadounidense entre los indios, David Brainard. Rees Howells, un gran intercesor, asociaba regularmente el ayuno con la oración. [...]

El ayuno fue una práctica común entre los grandes líderes a lo largo de la historia de la iglesia, y Jesucristo lo exige y espera de nosotros.[12]

Desde hombres antiguos hasta hombres más recientes como David Young Cho, quien se convirtió en pastor de la iglesia local más grande del mundo, vemos que aquellos que se destacaron en su viaje y ministerio cristiano tuvieron vidas marcadas por el ayuno. Son ejemplos a imitar (Hebreos 13:7). No pongo estos ejemplos porque la instrucción bíblica sobre el ayuno no nos basta; solo porque la obediencia de los demás inspira la nuestra.

Lamentablemente, la práctica del ayuno ha sufrido abusos y distorsiones a lo largo de los siglos. Sin embargo, así como en contraste con la práctica incorrecta de aquellos días, Jesús instruyó a sus discípulos a ayunar correctamente (en lugar de no ayunar), creo que el mismo principio sigue siendo válido hoy.

«Érase una vez...» Una iglesia que ayunaba

Hubo un tiempo, cuando la cultura del ayuno era más practicada por el pueblo de Dios, cuando el ejemplo práctico gritaba tan fuerte que no había necesidad de explicar detalles; los detalles se volvían obvios para aquellos que tenían una referencia a seguir. Richard Foster, en su obra *Celebración de la disciplina*, comenta:

> En el primer siglo y antes, no eran necesarias instrucciones prácticas relativas a las disciplinas espirituales. La Biblia llamaba a la gente a disciplinas como el ayuno, la oración, la adoración y la celebración, pero casi no ofrecía orientación sobre cómo practicarlas. Y es fácil entender por qué. Las disciplinas se practicaban con tanta frecuencia y estaban tan incorporadas a la cultura general que todos conocían «cómo hacerlo». El ayuno, por ejemplo, era tan común que nadie necesitaba preguntar qué comer antes del ayuno o cómo romper el ayuno o

12. CHAVDA, Mahesh. *El poder secreto de la oración y el ayuno*, p. 122-124.

> cómo evitar los mareos durante el ayuno: todos conocían las respuestas.
>
> Sin embargo, esto no se aplica a nuestra generación. Hoy en día prevalece una ignorancia abismal incluso respecto de los aspectos más simples y prácticos de casi todas las disciplinas espirituales. Por lo tanto, cualquier libro escrito sobre el tema debe ofrecer instrucciones prácticas y precisas sobre cómo comportarse en estos ejercicios.[13]

Creo que la Iglesia hoy está dividida entre dos extremos: los que no dan ningún valor al ayuno y los que van demasiado lejos en su énfasis. Es por eso que escribo, con la intención de ofrecer instrucción bíblica, así como consejos prácticos.

Es un hecho que el ayuno ha sido alarmantemente ignorado y descuidado en nuestro tiempo. En una encuesta reciente que realicé en mis redes sociales, entre muchos miles de cristianos, ¡casi el 60 % admitió que nunca había hecho un solo ayuno de veinticuatro horas en toda su vida cristiana!

Arthur Wallis, autor de una de las mayores obras sobre el tema, en *El Ayuno Escogido Por Dios*, afirmó hace décadas lo siguiente:

> Como he sido testigo durante años no solo del gran valor sino también de la bendición que trae el ayuno, me ha preocupado profundamente que tantos creyentes fervientes aparentemente nunca hayan pensado mucho en el tema.[14]

La verdad es que no ha cambiado mucho desde entonces. Tenemos más libros sobre el ayuno, eso es innegable, pero también hay un número creciente de discípulos que nunca han recibido ningún nivel significativo de instrucción sobre esta práctica cristiana. Al abordar esta omisión, Martyn Lloyd Jones, en *Estudios en el Sermón de la Montaña*, comenta:

---

13. FOSTER, Richard. *Celebración de la disciplina*, p. 32.

14. WALLIS, Arthur. *El Ayuno Escogido Por Dios* [versión de libro electrónico, extraída del prefacio].

> Particularmente para los evangélicos, toda esta cuestión del ayuno casi ha desaparecido de nuestra práctica diaria, e incluso del campo de nuestras consideraciones. ¿Con qué frecuencia y en qué medida hemos pensado en esto? ¿Qué lugar tiene el ayuno en toda nuestra perspectiva de la vida cristiana y la disciplina involucrada en ella? Sugiero que la verdad probable es que muy rara vez hemos meditado sobre esto. ¿Hemos ayunado alguna vez? ¿Hemos pensado alguna vez detenidamente en el tema del ayuno? El hecho es que todo este tema parece haber sido totalmente excluido de nuestras vidas, e incluso de nuestro pensamiento cristiano, ¿no es así?[15]

Una pregunta que cabe hacer es: ¿cómo llegamos al punto en que la mayoría de los cristianos nunca ayunan? ¿Cómo llegamos a tal negligencia? Cito nuevamente a Richard Foster, en *Celebración de la disciplina*:

> En tiempos más recientes, hay un renovado interés por el ayuno, pero aún nos queda un largo camino por recorrer para recuperar el equilibrio bíblico.
>
> ¿Qué podría explicar el abandono casi total de esta práctica mencionada con tanta frecuencia en las Escrituras y seguida con tanto ardor por los cristianos a lo largo de los siglos? Dos cosas. En primer lugar, el ayuno adquirió mala reputación como resultado de las prácticas ascéticas exageradas de la Edad Media. Con la decadencia de la realidad interna de la fe cristiana, se acentuó la creciente tendencia a enfatizar lo que quedaba: la forma externa. Siempre que haya una forma desprovista de poder espiritual, la ley tomará las riendas, porque trae consigo una sensación de seguridad y poder manipulador. Por lo tanto, el ayuno estaba sujeto a normas estrictas. Su práctica también estaba vinculada a la mortificación personal y al sufrimiento físico extremo. La cultura moderna rechaza con vehemencia estos excesos y tiende a confundir el ayuno con la mortificación.

---

15. LLOYD-JONES, Martyn. *Estudios en el Sermón de la Montaña*, p. 322.

> En segundo lugar, la propaganda con la que nos alimentan continuamente nos convence de que, si no comemos tres comidas abundantes al día, con refrigerios en el medio, estaremos al borde de la inanición. Sumando a esto la creencia popular de que es una virtud para satisfacer todo apetito humano, el ayuno se ha vuelto obsoleto.[16]

Valnice Milhomens, en *Ayuno y Redención de Brasil*, comenta:

> Es posible que el ascetismo que entró en la Iglesia con sus extremos haya dejado a muchas personas con miedo a las desviaciones, pero es hora de que nos curemos de los traumas históricos y encontremos el equilibrio en la Palabra, bajo pena de distanciarnos del verdadero cristianismo.[17]

¿Es este un camino sin retorno? No creo. Aunque esta cultura casi se ha perdido (aunque algunos círculos evangélicos la conservan como verdaderos remanentes), tengo fuertes razones para creer que será restaurada en gran medida en el tiempo del fin. Cito otro comentario sensato de la «hermana Valnice» (como la llamábamos desde que era adolescente):

> No encontramos ninguna excusa en el Nuevo Testamento para no ayunar. Nunca, jamás ha habido un avivamiento en los días bíblicos ni en ningún momento en la Tierra, sin la presencia de la oración y el ayuno. ¿Acaso pensamos que somos mejores en este siglo XXI, el siglo de la carne, pensando que podemos cambiar los principios y seguir cosechando los mismos beneficios? Nunca. Tenemos un estándar. ¿Quién es nuestro estándar? Cristo mismo. Los apóstoles siguieron su ejemplo; los discípulos hicieron lo mismo; las primeras generaciones de líderes y cristianos no se desviaron del modelo. Solo cuando la Iglesia se distanció de sus raíces cambió sus prácticas, olvidándose

16. FOSTER, Richard. *Celebración de la disciplina*, p. 83-84.
17. COELHO, Valnice Milhomens. *El ayuno y la redención de Brasil* (5ª ed.), p. 212.

> del ayuno. Pero, como resultado, perdió su vida y poder apostólico. *Haríamos bien en volver a los pasos de los pioneros del cristianismo.*[18]

¡El arte perdido del ayuno será rescatado!

¡Se acerca un nuevo tiempo y un despertar en camino!

Necesitamos mirar hacia atrás y aprender de la historia de la iglesia, y también mirar hacia adelante con expectativa de lo que el Señor hará. Vale la pena concluir este capítulo con un comentario de Mahesh Chavda:

> La mayor parte del progreso en la difusión del evangelio provino del trabajo de la iglesia del primer siglo y de personas clave que experimentaron visitaciones divinas que cambiaron vidas a través de la oración y el ayuno, como Martín Lutero, los hermanos Moravos, John Wesley, George Whitefield, D. L. Moody y otros. Creo que Dios está esperando ver qué sucede cuando dejemos de esperar que «solo unos pocos de fe» hagan el trabajo. Quiere ver a su Iglesia levantarse como un todo, un cuerpo completo en toda su gloria resplandeciente como su esposa inmaculada. Es tiempo de levantarnos ante el enemigo en el poder del Reino de Cristo manifestado en milagros, señales y prodigios. El ayuno es la clave para liberar este poder. ¡El mundo nunca volverá a ser el mismo![19]

Teniendo en cuenta la visión de lo importante que es rescatar la cultura del ayuno, los invito a mirar hacia adelante a través del lente de la visión profética que brindan las Escrituras y comprender la importancia que tendrá el ayuno en los últimos tiempos.

---

18. *Ibid.*
19. CHAVDA, Mahesh. *El poder secreto de la oración y el ayuno*, p. 91.

3

Una mirada al futuro

> «El ayuno es un aspecto extremadamente importante del estilo de vida de la iglesia del Nuevo Testamento de los últimos tiempos».
>
> MAHESH CHAVDA

En el capítulo anterior, hablé de la importancia de mirar hacia atrás, al pasado, y recordar que la historia del cristianismo sin duda lleva consigo la práctica del ayuno. ¿Cuál es, sin embargo, el valor de esta observación? Ciertamente, existe un incentivo para preservar el legado y obedecer las instrucciones dadas por nuestro Señor. Sin embargo, para lograr la visión macro bíblica correcta y completa del ayuno, también es necesario mirar hacia adelante, hacia el futuro.

Estoy convencido de que este es un terreno profético. Sin embargo, centraré mi argumento en la enseñanza profética de las Escrituras, y no en las palabras proféticas dadas a conocer a la Iglesia a través de muchas voces levantadas por Dios.

Vale la pena mencionar que, a través del discernimiento espiritual, es posible constatar si realmente hay una convocatoria divina detrás de las palabras de los profetas, pero, sin duda, este es un campo subjetivo sobre el cual algunos pueden decir «siento que es de Dios», mientras que otros, «no siento que tal llamado sea de Dios».

Las Escrituras son, por lo tanto, tierra firme. A través de ellas podemos evaluar concretamente la voluntad de Dios, ya que Él la revela a través de Su Palabra. Por lo tanto, los invito a considerar cuidadosamente el mensaje de este capítulo.

Tiempos de restauración

Una de las características del tiempo previo al glorioso regreso de nuestro Señor Jesucristo es la *restauración*. Pedro anunció esta verdad indiscutible:

> Así que, arrepentíos y convertíos, para que sean borrados vuestros pecados; para que vengan de la presencia del Señor tiempos de refrigerio, y él envíe a Jesucristo, que os fue antes anunciado; a quien de cierto es necesario que el cielo reciba hasta los tiempos de la restauración de todas las cosas, de que habló Dios por boca de sus santos profetas que han sido desde tiempo antiguo. (Hechos 3:19-21)

Pablo predicó el evangelio y llamó a los pecadores al arrepentimiento y la conversión, señalando como consecuencia la llegada de tiempos de refrigerio. En este contexto, el apóstol cambió el enfoque de su mensaje al tiempo del fin: «envíe a Jesucristo, que os fue antes anunciado». Considerando que Jesús ya había venido al mundo y, después de su resurrección, había ascendido al cielo, sin duda la palabra «enviar» indica su regreso. A medida que continúa el sermón, se hace más evidente: «a quien de cierto es necesario que el cielo reciba hasta los tiempos de la restauración».

En otras palabras, Dios enviará a su Hijo nuevamente; sin embargo, esto no sucederá todavía, no «hasta los tiempos de la restauración de todas las cosas». La expresión «hasta» indica el tiempo que Jesús pasó con el Padre antes de su venida. Por lo tanto, el acontecimiento consumador de la redención no puede tener lugar sin estar precedido por los antes mencionados «tiempos de la restauración».

En el mismo pasaje bíblico hay otro término importante para una correcta interpretación: «recibir». La palabra griega utilizada en los manuscritos antiguos es *dechomai* (δεχομαι). Su significado, según Strong, es: «llevarse, sostener, tomar, recibir; usado para un lugar que recibe a alguien, recibir o conceder acceso a un visitante, no rechazar relación o amistad, recibir con hospitalidad, recibir en la familia de alguien para criarlo o educarlo, de cosas ofrecidas al hablar, enseñar, instruir; recibir favorablemente, escuchar, abrazar, hacer propio».[1] El *Diccionario Vine* define *dechomai* como: «recibir mediante la recepción deliberada y pronta de lo que se ofrece».[2]

En la mayoría de los textos bíblicos que la contienen, la palabra se tradujo como «recibir» (Mateo 18:15). En otros versículos también se encuentran las traducciones: «tomar» (Lucas 2:28), «recibir» (Lucas 9:11), «aceptar» (1 Corintios 2:14), «participar» (2 Corintios 8:4), «atender» (2 Corintios 8:17).

En el texto que analizamos (Hechos 3:19-21), la *Biblia de Jerusalén* optó por la expresión «bienvenidos»: «a quienes el cielo debe acoger hasta». La *Biblia Amplificada* registra: «A quien el cielo debe recibir [y retener] hasta». Reina-Valera (en portugués) prefirió la expresión «recibir»: «Lo que el cielo guarda hasta». La Nueva Versión Internacional (NVI) lo tradujo de esta manera: «Es necesario que él permanezca en el cielo hasta». Finalmente, y siguiendo la misma línea de traducción que la NVI, la Nueva traducción Viviente (NTV) también utiliza el verbo «permanecer»: «debe permanecer en el cielo hasta».

El consenso, tanto en la perspectiva semántica de la palabra *dechomai* como en la interpretación del mensaje completo, es la idea de cielo «sosteniendo, reteniendo a Jesús, para que Él permanezca allí hasta que». En otras palabras, el cielo lo ha recibido y no lo devolverá sin que primero se cumplan algunas cosas. ¿Cuáles? Según las Escrituras, vimos que son los «tiempos de la restauración de todas las cosas». ¿Qué cosas? ¿Cualquier cosa y todo, sin excepción? ¡No! La frase final explica: «hasta los tiempos de la restauración de todas las cosas, de los cuales Dios habló por boca de sus santos profetas desde tiempo antiguo».

---

1. STRONG, James. *New Strong's Exhautive Concordance of the Bible.*
2. VINE, W. E., Unger, MERRIL F. y WHITE Jr, William. *Diccionario Vine*, p. 926.

Se han anunciado profecías para indicar eventos necesarios que conducirán al regreso de Cristo, cada uno de los cuales se cumplirá. Dios mismo declaró: «Bien has visto; porque yo apresuro mi palabra para ponerla por obra» (Jeremías 1:12). Posteriormente, Pedro escribió en su segunda epístola:

> Entendiendo primero esto, que ninguna profecía de la Escritura es de interpretación privada, porque nunca la profecía fue traída por voluntad humana, sino que los santos hombres de Dios hablaron siendo inspirados por el Espíritu Santo. (2 Pedro 1:20-21)

Hay muchas profecías que aún están por cumplirse. Algunas de ellas son de doble referencia, es decir, se refieren tanto a circunstancias pasadas como futuras (o se aplican por igual a diferentes personas). Uno de ellos, pronunciado por Joel, encaja en el tema que nos proponemos evaluar y está relacionado con el derramamiento del Espíritu Santo en el tiempo del fin y el llamado al pueblo de Dios a responder con el *ayuno*. El ayuno, por tanto, precederá al cumplimiento del «derramamiento del Espíritu Santo».

Primero debemos observar lo que Dios quería hacer en ese momento. Luego veremos que la profecía se replica, extendiéndose también a un tiempo futuro. Todo comienza con un llamado al arrepentimiento, que debe estar marcado no solo por la oración, sino también por el ayuno: «Por eso pues, ahora, dice Jehová, convertíos a mí con todo vuestro corazón, con ayuno y lloro y lamento» (Joel 2:12); «Tocad trompeta en Sion, proclamad ayuno, convocad asamblea» (Joel 2:15). A continuación, el versículo 18 indica una etapa en el cumplimiento de la profecía, que tuvo lugar específicamente en aquellos días: «Y Jehová, solícito por su tierra, perdonará a su pueblo» (Joel 2:18). Vayamos al contenido principal de la profecía de Joel:

> Y después de esto derramaré mi Espíritu sobre toda carne, y profetizarán vuestros hijos y vuestras hijas; vuestros ancianos soñarán sueños, y vuestros jóvenes verán visiones. Y también

> sobre los siervos y sobre las siervas derramaré mi Espíritu en aquellos días.
>
> Y daré prodigios en el cielo y en la tierra, sangre, y fuego, y columnas de humo. El sol se convertirá en tinieblas, y la luna en sangre, antes que venga el día grande y espantoso de Jehová. Y todo aquel que invocare el nombre de Jehová será salvo. (Joel 2:28-32a)

¿Cómo sabemos que la profecía de Joel también tiene un efecto replicado en el futuro? Porque Pedro, en su sermón del día de Pentecostés, explicando la manifestación del Espíritu Santo en la vida de los discípulos de Cristo, atestiguó: «Mas esto es lo dicho por el profeta Joel» (Hechos 2:16). Después de su mensaje, Pedro recitó con precisión Joel 2:28-32.

¿No indica esto que el resto de la profecía de Joel, de hecho, se completó y cumplió plenamente al comienzo de la historia de la Iglesia? No. Se cumplió *parcialmente* y aún tiene pendiente un resultado similar, reservado para el fin de los tiempos. ¿Cómo se llega a esta conclusión? Simplemente observando que la parte de la profecía que se cumplió fue la primera, contenida en los versículos 28 y 29, que hablan del derramamiento del Espíritu Santo y sus manifestaciones en la vida del pueblo de Dios.

¿Y la parte que no se cumplió? Se encuentra en los versículos 30-31: «Y daré prodigios en el cielo y en la tierra, sangre, y fuego, y columnas de humo. El sol se convertirá en tinieblas, y la luna en sangre, antes que venga el día grande y espantoso de Jehová». Notamos que esto no se cumplió solo por falta de un informe correspondiente (en la Biblia y en la historia), sino también porque Cristo mismo sitúa el cumplimiento de esta palabra al final de la gran tribulación:

> E inmediatamente después de la tribulación de aquellos días, el sol se oscurecerá, y la luna no dará su resplandor, y las estrellas caerán del cielo, y las potencias de los cielos serán conmovidas. Entonces aparecerá la señal del Hijo del Hombre en el cielo;

> y entonces lamentarán todas las tribus de la tierra, y verán al Hijo del Hombre viniendo sobre las nubes del cielo, con poder y gran gloria. (Mateo 24:29-30)

Juan también relacionó este cumplimiento literal y dramático con la tribulación que precede al regreso glorioso de Jesús:

> Miré cuando abrió el sexto sello, y he aquí hubo un gran terremoto; y el sol se puso negro como tela de cilicio, y la luna se volvió toda como sangre; y las estrellas del cielo cayeron sobre la tierra, como la higuera deja caer sus higos cuando es sacudida por un fuerte viento. Y el cielo se desvaneció como un pergamino que se enrolla; y todo monte y toda isla se removió de su lugar. (Apocalipsis 6:12-14)

No hay duda, por lo tanto, de que habrá un cumplimiento replicado de la profecía en el tiempo anterior a la venida de nuestro Señor. De hecho, Pedro añadió la expresión «en los postreros días» en su aplicación de la profecía de Joel (Hechos 2:17).

Para comprender mejor los acontecimientos futuros, debemos considerar otra figura asociada con la misma profecía.

Antes de mencionar el derramamiento del Espíritu Santo, Joel anunció que Dios enviaría lluvia: «Vosotros también, hijos de Sion, alegraos y gozaos en Jehová vuestro Dios; porque os ha dado la primera lluvia a su tiempo, y hará descender sobre vosotros lluvia temprana y tardía como al principio» (Joel 2:23).

Primeras y últimas lluvias

Las lluvias señalan, alegóricamente, el derramamiento del Espíritu Santo. Me parece que fueron presentados intencionalmente, a través del profeta, como una ilustración tanto de lo que sucedió en Pentecostés como de lo que se cumplirá en el tiempo del fin. Curiosamente, Santiago utiliza la misma analogía cuando habla de la venida del Señor:

> Por tanto, hermanos, tened paciencia hasta la venida del Señor. Mirad cómo el labrador espera el precioso fruto de la tierra, aguardando con paciencia hasta que reciba la lluvia temprana y la tardía. Tened también vosotros paciencia, y afirmad vuestros corazones; porque la venida del Señor se acerca. (Santiago 5:7-8)

Santiago pide paciencia para esperar la venida del Señor, señalando que no sucedería tan rápido como esperaban los creyentes del primer siglo. El argumento utilizado es que el *labrador* espera pacientemente el precioso *fruto de la tierra.*

¿Quién es el agricultor y quién es el fruto de la tierra en esta analogía? Si el contexto es la venida de Cristo, se supone que Él es el labrador y nosotros el fruto de Su viña. El mismo Jesús usó la alegoría en estos términos: Mateo 21:33-44; Juan 15:1-8.

Pero, ¿por qué el labrador, Cristo, necesita paciencia?

Porque debe esperar *hasta que* la tierra reciba «la lluvia temprana y la tardía». La expresión, también traducida en otras versiones como «lluvias tempranas y tardías», indica *dos momentos distintos* de la lluvia: uno que precede al arado y siembra de la tierra y otro antes de la cosecha.

En el *Nuevo Diccionario Bíblico Champlin*, el autor Russell Champlin detalla el proceso:

> Para los agricultores, lo que más importa es la distribución de las precipitaciones a lo largo del año. Esta distribución es realmente desigual. No llueve durante los cuatro meses más calurosos del año, de junio a septiembre. Esto se equilibra con un invierno fresco y lluvioso; pero desde el punto de vista del agricultor, los dos períodos críticos son el comienzo y el final de la temporada de lluvias, cuando las temperaturas son lo suficientemente altas como para promover el crecimiento de los cultivos y el suelo todavía está lo suficientemente húmedo para el cultivo.
>
> Por lo tanto, las actividades de los agricultores están directamente vinculadas al régimen de precipitaciones, en función de

> su aparición. Las lluvias comienzan en octubre, normalmente con una serie de tormentas, y entonces se puede empezar a arar y sembrar en el suelo compactado. Si se retrasa el inicio de la temporada de lluvias, la producción anual se ve afectada; y si el aplazamiento es demasiado largo, puede que ni siquiera haya cosecha. Por eso, estas «primeras» lluvias son sumamente importantes. Al otro final del invierno, las lluvias continúan hasta abril y mayo, cuando las temperaturas son altas, siendo más valiosas que las lluvias de enero y febrero, cuando las temperaturas son más bajas; esas lluvias aumentan la producción cada día que duran. Por eso los agricultores esperan con impaciencia las «últimas» lluvias.[3]

Entonces, ¿qué se entiende por alegoría? Que las primeras lluvias del derramamiento del Espíritu Santo vinieron, el día de Pentecostés, para preceder el inicio de la siembra del evangelio en el mundo. Cristo, sin embargo, espera pacientemente hasta que la tierra reciba las últimas lluvias, las que precederán a la cosecha, un derramamiento del Espíritu Santo reservado para el tiempo del fin.

El cielo está reteniendo la venida de Cristo hasta que Dios restaure todas las cosas que fueron predichas por sus profetas, lo que incluye, como hemos visto, la profecía de Joel. ¡Jesús vendrá, entonces, después de las últimas lluvias! En otras palabras, una de las grandes señales escatológicas que preceden al regreso de nuestro Señor es un poderoso avivamiento. Esto es incuestionable, sin importar la cronología de los acontecimientos finales que usted crea. Debemos esperar un nuevo, y quizás aún mayor, «Pentecostés».

Entre las primeras y las últimas lluvias no suele llover. No creo que sea casualidad que, entre el derramamiento inicial del Espíritu Santo y la época que vivimos, haya existido la llamada «Edad de las Tinieblas», período en el que la Iglesia se desvió mucho de su propósito inicial y verdades, además el movimiento y manifestaciones de Espíritu Santo han disminuido al punto que hay muy pocos registros de sus ocurrencias. A partir de la Reforma Protestante es

3. CHAMPLIN, Russel Norman. *Nuevo Diccionario Bíblico Champlin*, p. 296.

posible notar un movimiento creciente hacia la restauración de las verdades bíblicas; pero, en términos del derramamiento del Espíritu Santo, nada se compara con lo que hemos experimentado desde el comienzo del movimiento pentecostal, ¡y estas últimas lluvias alcanzarán su plenitud!

Muchas voces proféticas, como la de Elías, están anunciando: «Sube, come y bebe; porque una lluvia grande se oye» (1 Reyes 18:41). No importa si lo que vemos es simplemente «una pequeña nube como la palma de la mano de un hombre» (1 Reyes 18:44), el movimiento en el ámbito espiritual ya es perceptible.

Tenga en cuenta, sin embargo, que la promesa conlleva un requisito condicional: «*después de esto* derramaré mi Espíritu sobre toda carne» (Joel 2:28, énfasis añadido). El gran avivamiento vendrá «después». ¿Después de qué? Si volvemos a los versículos anteriores, encontraremos la orden divina: «proclamad ayuno» (Joel 2:15), que era tan válida en los días de Joel como lo es hoy.

El ayuno era un acto de humillación asociado con la tristeza, ya sea a través del arrepentimiento o incluso del duelo, y el llamado divino abordaba exactamente eso:

> Reunid al pueblo, santificad la reunión, juntad a los ancianos, congregad a los niños y a los que maman, salga de su cámara el novio, y de su tálamo la novia. Entre la entrada y el altar lloren los sacerdotes ministros de Jehová, y digan: Perdona, oh Jehová, a tu pueblo, y no entregues al oprobio tu heredad, para que las naciones se enseñoreen de ella. ¿Por qué han de decir entre los pueblos: Dónde está su Dios? (Joel 2:16-17)

El llamado divino fue que su pueblo se entregara a un ayuno marcado por el arrepentimiento y las oraciones por la restauración de la nación de Israel, llamada «la herencia» del Señor.

Por tanto, si el derramamiento del Espíritu está condicionado a un ayuno marcado por el arrepentimiento y la oración por la restauración de la Iglesia, ¿por qué esto no se ha convertido todavía en una tarea urgente y sumamente importante para nosotros?

El ayuno no solo es importante desde una perspectiva personal; también es de gran relevancia desde una perspectiva comunitaria. En tiempos de Joel, el llamado era a un ayuno colectivo, no solo individual.

Creo que, junto con las oraciones y las intercesiones, el ayuno tiene un papel preparatorio para las grandes cosechas del fin de los tiempos que precederán al glorioso regreso de Cristo. Mahesh Chavda, abordando este mismo tema en su fantástico libro *El poder secreto de la oración y el ayuno*, comenta:

> En el libro de Joel, el Señor le pidió al profeta que ordenara a los ancianos, a los adultos de las ciudades, a los bebés e incluso a los novios que esperaban la ceremonia nupcial observar un ayuno solemne como una sola nación ante Dios. ¿Por qué y para qué? Oraron insistentemente para que llegara la restauración (ver Joel 2:15ss). Dios respondió su oración con una gran promesa respecto a los últimos días, la cual recién comenzó a cumplirse el Día de Pentecostés, en el libro de Hechos, y se está manifestando como nunca antes en nuestros días: «Y después de esto derramaré mi Espíritu sobre toda carne, y profetizarán vuestros hijos y vuestras hijas; vuestros ancianos soñarán sueños, y vuestros jóvenes verán visiones. Y también sobre los siervos y sobre las siervas derramaré mi Espíritu en aquellos días» (Joel 2:28-29).
>
> La única condición previa para este derramamiento del Espíritu Santo es que seamos un pueblo que tenga la visión y esté dispuesto a pagar el precio para recibir el poder a través de la oración y el ayuno.[4]

Bill Bright, fundador de la Cruzada Estudiantil y Profesional para Cristo, movido por un peso de intercesión por la salvación y el avivamiento en Estados Unidos, se dedicó a un ayuno de cuarenta días en los años 90. Ese período de tiempo impulsó su libro *The Coming Revival: America's Call to Fast, Pray and Seek God's Face* (La llegada del avivamiento: el llamado de Estados Unidos a

4. CHAVDA, Mahesh. *El poder secreto de la oración y el ayuno*, p. 31-32.

ayunar, orar y buscar el rostro de Dios), en el que narra lo siguiente: «La promesa de avivamiento trae consigo una condición [...] millones de cristianos necesitan, ante todo, humillarse y buscar el rostro de Dios con ayuno y oración».[5] Dijo, además:

> Dios nunca me ha hablado en voz alta y no tengo el don de profetizar. Pero esa mañana, el mensaje que recibí del Señor fue claro. «¡Antes de que finalice el año 2000, Estados Unidos y gran parte del mundo experimentarán un gran despertar espiritual! Y este avivamiento marcará el comienzo de la mayor cosecha en la historia de la Iglesia».
>
> Sentí como si el Espíritu Santo me estuviera diciendo que millones de cristianos necesitan buscar a Dios de todo corazón con ayuno y oración antes de que él intervenga para salvar a Estados Unidos. He sido llamado por el Espíritu a orar para que millones de cristianos se humillen y busquen a Dios con ayunos de cuarenta días.[6]

Lou Engle y Dean Briggs comentan sobre ese llamado: «Cuando un hombre como Bill Bright, posiblemente uno de los más grandes evangelistas y líderes del movimiento estudiantil en la historia de la Iglesia, pide un ayuno de cuarenta días, no es el momento de discutir detalles de doctrina y ocasión apropiada».[7] Ambos respondieron a la citación y ayunaron durante el período propuesto. Y afirman:

> Antes de finales del año 2000 comenzó un extraordinario despertar espiritual en forma de un movimiento de oración mundial.[8] [...]
>
> En 1999, el reloj divino sincronizó una serie de eventos. Los líderes que lanzaron una gran escalada de oración se extendieron

5. Citado por: ENGLE, Lou & BRIGGS, Dean. *El ayuno de Jesús*, p. 21.
6. *Ibid.*, p. 20.
7. Citado por: ENGLE, Lou & BRIGGS, Dean. *El ayuno de Jesús*, p. 21.
8. *Ibid.*, p. 23.

> por todo el Planeta. No se conocían y no habían coordinado el trabajo. Pero desde esos primeros esfuerzos tentativos, una «casa de oración para todos los pueblos» a nivel mundial (Isaías 56:7) se ha vuelto legítima por primera vez en la historia.[9]

Destacan movimientos que comenzaron en esa época, como el «Movimiento de Oración 24-7», en 1999, de Pete Greig; la «Casa Internacional de Oración», iniciada en Kansas City (EE.UU.) por Mike Bickle, también en 1999, un ministerio que ha mantenido la oración continua durante más de dos décadas y ha visto ampliado enormemente su alcance y capacidad de movilización a través de transmisiones en línea, alcanzando el mundo entero; «The Call», también comenzó en 1999, cuando Lou Engle reunió a casi medio millón de jóvenes para una jornada de ayuno y oración frente a la Casa Blanca; además del «Día Mundial de la Oración», iniciado en el año 2000 por el sudafricano Graham Power. Evidentemente, la lista está lejos de ser completa, pero indica, a modo de ejemplo, acciones que creo que forman parte de un movimiento más amplio de preparación para la llegada de las «últimas lluvias».

Agradezco a Dios por la vida de Valnice Milhomens, quien, en la década de 1990, comenzó a enseñar con profundidad sobre el ayuno. Ella fue una de las personas que más me inspiró a desarrollar esta disciplina. En su clásico libro *El ayuno y la Redención de Brasil*, ya mencionado anteriormente, afirma:

> El ayuno no ha sido una práctica común en muchos campos evangélicos, pero nos sorprenderá ver la importancia que tiene en la Biblia. Gracias a Dios hoy crece mucho el número de quienes recurren a este saludable ejercicio espiritual. Ha amanecido un nuevo día y hay hambre espiritual en los corazones de multitudes de discípulos, que buscan vivir en el vigor y el poder de la Iglesia apostólica. Estamos viviendo días de renovación espiritual en una gran parte de la Iglesia. Su grito ha subido al cielo y el Espíritu de Dios despierta nuestros corazones y los

9. *Ibid.*, p. 57-59.

hace arder de hambre y sed de una auténtica vida cristiana, que afecta al mundo que nos rodea. Un pueblo se levanta, en medio de la Iglesia, anhelando ver a la Esposa inmaculada, sin mancha, sin arruga, ni defecto alguno, sino santa e irreprensible. Y ciertamente, en los dolores de parto de un avivamiento espiritual, se descubrirá el camino bíblico del ayuno ante el Señor.[10]

Creo que la frase «en los dolores de parto de un avivamiento espiritual, se descubrirá el camino bíblico del ayuno ante el Señor» sigue sonando tan verdadera y profética como cuando fue escrita, hace casi tres décadas.

Marcador de un nuevo tiempo

El ayuno, en el contexto que he comentado, de preparación para un avivamiento, un avance significativo hacia una gran cosecha, así como la necesaria santificación de la Iglesia antes de la venida de Cristo, es *esencial.*

Jesús, antes de comenzar su poderoso ministerio terrenal, ayunó. Es evidente que, aunque no se puede decir que sea el único factor impulsor de una nueva temporada, el ayuno, al menos, forma parte de esta ecuación.

Ya hemos demostrado que Cristo predijo (e instruyó) que sus discípulos ayunarían cuando Él fuera llevado. Ciertamente esto se puso en práctica, aunque el libro de Hechos registra solo unos pocos ejemplos.

El ministerio de Pablo, el apóstol de los gentiles, «nació» cuando, después de su conversión, estuvo encerrado durante tres días «estuvo tres días sin ver, y no comió ni bebió» (Hechos 9:9), orando (Hechos 9:11). Ananías le fue enviado con un mensaje claro: «El Señor le dijo: Ve, porque instrumento escogido me es este, para llevar mi nombre en presencia de los gentiles, y de reyes, y de los hijos de Israel» (Hechos 9:15). El ayuno de Pablo, entonces, precedió a su envío.

10. COELHO, Valnice Milhomens. *El ayuno y la Redención de Brasil* (5ª ed.), p. 187.

Cuando comenzó una nueva temporada misionera, en la que la Iglesia dejó de practicar misiones solo accidentales (provocadas por la persecución de Hechos 8:1-4) y migró a la práctica de misiones intencionales (concebidas por diseño y dirección del Espíritu Santo), el ayuno se encuentra nuevamente antes de la nueva temporada: «Ministrando estos al Señor, y ayunando, dijo el Espíritu Santo: Apartadme a Bernabé y a Saulo para la obra a que los he llamado. Entonces, habiendo ayunado y orado, les impusieron las manos y los despidieron» (Hechos 13:2-3). El ayuno estuvo ahí antes del envío, cuando se generó espiritualmente el proyecto, y también estuvo en el momento de la imposición de manos y del envío mismo.

Además, el ayuno se encuentra en un desarrollo del mismo episodio, cuando Pablo y Bernabé, después de haber predicado el evangelio y plantado iglesias en varias ciudades gentiles, regresan levantando a los primeros líderes que los impulsarían al crecimiento y la multiplicación. ¿Cómo comenzó el ministerio de esos líderes? La Escritura también nos revela: «Y constituyeron ancianos en cada iglesia, y habiendo orado con ayunos, los encomendaron al Señor en quien habían creído» (Hechos 14:23).

John Piper, refiriéndose al hito de un nuevo tiempo producido por los ayunadores de Antioquía, comenta:

> El ayuno de Hechos 13 cambió el curso de la historia. Es casi imposible exagerar la importancia histórica de este momento para el mundo. Antes de esta palabra del Espíritu Santo, parece que no había ninguna misión organizada de la iglesia más allá de la costa oriental del Mediterráneo. Antes de esto, Pablo no había realizado ningún viaje misionero hacia Occidente, a Asia Menor, Grecia, Roma o España. Antes de esto, Pablo no había escrito ninguna de sus cartas, que fueron el resultado de sus viajes misioneros que comenzaron en ese momento.
>
> Este tiempo de oración y ayuno dio lugar a movimientos misioneros que catapultaron al cristianismo de una posición de oscuridad a la posición de religión dominante en el Imperio

romano en dos siglos y medio, y que producirían 1.300 millones de seguidores de la actual religión cristiana, con un Testimonio cristiano en prácticamente todos los países del mundo. Y trece de los 27 libros del Nuevo Testamento (las cartas de Pablo) fueron el resultado del ministerio que se inició en este momento histórico de oración y ayuno.

Así que creo que es justo decir que a Dios le agradó hacer que la adoración, la oración y el ayuno fueran la palanca de lanzamiento de una misión que cambiaría el curso de la historia mundial. ¿Hay aquí una lección para nosotros?[11]

El pastor bautista afirmó, además:

En nuestros días existe entre muchos un sentimiento creciente de que el redescubrimiento del ayuno como un clamor del corazón penitente a Dios pidiendo avivamiento puede ser el medio que Dios usaría para despertar y reformar su iglesia.[12]

Algunos podrían creer que sería una coincidencia que hubiera un registro bíblico de ayuno que precediera a cada uno de estos episodios importantes. Para mí es un patrón: Jesús, Pablo, los líderes de la iglesia en Antioquía, los ancianos establecidos en las otras iglesias gentiles. Incluso podríamos incluir en la lista la consagración de Jesús en el templo, cuando Ana profetizó que «y no se apartaba del templo, sirviendo de noche y de día con ayunos y oraciones. Esta, presentándose en la misma hora, daba gracias a Dios, y hablaba del niño a todos los que esperaban la redención en Jerusalén» (Lucas 2:37-38).

Continúo citando a John Piper, quien cierra su razonamiento con otro argumento: «Algunos han observado que en Hechos 13:1-4 se llevaban a cabo tres actividades: aquellos maestros y profetas adoraban, oraban y ayunaban. De estas tres actividades, dos están experimentando un resurgimiento mundial en nuestros

11. PIPER, John. *Hambre de Dios*, p. 81.
12. *Ibid.*, p. 83.

días». Comenta que ha habido avances en la adoración y la oración en los últimos años, pero concluye: «Sin embargo, de las tres actividades mencionadas en Hechos 13:1-4 (adoración, oración y ayuno), el ayuno no ha experimentado este despertar, a menos que tal vez en algunos lugares como Corea del Sur. Esto nos lleva a preguntarnos: ¿no podría Dios ordenar que todas sus bendiciones caigan sobre la iglesia cuando prevalecemos en la oración con la intensidad del ayuno? Este tipo de intensificación en la adoración es lo que es el ayuno».[13]

Estoy de acuerdo en que el ayuno, como ha sucedido con el culto y la oración en las últimas décadas, también experimentará un despertar. Él ayudará a allanar un camino de avivamiento al llevarnos al vaciamiento de nosotros mismos; ¡esto, a su vez, precederá a una extraordinaria llenura divina!

¿Cómo rescatar el ayuno?

Si el ayuno, junto con la oración y el arrepentimiento, es una pieza tan fundamental en el desarrollo de futuros escenarios proféticos, está claro que necesita ser rescatado. Entiendo que Dios quiere crear una *cultura del ayuno* a gran escala, en la Iglesia en su conjunto, y no solo en determinados grupos.

La pregunta pertinente es: ¿cómo rescatar la cultura del ayuno, que se ha ido desvaneciendo con el tiempo?

Reconozco que el único medio por el cual cualquier verdad olvidada puede ser restaurada es mediante el *regreso de su proclamación*. Fue así cuando los reformadores, después de siglos de una cultura implementada entre los cristianos sobre la salvación por las obras, se levantaron para reafirmar: «Porque por gracia sois salvos por medio de la fe; y esto no de vosotros, pues es don de Dios; no por obras, para que nadie se gloríe» (Efesios 2:8-9). De manera similar, una movilización profética inspirada y promovida por los cielos despertará tanto la *comprensión* bíblica como la *práctica* del ayuno.

13. PIPER, John. *Hambre de Dios*, p. 83.

Cierro este capítulo con las palabras de Mahesh Chavda:

¡Dios está llamando a la iglesia mundial a la oración y el ayuno corporativos como nunca antes mientras enfrentamos una cosecha inminente de proporciones globales monumentales! Es hora de responder al llamado divino a la oración y el ayuno como un solo pueblo, unidos en torno a un Salvador, una fe y un Señor.[14]

¿Estás dispuesto a responder a este llamado?

14. CHAVDA, Mahesh. *El poder secreto de la oración y el ayuno*, p. 157.

4

¿Qué es el ayuno?

«La Iglesia de hoy ha perdido, dejado de lado y sacado de contexto una clave para una vida cristiana exitosa, que se encuentra en la Biblia. Esa clave es el ayuno».

DEREK PRINCE[1]

El ayuno bíblico es, en esencia, la abstinencia intencional de alimentos con fines espirituales. Puede incluir, en periodos más cortos, la privación de la ingesta hídrica, aunque normalmente se realiza sin dicha restricción. También tiene variaciones que permiten la abstinencia parcial, excluyendo solo ciertos grupos de alimentos, pero permitiendo otros.

La palabra utilizada en los manuscritos griegos y traducida como «ayuno» es *nesteia* (νηστεια). Derivado de *ne*, elemento de negación, y *esthio*, «comer», significa abstinencia de alimentos.[2] Se pueden adoptar otras formas de abstinencia además de la comida, aunque, fundamentalmente, el ayuno consiste en la privación de alimentos.

El Diccionario de la Lengua Española de la RAE también define el ayuno de la siguiente manera: «que no ha comido; abstinencia de toda comida y bebida desde las doce de la noche antecedente; privado de algún gusto o deleite».[3]

---

1. PRINCE, Derek. *El ayuno*, p. 7.

2. VINE, W. E., Unger, MERRIL F. y WHITE Jr, William. *Diccionario Vine*, p. 727.

3. Real Academia Española y Asociación de Academias de la Lengua Española, *Diccionario de la lengua española* (23ª ed., 2023).

Reitero que tanto el significado como el uso de la palabra ayuno se refieren indiscutiblemente a la privación de alimentos, con lo que también coincide la práctica histórica. Sin embargo, otras abstinencias son viables, como la que Pablo mencionó a los corintios, respecto a la intimidad sexual de la pareja:

> No os neguéis el uno al otro, a no ser por algún tiempo de mutuo consentimiento, para ocuparos sosegadamente en la oración; y volved a juntaros en uno, para que no os tiente Satanás a causa de vuestra incontinencia. (1 Corintios 7:5)

Se entiende que, cuando se trata de una mayor dedicación a la oración, una de las principales razones por las que se debe ayunar, puede ser útil abstenerse de otros placeres legales además de la comida. El objetivo es mortificar la carne y buscar a Dios aún más intensamente.

Es claro que, en ese contexto, el apóstol definió criterios: debe haber *acuerdo* entre la pareja, implícito en la expresión «mutuo consentimiento», además de que la ruptura en la intimidad solo debe darse por un tiempo, es decir, no dura demasiado.

Esto no significa que todo ayuno deba incluir la abstinencia de intimidad sexual, ni que este tipo de abstinencia, a su vez, requiera ir acompañada de la abstención de alimentos. Ambos representan una voluntad de renunciar a placeres que, aunque lícitos, se interrumpen temporalmente para centrarse en otro deleite, de una dimensión incalculablemente mayor: el de carácter espiritual. Pueden ejecutarse juntas o cada parte puede tener su lugar de forma aislada.

Esta es sin duda una de las preguntas que más escucho sobre el ayuno por parte de parejas casadas: «¿Podemos mantener un momento de intimidad física?» ¡Claro que sí! Pero también puede que no sea así. La decisión depende de quién ayuna y del acuerdo con el cónyuge. Cada uno ayuna como mejor le parece y determina sus propias reglas. Nadie está obligado a practicar la abstinencia sexual, ni siquiera quien ayuna, y mucho menos un cónyuge que no ayuna. Al discutir la importancia de no privar sexualmente a su cónyuge, el apóstol no mencionaría una excepción que no fuera razonable y de sentido común. Lo que está en duda es la posibilidad de que el ayuno se realice basándose en otros tipos de abstinencia, y no solo en la abstinencia alimentaria. Sin embargo, insisto en observar el significado elemental: el ayuno sigue siendo, en esencia, abstenerse de comer para buscar a Dios.

Dicho esto, creo que, en los tiempos modernos, la abstinencia de entretenimiento (películas, series, uso de internet) también puede, y debe, incluirse en nuestros ayunos. Mientras tanto, vale la pena considerar la advertencia hecha por Leonard Ravenhill (1907-1994) en uno de sus famosos sermones (disponible en Internet), de que «el entretenimiento se ha convertido en el sustituto diabólico de la [verdadera] alegría». Prefiero ver el ayuno de entretenimiento, sin embargo, como una abstinencia complementaria, y no exclusiva del ayuno de comida. Como veremos más adelante, no existen reglas estrictas respecto al ayuno; cada uno lo hace como, cuando y con la frecuencia que quiere. A menos que reciba una dirección específica del Espíritu Santo, el ayuno será según lo elija cada cristiano.

El ayuno no es, como algunos piensan, una especie de «moneda de cambio» o herramienta de negociación. Tampoco es un sacrificio que, en sí mismo, genere recompensas. Todo esto sería una contradicción con la gracia revelada en Cristo, a la que se accede mediante la fe (Romanos 5:2). «No ayunamos para ganar algo; ayunamos para conectarnos con nuestro Dios sobrenatural. Estamos limpiando el canal que nos conecta con la unción divina», dice Chavda.[4]

Aunque Jesús aseguró que habría recompensa, «y tu Padre que ve en lo secreto te recompensará» (Mateo 6:18), el ayuno no es, en sí mismo, el factor responsable del resultado, aunque, sin duda, sí lo es, una excelente ayuda para el ejercicio de la fe que, sí, nos lleva a resultados.

El ayuno es, ante todo, una herramienta utilizada en la búsqueda de Dios, que contribuye al proceso de entrega. Potencia la

4. CHAVDA, Mahesh. *El poder secreto de la oración y el ayuno*, p. 124.

mortificación de la carne y de sus apetitos, llevándonos a desear, sin obstáculos, las cosas celestiales. Otras bendiciones que surgen de su uso adecuado son meras consecuencias; constituyen un efecto secundario, no un propósito.

¿Hay reglas?

Mucha gente pregunta sobre las reglas del ayuno. Pablo afirmó: «el que lucha como atleta, no es coronado si no lucha legítimamente» (2 Timoteo 2:5); sin embargo, a diferencia del deporte, el ayuno no viene con un libro de reglas. ¡Me gusta bromear diciendo que la regla es que no hay reglas! Lo que tenemos, en las Sagradas Escrituras, son *principios* y *pautas*, que nos ayudan más en relación con el «por qué» lo hacemos (motivaciones y propósitos) que al «cómo» lo hacemos. Aun así, a continuación, abordaremos una variedad de sugerencias, según ejemplos bíblicos.

Noto mucha confusión innecesaria, consecuencia del establecimiento de reglas humanas que no tienen nada que ver con la guía bíblica. Una cosa es que un creyente en Jesús, por elección propia, decida ayunar; otra, muy diferente, es decidir por Él. La Biblia revela momentos de *llamados proféticos* al ayuno y también *decretos reales* que lo determinaron, como ocurrió en los días de Acab (1 Reyes 21:8-9) y con los habitantes de Nínive (Jonás 3:5), por ejemplo. El segundo caso no se aplica a nosotros hoy, mientras que el primero no establece reglas rígidas sobre cómo responder a un llamado al ayuno.

Jesús, citando al profeta Isaías, señaló que la voluntad humana de crear reglas que Dios no determinó es antigua: «Enseñando como doctrinas mandamientos de hombres» (Marcos 7:7). Observo el esfuerzo de muchas personas al tratar de definir y prescribir, respecto del ayuno, lo que no nos exige la Palabra de Dios. «En un ayuno no puedes hacer esto», «en aquel otro no puedes hacer aquello», dicen. Este es un comportamiento antiguo. Pablo habló a los colosenses de ordenanzas como «ni gustes» (Colosenses 2:21); posteriormente, lo clasificó como «mandamientos y doctrinas de hombres» (Colosenses 2:22).

Aunque el texto de Colosenses trataba más de una prohibición continua de alimentos que de una regla específica para el tiempo de ayuno, el hecho es que la gente iba en contra de los valores bíblicos. El apóstol también denunció a quienes «mandarán abstenerse de alimentos que Dios creó para que con acción de gracias participasen de ellos los creyentes y los que han conocido la verdad» (1 Timoteo 4:3). Lo que vemos, nuevamente, es el intento de establecer reglas humanas por encima de las ordenanzas divinas. ¡Además de contradictorio, esto es extremadamente dañino y debe evitarse a toda costa!

La práctica del ayuno se ha encontrado en la humanidad desde los tiempos, culturas e incluso religiones más antiguas. Se ha observado con fines espirituales o incluso medicinales, ya que la abstinencia de alimentos aporta enormes beneficios físicos, como la desintoxicación que promueve en el cuerpo. También hay quienes lo utilizan como forma de protesta.

Para nosotros, los cristianos, sin embargo, el objetivo es, sobre todo, de *carácter espiritual*. Esta abstinencia tiene fines espirituales, que nos llevan a combinar el ayuno con la *oración* y otras devociones como el *culto*, además de la *lectura*, la *meditación* y el *estudio* de las Sagradas Escrituras. A pesar de los beneficios físicos, espiritualmente, habrá efectos significativos en nuestras vidas como resultado del ayuno.

El ayuno no es necesariamente placentero, aunque sus resultados sí lo son. Luís Gomes, un querido amigo, con quien tuve la alegría de servir en el mismo equipo pastoral, al inicio de mi ministerio, siempre decía: «El ayuno no es bueno. Es bueno haber ayunado». ¡Hecho! Los beneficios del ayuno parecieron manifestarse, con mayor intensidad, *después* y no *durante* su práctica. Podemos compararlo con la analogía utilizada por Jesús:

> La mujer cuando da a luz, tiene dolor, porque ha llegado su hora; pero después que ha dado a luz un niño, ya no se acuerda de la angustia, por el gozo de que haya nacido un hombre en el mundo. (Juan 16:21)

La tristeza prenatal se centra en el dolor del proceso. La alegría posparto se centra en el resultado final. El ayuno, mientras se realiza, puede parecer algo desalentador debido a las molestias que provoca la desintoxicación, especialmente las más breves, que duran hasta tres días. Sin embargo, debemos centrarnos en el resultado, en lo que se manifestará más adelante, y no solo en el momento.

Hay gran discusión y controversia entre los cristianos cuando el tema es el ayuno. Algunos afirman que es la práctica de otras religiones como el hinduismo, el budismo y el islam. Es un hecho que estas personas religiosas ayunan, pero esto no significa, en absoluto, que no debamos abstenernos de comer porque ellos también lo hacen. Esto sería tan tonto como concluir que debido a que muchas religiones tienen música en sus servicios, entonces nosotros no podemos tenerla en los nuestros; o tan tonto como afirmar que debido a que en otras religiones hay oración, no debemos orar, no sea que nos asocien con ellas.

La cuestión, por tanto, no es si otros ayunan o no lo hacen, sino qué dice la Biblia, nuestro manual de fe y conducta, al respecto. Como afirmó el teólogo y pastor luterano Dietrich Bonhoeffer: «Jesús considera natural que sus discípulos observen la práctica piadosa del ayuno. El ejercicio riguroso de la abstinencia es parte de la vida de los discípulos».[5]

¿Y si fracaso?

Muchas personas tienen miedo de ayunar (individualmente o en respuesta a un llamado colectivo) por temor a no poder soportarlo. Casi todas las personas que ayunan que conozco pueden contarte historias de ayunos que fueron interrumpidos antes del tiempo propuesto.

En los primeros años de mi ministerio pastoral tuve esa experiencia. Invité a varios discípulos y amigos pastores a tres días de ayuno y oración en una granja. El lugar era remoto y no contaba con ningún tipo de suministro de alimentos. El baño era al estilo de la antigüedad: en un río cercano.

5. BONHOEFFER, Dietrich. *Discipulado*, p. 132.

Estábamos al final del segundo día de ayuno. Como éramos muy jóvenes e inmaduros (al menos la mayoría de nosotros), teníamos un juego desaconsejable, que repetíamos durante los ayunos prolongados: burlarnos unos de otros con recuerdos de comida. «Imaginen una tapa de cuadril», dijo uno; y todos suspiraron. «Imaginen una pizza de peperoni», dijo otro; y todos refunfuñaron. Y la sesión de «imagina esto o aquello» continuó, hasta que alguien dijo: «Imaginen una ensalada X de esa cafetería». En ese momento no hubo suspiros, gemidos ni gruñidos, solo silencio. Se notaba que la sugerencia había calado profundamente en el alma de cada uno. Al rato, un hermano se levantó y dijo: «Si alguien quiere conseguir los bocadillos, le ofrezco mi camión y pago por todos». Había llovido mucho, por lo que la mayoría de los coches no podrían salir de la finca a esa hora.

Me levanté y lancé un sermón contra todo el grupo: «¡No tienen vergüenza, son unos carnales! Nadie reprendió al chico por lo que dijo. Parece que su silencio es una especie de acuerdo». Se quedaron con la cabeza gacha, todavía en silencio. Fue entonces cuando me volví hacia el dueño del camión y le pregunté: «¿Pero tu propuesta era seria?» Me miró sorprendido. Continué: «Si hablas en serio, entrega las llaves y el dinero y lo conseguiré yo mismo». Y así lo hice. No pude soportarlo y rompí el ayuno de todo el grupo al final del segundo día. Y nadie protestó; al contrario, todos comieron. Al tercer día volvimos a ayunar, pero no hicimos los tres días continuos que nos habíamos propuesto.

También he tenido experiencias frustrantes en el contexto del ayuno individual. He tenido dificultades para finalizar ciertos ayunos dentro del tiempo que me propuse hacerlo, ya sea porque no podía soportar el malestar inicial o por pura hambre. Tales circunstancias prueban que no somos buenos ayunando por nosotros mismos. Sin embargo, nos enseñan a depender más de la gracia de Dios y también nos recuerdan la importancia de prepararnos para el ayuno. Un proceso de desintoxicación previo, además de fortalecer la mente, preparándola para el momento de la abstinencia, también alivia los síntomas que el cuerpo soportará.

Terminé un ayuno al noveno día porque me sentía mal. Recientemente había contraído hepatitis y mi hígado todavía estaba sensible. Agregué unas gotas de limón al agua, siguiendo el consejo de ayunadores más experimentados, ya que incluso el «sabor» del agua era malo. Tuve alguna reacción en el hígado y me sentí muy mal, con antojos y náuseas. Preocupado por mi salud, rompí el ayuno y comí. Luego me dijeron que a un «hígado malo» no se le ayuda dándole comida; solo tenía que esperar unas horas y todo habría vuelto a la normalidad. En el ámbito del ayuno, incluso aprendemos de nuestros errores, así que ten paciencia contigo mismo.

Me hizo mucha gracia cuando, al leer por primera vez *El poder secreto de la oración y el ayuno* de Mahesh Chavda, descubrí que durante los primeros cuarenta días de ayuno que hizo, acabó cediendo a la tentación y se comió una bolsa de patatas fritas el día dieciocho. Alguien le preguntó más tarde: «¿Y empezaste a ayunar de nuevo?» A lo que él respondió: «¿Estás bromeando?».[6] Chavda informó que simplemente continuó con otros veintidós días de ayuno. Por supuesto, no me hizo gracia que se lo comiera, sino la forma en que afrontó lo sucedido. ¡Siempre habrá un «fariseo» que critique un ayuno de cuarenta días con el consumo de una sola bolsa de patatas fritas en el medio!

Por eso, como regla general, con excepción de los ayunos parciales y colectivos, aconsejo a la gente no hacer ningún voto sobre la duración del ayuno. Les aconsejo que sean firmes en su *intención*. Sin embargo, creo que es mejor, especialmente para aquellos que empiezan a practicar el ayuno, que no haya rigidez durante las primeras experiencias.

Evidentemente, a medida que pasa el tiempo y ejercitamos la disciplina de la abstinencia de alimentos, dejamos de cometer estos errores. No estoy defendiendo estos defectos como estilo de vida; simplemente reconozco que pueden ocurrir en la fase inicial del ayuno, y esa fase, a su vez, requerirá paciencia de nuestra parte. No podemos dejarnos llevar por el desánimo. ¿No pudiste ayunar?

6. CHAVDA, Mahesh. *El poder secreto de la oración y el ayuno*, p. 129.

Intenta de nuevo. Y otra vez. Y otra vez. No importa cuántas veces sea necesario.

¿Es saludable para el cuerpo?

También existe controversia dentro de la medicina respecto al tema. Mientras algunos están absolutamente en contra del ayuno, en la discusión sobre si es o no una práctica saludable, otros lo defienden ampliamente. En una ocasión, el doctor Aldrin Marshall, un médico amigo cristiano, que me acompañó en varios ayunos prolongados, me confió: «La verdad es que, en medicina, hay mucha discusión teórica y poco laboratorio práctico; no tenemos muchos estudios de casos, porque el ayuno, especialmente el ayuno prolongado, se ha convertido en una práctica poco común».

Durante los ayunos en los que me ofreció asistencia médica, me solicitó una serie de pruebas antes y otra después del ayuno. El objetivo, además de monitorear mi estado de salud, era comprender un poco mejor los efectos del ayuno en el organismo, desde una perspectiva fisiológica. Siempre ha habido mejoras significativas en mi estado de salud, no al revés.

Cabe señalar, sin embargo, que no nos referimos a la última novedad, «la dieta de moda». El ayuno es una práctica muy, muy antigua. Ha sido probado durante mucho tiempo. Aquellos que la critican rara vez ayunan o parecen presentar estudios de casos consistentes; suelen ofrecer especulaciones teóricas y, no pocas veces, prejuiciosas. El doctor Jason Fung, nefrólogo, reconocido como uno de los principales expertos mundiales en la práctica del ayuno para bajar de peso y revertir la diabetes tipo 2, autor del libro *El código de la obesidad*, es un defensor del ayuno y lo reconoce como un remedio ancestral:

> En lugar de recurrir a alguna dieta milagrosa, novedosa y exótica que nos ayude a romper la resistencia a la insulina, deberíamos centrarnos en una antigua tradición de curación comprobada. El ayuno es una de las medicinas más antiguas de la

historia de la humanidad y ha sido parte de la práctica de casi todas las culturas y religiones del planeta. [...]

Como tradición curativa, el ayuno tiene una larga historia. Hipócrates de Cos (aproximadamente 460-370 a. C.) es considerado por muchos como el padre de la medicina moderna. Entre los tratamientos que prescribía y prefería, estaban el ayuno y el consumo de vinagre de manzana. Hipócrates escribió: «Comer cuando estás enfermo es alimentar tu enfermedad». El escritor e historiador griego Plutarco (aproximadamente 46-120 d. C.) también reflejó estos sentimientos. Escribió: «En lugar de utilizar medicamentos, hoy es mejor ayunar». Platón y su alumno Aristóteles también fueron firmes defensores del ayuno.

Los antiguos griegos creían que el tratamiento médico se podía descubrir mediante la observación de la naturaleza. Los humanos, al igual que los animales, no comen cuando están enfermos. Piensa en la última vez que tuviste un resfriado. Probablemente lo último que querrías hacer es comer. El ayuno parece ser una respuesta universal a muchas formas de enfermedad y está relacionado con la herencia humana, tan antigua como la humanidad misma. El ayuno es, en cierto modo, un instinto [...].

Otros gigantes intelectuales también fueron grandes defensores del ayuno. Paracelso (1493-1541), fundador de la toxicología y uno de los tres padres de la medicina oriental moderna (junto con Hipócrates y Galeno), escribió: «El ayuno es el mayor de los remedios; él es el médico interior». Benjamín Franklin (1706-1790), uno de los padres fundadores de los Estados Unidos de América y reconocido por sus grandes conocimientos, escribió una vez sobre el ayuno: «La mejor de todas las medicinas es el descanso y el ayuno».[7]

Los resultados de las investigaciones apuntan cada vez más en la misma dirección. Sin embargo, como dijo mi amigo médico,

7. FUNG, Jason. *El código de la obesidad*, p. 219-220.

todavía hay pocos estudios de casos. Por ello, aconsejamos siempre el ayuno y pedimos extremar la precaución. Cada persona debe comprender, de manera práctica, las respuestas de su propio cuerpo cuando ayuna. El ayuno prolongado (un tema que también abordaré en este libro) requiere aún mayor precaución y seguimiento médico. Para las personas saludables, sin embargo, salvo en casos específicos de diabéticos y pacientes en tratamiento médico que no deberían aventurarse sin supervisión, cierro la pregunta con las palabras del Dr. Fung: «¿Es malo para la salud? La respuesta es no. Los estudios científicos concluyen que el ayuno aporta importantes beneficios para la salud. El metabolismo aumenta, la energía aumenta y el azúcar en sangre disminuye».[8]

A las personas que justifican no ayunar porque no es saludable, debo decirles que están ignorando investigaciones sólidas y notas médicas. Además, creo que muchos de ellos prácticamente desconocen los impactos del ayuno en su propio organismo, especialmente el efecto desintoxicante. Te aseguro que es impresionante cómo el intestino no solo se limpia, sino que también se regula después del ayuno; la limpieza de la piel se nota a los pocos días; El estado de ánimo, el vigor y la energía se ven afectados positivamente. Valnice Milhomens comenta que «mueren más personas por falta de ayuno que por falta de comida. Si hubiera más ayunos, habría menos enfermedades».[9]

La pregunta más importante, por lo tanto, no debería ser qué tan saludable o no es la práctica del ayuno, sino más bien si deberíamos, bíblicamente hablando, ayunar. Hipotéticamente, si los científicos demostraran que orar no es saludable, yo seguiría practicando una vida de oración. ¿Por qué? Porque tengo una dirección bíblica clara con respecto a la oración y no tomaría ninguna decisión contraria a las Escrituras, especialmente cuando se trata de algo que se evitaría simplemente por conveniencia. Empecé a ayunar por lo que dice la Palabra de Dios, y no porque científicamente hablando sea aconsejable ayunar.

8. *Ibid.*, p. 230.
9. COELHO, Valnice Milhomens. *El ayuno y la redención de Brasil* (5ª ed.), p. 229.

Sin embargo, debemos concluir, usando una lógica simple, que la misma Biblia que nos guía a no destruir el cuerpo (templo del Espíritu Santo, 1 Corintios 3:16-17) no nos guiaría a una práctica no saludable. Por eso afirmo: el ayuno, hecho correctamente, es saludable no solo para nuestra vida espiritual sino también para nuestro cuerpo. Cuestionar este hecho es cuestionar las Escrituras mismas.

Nuestro interés es, sin embargo, como se afirma desde el principio del libro, el ayuno bíblico. Nuestro enfoque es la abstinencia de alimentos con fines espirituales. Desintoxicar el cuerpo es un excelente efecto secundario. La pérdida de peso también se produce cuando ayunamos, especialmente los ayunos prolongados o frecuentes, pero también debe verse como una simple consecuencia, aunque es importante considerar la facilidad con la que el cuerpo se recupera después de un ayuno, especialmente de un ayuno prolongado. El propósito de esta práctica debe ser fundamentalmente espiritual. No es que cuidar tu cuerpo no sea loable; simplemente entiendo que, al igual que una vida disciplinada, debe practicarse continuamente, mientras que el ayuno, a su vez, no es un acto continuo.

Disciplina olvidada

Algunos no practican el ayuno por ignorancia; no conocen los principios bíblicos o, quizás, no entendieron lo que leyeron. Otros no lo hacen por *negligencia*; y los motivos, en este caso, pueden variar. Es posible que no puedan controlar su propia carne, incluso si lo han intentado varias veces o, tal vez, simplemente no quieran lidiar con la incomodidad de la parte inicial del proceso. Pero lo que realmente me molesta son aquellos que, para justificar su omisión, intentan *crear una doctrina* que sustente lo que ellos mismos han decidido creer (cuando el orden correcto sería que las Escrituras determinen lo que debemos creer y practicar).

He visto, por ejemplo, el uso de la afirmación de Pablo: «la vianda no nos hace más aceptos ante Dios; pues ni porque comamos, seremos más, ni porque no comamos» (1 Corintios 8:8) como una afirmación de que comer o dejar de comer, al fin y al cabo, es lo mismo. Para empezar, el contexto de la afirmación, en los versículos anteriores y posteriores, era si abstenerse o no de alimentos específicos, el apóstol hablaba de alimentos consagrados a ídolos, como estilo de vida, considerando si la abstención era correcta o no; es decir, Pablo estaba tratando con principios. El texto ciertamente no se refiere al ayuno.

Es cierto que uno puede agradar a Dios tanto comiendo (1 Corintios 10:31) como ayunando. Asimismo, puede disgustarte en cualquiera de los estados. La cuestión no es solo *qué* hacer, sino también *cómo* hacerlo. De hecho, vale la pena mencionar que uno de los puntos principales de la enseñanza de Jesús sobre el ayuno se refería a no practicarlo con la motivación equivocada: se ocupó del *cómo*. Ni la frase de Pablo a los Corintios (que, de hecho, se usa fuera de contexto) ni la corrección de Cristo sobre la motivación para ayunar pueden considerarse fundamentos bíblicos *contra* el ayuno.

Creo que hay un llamado divino para que la iglesia contemporánea redescubra la práctica del ayuno y, de esta manera, avance hacia una nueva dimensión de relación con el Señor. Para que esto suceda, es necesario ingresar, de la misma manera, a una nueva dimensión de comprensión respecto de esta disciplina tan importante. Es un hecho que, para muchos cristianos, tal comprensión está aún algo lejana.

John Wesley, fundador del metodismo, comentó sobre estas complicaciones que se crean en torno al tema:

> De todos los medios de gracia, el ayuno ha sido el más incomprendido. Difícilmente habría otro tema dentro de la religión en el que los hombres hayan llegado a mayores extremos. Algunos lo exaltan por encima de toda Escritura y razón. Otros lo ignoran por completo. Parecen vengarse infravalorándolo tanto como otros lo sobrevaloran. Algunos hablan del ayuno como si fuera lo máximo. Si no es el fin en sí mismo, les parece

> que está infaliblemente vinculado a él. Otros dicen que no significa absolutamente nada, que es un trabajo infructuoso, sin relación alguna con la gracia. Ahora bien, lo cierto es que la verdad está entre uno y otro. El ayuno no es lo máximo de lo máximo. Tampoco es nada. No es un fin, sino un medio precioso. Es un medio ordenado por Dios mismo. Es el medio por el cual, empleado adecuadamente, Dios ciertamente nos dará su bendición.[10]

Mahesh Chavda, un pastor keniano radicado en los Estados Unidos, uno de los más grandes ayunadores contemporáneos, a quien ya he citado y citaré todavía varias veces, declaró:

> Casi todos los cristianos con los que hablé tenían alguna pregunta y algún concepto erróneo sobre el ayuno. Con tristeza digo que el ayuno es uno de los temas más incomprendidos en la Biblia.[11]

Esta es la razón por la que escribí este libro: para promover la reflexión y la correcta comprensión bíblica. Continuaremos caminando juntos, a lo largo de los capítulos, construyendo progresivamente la visión que debemos tener, como cristianos, sobre el ayuno.

10. WESLEY, John. *El sermón del monte*, p. 160.
11. CHAVDA, Mahesh. *El poder secreto de la oración y el ayuno*, p. 34.

5

Animados a ayunar

> «El ayuno ayuda a expresar, profundizar y confirmar la determinación de que estamos dispuestos a sacrificar cualquier cosa, incluso nosotros mismos, para lograr lo que buscamos para el reino de Dios».
>
> **ANDREW MURRAY**

Continuaré ampliando tanto la definición como la aplicación práctica del ayuno a lo largo del libro, pero por ahora quiero abordar el tema compartiendo un poco de mi historia, sobre cómo conocí el ejercicio del ayuno. Creo que la práctica del ayuno no solo debe explicarse a la luz de las Sagradas Escrituras, sino que también debe fomentarse entre los santos.

Nací y crecí en un hogar cristiano. Por lo tanto, había oído hablar del ayuno desde que era niño, aunque durante mucho tiempo ignoré su significado y propósito, ya que había escuchado más menciones de la práctica que explicaciones. Por el entorno al que estuve expuesto, sabía que ayunar significaba no comer. Fui testigo, durante muchos años, de mi padre, Juárez Subirá, responder a un llamado de los líderes de la denominación en el que había ordenado al pastorado ayunar en el feriado del 15 de noviembre, fecha en la que conmemoramos la Proclamación de la República, a favor de un renacimiento de nuestra nación. Sé que no fue la única vez que ayunó, pero estaba claro que papá tenía un compromiso anual de intercesión en esa fecha simbólica.

Nunca supe si mi padre ayunaba más de dos días; ese es el período de ayuno más largo que recuerdo haberle oído mencionar. De hecho, cabe mencionar que, en aquella época, existía la creencia generalizada de que no se debía hablar, bajo ningún concepto, de experiencias personales de ayuno. Esta comprensión errónea provino de una interpretación igualmente errónea de las enseñanzas de Jesús sobre esta disciplina tan importante de la vida cristiana.

¿Podemos comentar que ayunamos?

Algunas personas son extremistas en cuanto a la discreción del ayuno, mientras que otras, como los fariseos, cometen el error de «tocar la trompeta» delante de ellos. Sin embargo, un error no debería llevarnos a otro. Evitar la autopromoción no implica necesariamente establecer un código de silencio absoluto respecto a la práctica del ayuno. Consideremos las palabras de nuestro Señor:

> Cuando ayunéis, no seáis austeros, como los hipócritas; porque ellos demudan sus rostros para mostrar a los hombres que ayunan; de cierto os digo que ya tienen su recompensa. Pero tú, cuando ayunes, unge tu cabeza y lava tu rostro, para no mostrar a los hombres que ayunas, sino a tu Padre que está en secreto; y tu Padre que ve en lo secreto te recompensará en público. (Mateo 6:16-18)

Jesús condenó el exhibicionismo de los fariseos, que se empeñaban en aparecer tristes ante los hombres para promover una aparente espiritualidad. Sin embargo, no prohibió comentar sobre la práctica del ayuno; esto sería contradictorio con el hecho de que existe un registro bíblico del ayuno realizado por el mismo Jesús. ¿Cómo sabemos que Cristo, que estaba solo en el desierto, ayunó durante cuarenta días? ¡Ciertamente porque Él lo dijo! Por supuesto, esto no significa que nuestro Señor anduviera alardeando de su experiencia ante todos, sino que la compartió discretamente con sus discípulos. ¿Y qué pasa con los ayunos colectivos, como el de los líderes de la iglesia en Antioquía (Hechos 13:2-3)? No habría manera de mantenerlos en secreto.

La guía de Cristo sobre la *discreción* con respecto al ayuno concuerda con su enseñanza sobre hacerlo *en secreto* (ayunar, orar y dar limosna) en una demostración de que se lo estamos haciendo a nuestro Padre Celestial, no a los hombres. Sin embargo, hay que reconocer que sus directrices fueron dadas en un contexto muy específico: el Maestro abordó la *motivación equivocada* detrás de prácticas correctas como el *ayuno*, la *oración* y la *limosna*. Sin embargo, antes de detallar lo que enseñó nuestro Señor, debemos considerar otras palabras de Jesús, en el mismo sermón, justo antes de hablar del tema que estamos examinando: «Así alumbre vuestra luz *delante de los hombres, para que vean vuestras buenas obras*, y glorifiquen a vuestro Padre que está en los cielos» (Mateo 5:16, énfasis añadido).

Si la *notoriedad* de nuestras buenas obras estuviera prohibida, ¿cómo sería posible hacer brillar la luz *delante de los hombres*? ¿Cómo sería posible que los hombres vieran las buenas obras que hacemos? Creo que la diferencia se encuentra en la parte final de la declaración de nuestro Señor: «*y glorifiquen a vuestro Padre* que está en los cielos».

El punto en cuestión es quién recibe la gloria: Dios o el hombre. Si hacemos lo correcto, lo que incluye alinear las motivaciones de nuestro corazón, el Padre Celestial será glorificado. Sin embargo, esto no era lo que estaban haciendo los hipócritas, confrontados en el Sermón de la montaña. Basta observar el contenido de la exhortación de Cristo:

> Guardaos de hacer vuestra justicia delante de los hombres, para ser vistos de ellos; de otra manera no tendréis recompensa de vuestro Padre que está en los cielos.
>
> Cuando, pues, des limosna, no hagas tocar trompeta delante de ti, como hacen los hipócritas en las sinagogas y en las calles, para ser alabados por los hombres; de cierto os digo que ya tienen su recompensa. (Mateo 6:1-2)

Respecto a la frase «*para ser vistos de ellos*», John Wesley comenta: «El mero hecho de que seamos vistos mientras hacemos cualquiera de estas cosas es una circunstancia puramente indiferente. Pero hacerlo con el fin de ser vistos y admirados, esto es lo que nuestro Señor condena».[1]

Cuando Jesús habló de no «tocar trompeta», se refería a aquellos que querían *reconocimiento* personal. No existen registros bíblicos o históricos que sustenten una práctica literal de tocar la trompeta durante la limosna, lo que sugiere el uso de una alegoría que hace referencia a la intención de llamar la atención sobre uno mismo. En otras palabras, las limosnas de esas personas no tenían como objetivo glorificar a Dios, sino a ellos mismos. Por eso les queda tan bien la etiqueta de «hipócritas», ya que el término griego *hupokrites* (υποκριτης) significa «intérprete, actor, artista de teatro», por lo que pasó a usarse para indicar un «disimulador o impostor».[2] James B. Shelton comenta sobre el uso de esta expresión: «originalmente se usó para describir a los actores, algo apropiado aquí, ya que el donante ostentoso actúa para una audiencia».[3]

Aprendí desde muy joven que la Biblia se explica por sí sola. Ella es perfectamente armoniosa. En otras palabras, las diferentes porciones bíblicas no compiten entre sí, sino que se complementan. Por tanto, ¿cómo podemos conciliar la orden de Jesús de que nuestra luz brille ante los hombres con la orden de no tocar la trompeta delante de uno mismo? Cristo condenaba la *autopromoción* (que busca la gloria para uno mismo), y no la posibilidad de compartir, con corazón recto, las prácticas de la vida cristiana (que glorifican a Dios).

La Biblia habla, por ejemplo, de personas que daban limosna: «Había entonces en Jope una discípula llamada Tabita, que traducido quiere decir, Dorcas. Esta abundaba en buenas obras y en limosnas que hacía» (Hechos 9:36). El texto enfatiza que Dorcas «abundaba en buenas obras y en limosnas». ¿Cuál es el propósito

1. WESLEY, John. *Biblia de Estudio John Wesley*, p. 1094.

2. STRONG, James. *New Strong's Exhaustive Concordance of the Bible*.

3. ARRINGTON, French L. & STRONSTAD, Roger. *Comentario* bíblico pentecostal, Nuevo Testamento, vol. 1, p. 50.

de dicha información? ¿Ayudar a aumentar el ego de esa hermana? ¡Claro que no! ¡Se trataba de establecer una norma de conducta a imitar! Note la instrucción de Pablo a Timoteo:

> Sea puesta en la lista solo la viuda no menor de sesenta años, que haya sido esposa de un solo marido, *que tenga testimonio de buenas obras*; si ha criado hijos; si ha practicado la hospitalidad; si ha lavado los pies de los santos; *si ha socorrido a los afligidos; si ha practicado toda buena obra.* (1 Timoteo 5:9-10, énfasis añadido)

¿Cómo se recomendaría a alguien para el testimonio de buenas obras, si nunca se vieran ni se pudieran comentar? La cuestión, como podemos dar fe, es el corazón. Esto explica el contraste entre el testimonio de la donación de Bernabé (Hechos 4:36-37) y el de Ananías y Safira (Hechos 5:1-4), presentados en secuencia en la narración bíblica.

Consideremos otro ejemplo. Sabemos que Jesús mantuvo una vida de oración: «En aquellos días él fue al monte a orar, y pasó la noche orando a Dios» (Lucas 6:12). Sin embargo, la misma Escritura que habla de la vida de oración de Cristo condena la autopromoción de los fariseos a través de sus oraciones: «Y cuando ores, no seas como los hipócritas; porque ellos aman el orar en pie en las sinagogas y en las esquinas de las calles, para ser vistos de los hombres; de cierto os digo que ya tienen su recompensa» (Mateo 6:5). El problema nunca fue el acto de informar sobre la práctica de la oración, sino la *motivación* detrás de hacerlo. Cristo solía orar solo, sin buscar ser visto por los hombres. Sin embargo, su vida de oración, que no era absolutamente confidencial, animó a sus discípulos a desear desarrollar la misma práctica: «Aconteció que estaba Jesús orando en un lugar, y cuando terminó, uno de sus discípulos le dijo: Señor, enséñanos a orar, como también Juan enseñó a sus discípulos» (Lucas 11:1).

También es necesario considerar que hay una lógica que se está construyendo en la enseñanza de Jesús en el Sermón de la Montaña. El capítulo seis del evangelio de Mateo, por tanto, no puede analizarse desconectado del capítulo cinco. Al examinar la línea de pensamiento desarrollada durante la exposición de Cristo, se entiende que el punto crucial no trata de lo que se practica en el exterior, sino de lo que se encuentra dentro, en el corazón. Matthew Henry comenta:

> Así como debemos hacerlo mejor que los escribas y fariseos, evitando los pecados del corazón, el adulterio del corazón y el asesinato del corazón, así debemos mantener y seguir la religión del corazón, haciendo lo que hacemos desde un principio interior y vital, para que seamos aprobados por Dios, y no aplaudidos por los hombres.[4]

Cuando Jesús contó la parábola de los dos hombres que fueron a orar al templo, mencionó a un fariseo que se enorgullecía de ayunar dos veces por semana (Lucas 18:12). Por supuesto, el error no estaba en la disciplina del ayuno regular o en la posibilidad de que otras personas se dieran cuenta del hecho, sino más bien en *gloriarse* en ello, en un corazón con una motivación equivocada y en la búsqueda de la justicia propia.

La razón por la que se comunicó esta enseñanza la da Lucas: «A unos que confiaban en sí mismos como justos, y menospreciaban a los otros, dijo también esta parábola» (Lucas 18:9). En otras palabras, lo malo no fue «qué» hizo ese hombre, sino más bien «cómo» y «por qué» lo hizo.

Cierro esta parte de la discusión con una observación similar hecha por John Piper: «La pregunta crucial no es si la gente sabe que estás ayunando, sino si quieres que sepan que estás ayunando y así disfrutar de su admiración».

Impacto de ejemplo

Creo que es importante desmitificar el acto de compartir la práctica y las experiencias del ayuno, porque esto, hecho con un corazón correcto, puede ser educativo e inspirador para los demás.

4. HENRY, Matthew. *Comentario bíblico, Nuevo Testamento (Mateo-Juan)*, p. 61.

Es necesario comprender que una práctica correcta del ayuno, realizada con la motivación adecuada, se vuelve ejemplar y motivadora. Yo, en particular, comencé a ayunar alentado por los informes de las prácticas de otros hermanos. Solo cuando ya practicaba el ayuno comencé, poco a poco, a comprender mejor la enseñanza bíblica sobre la disciplina espiritual. Alabo a Dios por las personas que me inspiraron. El ejemplo, verdaderamente, conlleva la mejor enseñanza. Jesucristo lo utilizó intencionalmente:

> Pues si yo, el Señor y el Maestro, he lavado vuestros pies, vosotros también debéis lavaros los pies los unos a los otros. Porque ejemplo os he dado, para que como yo os he hecho, vosotros también hagáis. (Juan 13:14-15)

Es indiscutible que el Señor no limitó su ejemplo únicamente al lavado de pies; Él es nuestro modelo y referencia *en todo*, incluso en la práctica del ayuno. Del mismo modo, quienes imitan a Cristo también se convierten en referentes a imitar: «Sed imitadores de mí, así como yo de Cristo» (1 Corintios 11:1). Pablo declaró: «Hermanos, sed imitadores de mí, y mirad a los que así se conducen según el ejemplo que tenéis en nosotros» (Filipenses 3:17). La continuidad aquí es muy evidente: Cristo fue imitado por Pablo, quien enseñó a sus discípulos a imitarlo y enfatizó que sus imitadores también se convirtieron en *referencia* de conducta. El liderazgo bíblico se basa en el ejemplo: «Acordaos de vuestros pastores, que os hablaron la palabra de Dios; considerad cuál haya sido el resultado de su conducta, e imitad su fe» (Hebreos 13:7).

Recuerdo el primer ayuno que hice, cuando tenía 15 años: solo me abstenía de almorzar, pero tomaba un refresco para no sufrir demasiado. Ayuné para orar por un amigo que realmente quería recibir el bautismo en el Espíritu Santo. Ese niño ya había recibido muchas oraciones, pero nada había sucedido hasta entonces. Por lo tanto, ayuné y oré por él con otros amigos mientras asistíamos a una conferencia. Hoy sé que no fue gran cosa, pero en ese momento, hasta donde yo sabía, fue lo mejor que pude hacer. Por esa época alguien se dio cuenta de lo que hacíamos y se burló de nosotros, diciendo que el «verdadero ayuno» era estar todo el día sin comer, bebiendo como mucho un poco de agua. La persona dijo que perdimos el tiempo, que simplemente hicimos un «pequeño régimen»; en sus palabras, «el verdadero ayuno ni siquiera permitía que se llevaran dulces a la boca, ¡y mucho menos un refresco!». ¡Esa misma noche en la conferencia fuimos testigos de cómo nuestro amigo fue lleno del Espíritu Santo! Prefería creer que el ayuno funcionaba. Sin embargo, comencé a preguntarme: ¿cómo podría aprender más sobre el ayuno sin enseñanza, dado que casi no se hablaba de ello en las iglesias? ¿Cómo podría encontrar personas que fueran referentes en el ayuno, cuando los pocos que ayunaban tenían «prohibido» contar? Algún tiempo después, escuché a otros hermanos comentar acerca de ayunar durante un día entero (y luego más de un día), así que hice lo mismo, imitándolos, siguiendo su ejemplo. Así, poco a poco, aprendí lo que no aprendí en la iglesia ni en la literatura cristiana: tanto la práctica como la teoría. Para no pecar de inexacto, es justo reconocer una lectura que tuvo una gran influencia en mi vida en lo que respecta al ayuno prolongado, que fue el libro *El vino nuevo es mejor*, cuyo tema principal no es el ayuno, pero que encendió una chispa de inspiración dentro de mí.

El autor, Robert Thom, comparte en una parte de su autobiografía que ayunó durante catorce días únicamente bebiendo agua tibia, consejo que recibió de una mujer que ayunaba con frecuencia y, en una ocasión, había ayunado más de cuarenta días. Thom relata que, al ayunar, tuvo una experiencia única con el Espíritu Santo.[5] Confieso que, en ese momento, todavía muy joven y sin conocimientos bíblicos sobre el tema, *no me parecía* posible hacer algo similar; sin embargo, ese recuerdo de un ayuno prolongado permaneció dentro de mí durante años, animándome dulcemente a avanzar en la duración de mis ayunos.

Años después, en diferentes momentos, leí dos libros, estos sobre el tema del ayuno, pero tuve acceso a ellos cuando ya había

5. THOM, Robert. *El vino nuevo es mejor*, p. 89-100.

consolidado, en mi propia vida, la práctica del ayuno por períodos más prolongados. El primero fue *El ayuno y la redención de Brasil*, de Valnice Milhomens Coelho, una de las enseñanzas sobre el ayuno más esclarecedoras que jamás haya conocido; en particular, la parte que presenta los fundamentos bíblicos de esta disciplina y la orientación práctica sobre su preparación, implementación y fin del ayuno. El segundo fue *El poder secreto de la oración y el ayuno*, de Mahesh Chavda, uno de los libros más inspiradores sobre el tema; a menudo bromeo diciendo que leer nos da «hambre de ayunar». Estos dos últimos libros, como mencioné, solo los encontré después de tener ya una práctica de ayuno consolidada; sin embargo, la mayor parte de mi inspiración para esta disciplina provino de escuchar a personas que conocía que ayunaban, dándome consejos y compartiendo experiencias.

Es interesante que esas personas no se preocuparan de contarle a la gente sobre el ayuno mientras lo realizaban; normalmente, contaban después de haberlo hecho. De hecho, la mayoría simplemente respondió a mis preguntas en una conversación privada o cuando ministraban en público, compartieron experiencias para ilustrar o corroborar alguna enseñanza sobre el ayuno. Por lo tanto, no eran el tipo de personas que buscan reconocimiento o aplausos. Al contarme lo que experimentaron, incluso pudieron enseñarme sobre la importancia de tener un corazón recto detrás del acto de ayunar.

Creo firmemente que, sabia y cuidadosamente, podemos (y debemos) alentar a otros a practicar el ayuno; solo necesitamos compartir nuestras experiencias para animar y aconsejar. Es lógico que también se deban comunicar las enseñanzas bíblicas, incluida la cuestión de las motivaciones. Por cierto, hoy en día muchos cristianos desconocen lo que dice la Biblia sobre el ayuno: recibieron enseñanzas distorsionadas o ninguna enseñanza. Y no hay manera de corregir la situación sin hablar del tema, sin ponerlo en la agenda.

Desde otra perspectiva, tampoco es posible hablar sin demostrar el aspecto práctico. No queremos ser como los escribas y fariseos a quienes Jesús reprendió: «En la cátedra de Moisés se sientan los escribas y los fariseos. Así que, todo lo que os digan que guardéis, guardadlo y hacedlo; mas no hagáis conforme a sus obras, porque dicen, y no hacen» (Mateo 23:2-3). La enseñanza bíblica debe seguirse porque es irreprochable, pero un maestro que no la practica no tiene ejemplo a quien imitar.

Considero que Dios quiere despertarnos, al mismo tiempo, a la comprensión y práctica de este principio que, sin duda, es una poderosa herramienta para la vida cristiana. Por lo tanto, una parte importante del proceso es combatir lo que obstaculiza o nubla la comprensión, así que desmitifiquemos esto.

Desmitificando el tema

Reitero: muchos creyentes tienen miedo del ayuno. Sé de lo que estoy hablando. En mis primeros intentos de ingresar al mundo del ayuno, pensé que podría morir de hambre, ¡y no es un decir!

Con el tiempo y la práctica, los miedos desaparecieron. Descubrí que no solo no hay amenazas para el cuerpo, sino que, por el contrario, existen beneficios de la desintoxicación promovida por la abstinencia alimentaria. Sin embargo, desearía haber tenido acceso a información fisiológica desde el comienzo de mi práctica de ayuno.

Por eso vuelvo a la discusión algo que he dicho antes, con el objetivo de eliminar los miedos que surgen del engaño y la ignorancia. De esta manera, quiero fomentar la perseverancia en la práctica del ayuno, porque de esta forma los efectos serán, de hecho, probados y confirmados por la persona que ayuna. Un paso para desmitificar el ayuno es comprender que no es algo sobrenatural, aunque podemos obtener del Señor lo que yo llamo «una gracia para ayunar». Por regla general, el ayuno es algo natural, es decir, humanamente posible. Por supuesto, la fase inicial genera malestar, los beneficios aparecerán más adelante; en caso de ayuno prolongado, pueden pasar tres días hasta que desaparezcan los síntomas de desintoxicación; todo dependerá de qué tan saludable sea la dieta de cada persona y si hubo o no preparación para el ayuno (hablaré sobre la preparación y otras pautas prácticas al final del libro). El punto es que está bien, es natural sentir estas cosas.

He escuchado las excusas más absurdas para no ayunar, pero merece destacarse una: «Es que me da hambre». Respondí riendo: «¡Esa es exactamente la idea!» Sí, existe miedo al hambre, pero es más que eso: la gente no solo teme al hambre en sí, sino también a lo que puede hacerle al cuerpo. Es esencial volver a sacar a la superficie el aspecto fisiológico del ayuno para poder deshacer este error y disipar el miedo. Para aclarar mejor el punto, citaré otra explicación del doctor Jason Fung, contenida en el libro *El código de la obesidad.* Como se resumió en el capítulo anterior, vale la pena recordar que Fung tiene resultados impresionantes en el tratamiento de obesos y diabéticos tipo 2, con el ayuno como una de las principales herramientas de tratamiento, en la Clínica de Administración de Dieta Intensiva, en Toronto, Canadá. Tenga en cuenta lo que dice el médico sobre el efecto del ayuno en el cuerpo humano:

> La glucosa y las grasas son las principales fuentes de energía del cuerpo. Cuando la glucosa no está disponible, el cuerpo se adapta para utilizar la grasa sin dañar la salud. [...] La transición del estado de alimentación al estado de ayuno se produce en varias etapas:
>
> *Alimentación*: durante las comidas aumentan los niveles de insulina. Esto permite la absorción de glucosa por tejidos como el músculo o el cerebro para su uso directo como energía. El exceso de glucosa se almacena como glucógeno en el hígado.
>
> *La fase de postabsorción* (de seis a veinticuatro horas después del inicio del ayuno): los niveles de insulina comienzan a descender. La degradación del glucógeno libera glucosa para obtener energía. Las reservas de glucógeno duran aproximadamente veinticuatro horas.
>
> *Gluconeogénesis* (veinticuatro horas a dos días): el hígado fabrica nueva glucosa a partir de aminoácidos y glicerol. En

personas no diabéticas, los niveles de glucosa bajan, pero se mantienen dentro del rango normal.

Cetosis (uno a tres días después de comenzar el ayuno): la forma de almacenamiento de grasa, los triglicéridos, se descompone en la columna vertebral de glicerol y tres cadenas de ácidos grasos. El glicerol se utiliza para la gluconeogénesis. Muchos tejidos del cuerpo pueden utilizar los ácidos grasos directamente para la producción de energía, pero no el cerebro. Los cuerpos cetónicos, capaces de atravesar la barrera hematoencefálica, se producen a partir de ácidos grasos para ser utilizados por el cerebro. Las cetonas pueden proporcionar hasta el 75 % de la energía utilizada por el cerebro. Los dos tipos principales de cetonas producidas son la Beta hidroxibutirato y el acetoacetato, que pueden aumentar más de setenta veces durante el ayuno.

Fase de conservación de proteínas (después de cinco días): los niveles altos de la hormona del crecimiento mantienen la masa muscular y el tejido magro. La energía para mantener el metabolismo basal se obtiene casi en su totalidad mediante el uso de ácidos grasos libres y cetonas. Los niveles elevados de neropinefrina (adrenalina) previenen una disminución de la tasa metabólica.

El cuerpo humano está bien adaptado para afrontar la ausencia de alimentos. Lo que describimos aquí es el proceso que sufre el cuerpo para pasar de quemar glucosa (a corto plazo) a quemar grasa (a largo plazo). La grasa es simplemente energía alimentaria almacenada en el cuerpo. En tiempos de escasez de alimentos, los alimentos almacenados (grasa) se liberan naturalmente para llenar este vacío. El cuerpo no «quema músculo» para alimentarse hasta que se agotan todas las reservas de grasa.[6]

Dios no nos guiaría, en su Palabra, a una práctica que dañaría el cuerpo, y debemos creer en la veracidad, autoridad y utilidad de las Escrituras. De una vez por todas, hay que desmitificar el

6. FUNG, Jason. *El código de la obesidad*, p. 221.

tema. Recalco que hay excepciones a considerar como personas enfermas, embarazadas y lactantes (en la parte práctica de este libro también hablaremos más detalladamente de estos casos), pero las excepciones no anulan la regla. Si la Biblia nos ordena ayunar, entonces debemos ayunar, y eso resultará en bien, no en mal.

En este sentido, pido que salgas de este capítulo animado a ayunar, sin miedos ni prejuicios. Mi esperanza es que sigas leyendo confiado en la enseñanza bíblica sobre el ayuno, además de ser consciente de que no solo el ejemplo de otras personas, sino también la propia medicina demuestra la seguridad de hacerlo.

Siempre aconsejo a la gente empezar a ayunar poco a poco, aunque también digo que la práctica debe ser progresiva, y estas son mis pautas para ti. De esta manera, descubrirás por ti mismo, en la práctica, la importancia y los efectos del ayuno, en tu vida espiritual y en tu cuerpo.

Es importante entender no solo «qué» y «cómo» hacer, sino también el «por qué». En los próximos capítulos me ocuparé de este aspecto del ayuno.

6

¿Hambre de qué?

> «El ayuno puede profundizar tu hambre de Dios. El hambre espiritual y el ayuno tienen un poder recíproco. Cada uno profundiza y fortalece al otro. Cada uno hace al otro más eficiente».
>
> **WESLEY DUEWEL**

La Escritura señala que Jesús, poco después de ser bautizado por Juan el Bautista en el río Jordán, «fue llevado por el Espíritu al desierto, para ser tentado por el diablo. Y después de haber ayunado cuarenta días y cuarenta noches, tuvo hambre» (Mateo 4:1-2).

Esta hambre debe entenderse correctamente. Este no es un mero deseo de comer que sentimos cuando retrasamos o nos saltamos una comida. Tras unos días de ayuno, habiendo ya consumido tanto la glucosa obtenida de la última comida como el glucógeno almacenado en los músculos y el hígado, el cuerpo entra en cetosis, es decir, comienza a consumir energía procedente de las reservas de grasa. Lo que se puede deducir, por tanto, es que Jesús, al cabo de cuarenta días, también había agotado las reservas de grasa de su cuerpo y estaba experimentando hambre en el sentido pleno de la palabra: el inicio del proceso de inanición, en el que el organismo pasa al consumo de tejido.

Fue en un momento como ese, que literalmente puede llevar a alguien a la desesperación, que Satanás tentó a Jesús. El Antiguo Testamento menciona una situación de hambre extrema en la que alguien llegaba a comer la carne de sus propios hijos muertos de hambre (Deuteronomio 28:57), lo que, sin duda, constituye la ruptura de todos y cada uno de los escrúpulos. El diablo creyó haber encontrado una ventana de vulnerabilidad y, a través de ella, inició sus ataques:

> Y vino a él el tentador, y le dijo: Si eres Hijo de Dios, di que estas piedras se conviertan en pan. Él respondió y dijo: Escrito está: No solo de pan vivirá el hombre, sino de toda palabra que sale de la boca de Dios. (Mateo 4:3-4)

La respuesta de nuestro Señor, citando Deuteronomio 8:3, marca el tono de lo que me propongo tratar en este capítulo. En primer lugar, Jesús menciona dos tipos de alimentos: los naturales y los espirituales. En segundo lugar, nos hace reflexionar sobre cuestiones como el hambre versus la saciedad. En tercer y último lugar, Cristo, incluso ayunando durante un período tan largo, nos enseña de manera práctica a elegir no satisfacer los deseos del cuerpo; a este último principio lo llamaré el poder de la abstinencia, haciendo las conexiones necesarias con la práctica del ayuno.

Sin embargo, antes de abordar los tres principios contenidos en el discurso de Jesús, quiero ampliar la visión aportando detalles del trasfondo de la tentación de Jesús. Esto puede ayudarnos a lograr una comprensión aún mejor de las verdades que se presentarán.

El primer y el último Adán

Las Escrituras hacen una analogía entre Adán y Cristo. Pablo, al escribir a los romanos, se refirió así al primer hombre, Adán, quien «el cual es figura del que había de venir» (Romanos 5:14). El apóstol, en su primera epístola a los corintios, también se refirió no solo al primer Adán, sino también al último:

> Así también está escrito: Fue hecho el primer hombre Adán *alma viviente*; el postrer Adán, espíritu vivificante. Mas lo

> espiritual no es primero, sino lo animal; luego lo espiritual. El primer hombre es de la tierra, terrenal; el segundo hombre, que es el Señor, es del cielo. Cual el terrenal, tales también los terrenales; y cual el celestial, tales también los celestiales. Y así como hemos traído la imagen del terrenal, traeremos también la imagen del celestial. (1 Corintios 15:45-49, énfasis añadido)

El primer Adán es fácil de identificar; este es el primer ser humano, creado por Dios: «Entonces Jehová Dios formó al hombre del polvo de la tierra, y sopló en su nariz aliento de vida, y fue el hombre un ser viviente» (Génesis 2:7). Fue llamado Adán (Génesis 2:19). Sin embargo, ¿quién es el último Adán al que se refiere el apóstol? Pablo habló de Cristo y lo deja claro al definir los contrastes entre el primero y el último.

Mientras que el primero es simplemente un «ser vivo» (creado, que ha recibido vida), el segundo es un «espíritu vivificante» (que tiene el poder de dar vida a los demás). Mientras que, al primero, en orden cronológico de aparición, se le llama «natural», al segundo se le llama «espiritual». Mientras que al primero se le llama «terrenal» (porque fue creado a partir de la tierra), al segundo se le llama «celestial». Otro detalle que no se puede pasar por alto es que a este último también se le llama «segundo hombre» (v. 47).

PRIMER ADÁN	ÚLTIMO ADÁN
ser viviente	espíritu vivificante
natural	espiritual
terrenal	celestial

Tomando en conjunto estas características surge la pregunta: ¿Quién es la única persona, presentada en la Biblia, que, siendo hombre, también es espíritu vivificante (en lugar de estar vivo), es espiritual (en lugar de natural) y es celestial (en lugar de terrenal)? Los detalles aportados necesariamente convergen en una única dirección: Cristo.

No se trata, sin embargo, de una comparación entre personas, ni entre sus actitudes, sino entre los roles que cada uno era responsable de desempeñar.

El primer Adán fue creado para ser una «cabeza de raza», una especie de prototipo, una matriz reproductiva. Dios lo creó a su imagen y semejanza (Génesis 1:26). ¿Con qué propósito? Reproducir seres similares a él, que manifestaban la misma semejanza divina que él portaba. El pecado, sin embargo, deformó el molde original y la producción en masa se vio comprometida (Romanos 5:12), razón por la cual todos los hombres se volvieron pecadores por naturaleza.

El último Adán, Cristo, se llama así por analogía con los roles. No vino solo para perdonar los pecados del linaje del primer Adán, sino para ser un nuevo «cabeza de raza», un nuevo prototipo o matriz reproductiva y así, cumplir el plan original de Dios. Por eso determinó que, sin el nuevo nacimiento, que es la forma en que Cristo se reproduce, nadie puede entrar al reino de Dios.

El contraste entre la elección de cada persona y los resultados se presenta en el Nuevo Testamento. Agregué al siguiente texto, entre paréntesis, las distinciones entre el primer y el último Adán, para que la comparación sea más fácil de ver:

> Pues si por la transgresión de uno solo [el primer Adán] reinó la muerte, mucho más reinarán en vida por uno solo, Jesucristo [segundo Adán], los que reciben la abundancia de la gracia y del don de la justicia. Así que, como por la transgresión de uno [el primer Adán] vino la condenación a todos los hombres, de la misma manera por la justicia de uno [segundo Adán] vino a todos los hombres la justificación de vida. Porque así como por la desobediencia de un hombre [el primer Adán] los muchos fueron constituidos pecadores, así también por la obediencia de uno [segundo Adán], los muchos serán constituidos justos. (Romanos 5:17-19; corchetes añadidos para clarificación del argumento)

Habiendo reconocido tales hechos bíblicos, no creo que sea una simple coincidencia, por un lado, que el primer Adán haya pecado al desobedecer a Dios en una propuesta que involucraba alimento (el fruto del árbol del conocimiento del bien y del mal), mientras que Jesús, el último Adán, ¡fue tentado también con la comida!

En ambos casos cabe resaltar que la comida era solo el maquillaje con el que Satanás ofrecía su «producto». Lo que quería, en realidad, era llevarlos a ambos a la desobediencia, a quebrantar los principios divinos.

El evangelio de Mateo indica que Cristo ya había ayunado «cuarenta días y cuarenta noches». La propuesta no era que Jesús rompiera su ayuno, tanto es así que el maligno no le ofreció comida, además, personalmente creo que el ayuno ya estaba completo: «Y después de haber ayunado cuarenta días y cuarenta noches, tuvo hambre» (Mateo 4:2). Creo que lo que había detrás de la propuesta diabólica era llevar a Jesús a deponer los atributos de divinidad de los que temporalmente se había despojado (Filipenses 2:5-8). La legitimidad de la redención de nuestro Señor requirió que Él viniera a la tierra y viviera como un hombre (Romanos 8:3), de hecho, despojado de atributos divinos; esto es lo que lo convirtió en el sustituto perfecto de toda la humanidad.

La tentación del primer Adán llevó a su caída y a la necesidad de la redención, que Dios prometió fácilmente (Génesis 3:15). La tentación de Jesús tenía como objetivo, a mi entender, comprometer la redención que se estaba haciendo disponible.

Es en este contexto que debemos mirar a Jesús como ejemplo de obediencia. Por lo tanto, volviendo a la afirmación «No solo de pan vivirá el hombre, sino de toda palabra que sale de la boca de Dios» (Mateo 4:4), pregunto: ¿qué significa vivir de la Palabra de Dios?

Dos tipos de comida

El primer aspecto de la respuesta implica reconocer dos tipos distintos de alimentos: los naturales y los espirituales.

¿Y cuál es la razón por la que existen dos tipos distintos de alimentos? Jesús declaró: «Lo que es nacido de la carne, carne es, y lo que es nacido del Espíritu, espíritu es» (Juan 3:6).

El nacimiento natural nos convirtió en seres naturales, que necesitamos alimentos naturales para subsistir. Dios mismo fue quien determinó que así fuera: «Y mandó Jehová Dios al hombre, diciendo: De todo árbol del huerto podrás comer» (Génesis 2:16). La Escritura dice, además: «Las viandas para el vientre, y el vientre para las viandas» (1 Corintios 6:13).

El nacimiento espiritual, o nuevo nacimiento, nos convirtió en seres espirituales, que necesitamos alimento espiritual para sobrevivir: «desead, como niños recién nacidos, la leche espiritual no adulterada, para que por ella crezcáis para salvación» (1 Pedro 2:2). Refiriéndose a los israelitas en su éxodo de Egipto a Canaán mientras estaban en el desierto, Pablo declaró que «y todos comieron el mismo alimento espiritual, y todos bebieron la misma bebida espiritual» (1 Corintios 10:3-4).

Tanto un tipo de alimentación como otro son importantes y necesarios. Cuando Jesús dijo que «no solo de pan vivirá el hombre, sino de toda palabra que sale de la boca de Dios», no negó la necesidad del pan natural. Solo añadió la necesidad del pan espiritual.

Cada uno de ellos tiene valor y propósito. Pablo condenó a quienes «mandarán abstenerse de alimentos que Dios creó para que con acción de gracias participasen de ellos los creyentes y los que han conocido la verdad» (1 Timoteo 4:3) y luego dejó en claro la razón por la que lo hacía: «Porque todo lo que Dios creó es bueno, y nada es de desecharse, si se toma con acción de gracias; porque por la palabra de Dios y por la oración es santificado» (1 Timoteo 4:4-5). En otras palabras, el alimento natural, además de necesario, es un don divino y debe ser visto como tal: «Y comerás y te saciarás, y bendecirás a Jehová tu Dios por la buena tierra que te habrá dado» (Deuteronomio 8:10).

Sin embargo, como advirtió nuestro Señor, «la vida es más que la comida» (Lucas 12:23). La advertencia de Cristo debe llevarnos a darnos cuenta de que también necesitamos alimento espiritual, pero no solo eso: también que el alimento natural puede competir con el alimento espiritual.

¿Cómo se produce esta competencia?
Consideremos otro episodio de la vida de Jesús:

> Vino, pues, a una ciudad de Samaria llamada Sicar, junto a la heredad que Jacob dio a su hijo José. Y estaba allí el pozo de Jacob. Entonces Jesús, cansado del camino, se sentó así junto al pozo. Era como la hora sexta. Vino una mujer de Samaria a sacar agua; y Jesús le dijo: Dame de beber. Pues sus discípulos habían ido a la ciudad a comprar de comer. (Juan 4:5-8)

El texto revela la necesidad de Jesús de descansar, así como su necesidad de comer; por eso los discípulos fueron en busca de provisiones. Mientras estaban fuera, Cristo comenzó a ministrar a una mujer samaritana. Además de revelar detalles de su vida, también se reveló, por primera vez, como el Mesías prometido:

> En esto vinieron sus discípulos, y se maravillaron de que hablaba con una mujer; sin embargo, ninguno dijo: ¿Qué preguntas? o, ¿Qué hablas con ella? Entonces la mujer dejó su cántaro, y fue a la ciudad, y dijo a los hombres: Venid, ved a un hombre que me ha dicho todo cuanto he hecho. ¿No será este el Cristo? Entonces salieron de la ciudad, y vinieron a él. (Juan 4:27-30)

Aquí hay un hecho importante: ¡la mujer, impactada por las palabras de Jesús, llamó a toda la ciudad a escucharlo! Versículos posteriores indican que muchos llegaron a creer en Cristo, tanto a través del testimonio de la mujer como del propio Señor, quien pasó dos días más predicando en Samaria (Juan 4:39-42). Exactamente en el momento de ese desarrollo que era tan importante para el avance del reino de Dios (y para aquellos samaritanos que serían alcanzados), los discípulos de Jesús llegaron con la comida y comenzaron a insistir en que Él comiera:

> Entre tanto, los discípulos le rogaban, diciendo: Rabí, come. Él les dijo: Yo tengo una comida que comer, que vosotros no sabéis.

> Entonces los discípulos decían unos a otros: ¿Le habrá traído alguien de comer? Jesús les dijo: Mi comida es que haga la voluntad del que me envió, y que acabe su obra. (Juan 4:31-34)

Jesucristo destaca, una vez más, los diferentes tipos de alimentos. El hecho, sin embargo, es que mientras sus discípulos se centraban en la comida natural, nuestro Señor se centraba en lo espiritual.

El acto de ofrecer comida, en sí mismo, no estaba mal. Pablo hizo esto a los que estaban con él en un barco a punto de hundirse: «Este es el decimocuarto día que veláis y permanecéis en ayunas, sin comer nada. Por tanto, os ruego que comáis por vuestra salud» (Hechos 27:33-34). Este no era el mejor momento para continuar un ayuno prolongado; tendrían que nadar para asegurar su supervivencia y, por lo tanto, necesitarían energía procedente de los alimentos.

La cuestión de los discípulos ofreciendo comida a Jesús, sin embargo, me parece diferente. Es como si estuvieran insinuando que comer era más importante que ministrar a los samaritanos. El hambre es uno de los instintos más básicos y tiene el poder de guiar la vida humana. Cristo lo usa como ejemplo cuando dice: «Mi comida es que haga la voluntad del que me envió, y que acabe su obra».

Su respuesta a los discípulos indica que la obra de Dios tuvo prioridad, incluso sobre la comida, pero también arroja luz sobre lo que significa no vivir solo de pan, sino de cada palabra que sale de la boca de Dios. Se trata de algo más que leer la Biblia y meditar en ella, sino caminar en obediencia a la Palabra: ¡eso es hacer la voluntad de Dios!

Aunque necesitamos ambos tipos de alimentos, y los alimentos naturales son lícitos, fácilmente podemos distraernos con los asuntos naturales y encontrarnos tan absortos en ellos que perdamos de vista lo que es espiritual. En otras palabras, lo natural puede competir con lo espiritual: «La que cayó entre espinos, estos son los que oyen, pero yéndose, son ahogados por los afanes y las riquezas y los placeres de la vida, y no llevan fruto» (Lucas 8:14).

No dudaría en catalogar la comida como uno de los mayores placeres de la humanidad. La advertencia se repitió en el contexto del regreso de Cristo: «Mirad también por vosotros mismos, que vuestros corazones no se carguen de glotonería y embriaguez y de los afanes de esta vida» (Lucas 21:34). El corazón aquí no es una referencia al órgano físico que bombea sangre, sino al ser espiritual. Y puede sobrecargarse de excesos naturales. Los excesos, a su vez, no deben entenderse solo como pecado; también suceden con las cosas lícitas e incluso con las bendiciones de Dios sobre nuestras vidas.

Hambre versus saciedad

El hambre es uno de los instintos humanos más básicos y, a menudo, se aplica de forma alegórica para expresar un profundo anhelo o necesidad de otras cosas. Jesús declaró: «Bienaventurados los que tienen hambre y sed de justicia, porque serán saciados» (Mateo 5:6); esta hambre y sed no son literales. El salmo 42, atribuido a los hijos de Coré, también declara: «Mi alma tiene sed de Dios, del Dios vivo» (Salmos 42:2). Nuevamente, esto no es una sed literal, sino un anhelo profundo.

La saciedad tampoco se presenta exclusivamente desde la perspectiva de la literalidad. Preste atención a las palabras de Cristo: «Yo soy el pan de vida; el que a mí viene, nunca tendrá hambre; y el que en mí cree, no tendrá sed jamás» (Juan 6:35). Teniendo esto en cuenta, los invito a reflexionar conmigo sobre algunas declaraciones del Sermón de la Montaña.

Primero, está la declaración: «Bienaventurados los que ahora tenéis hambre, porque seréis saciados» (Lucas 6:21). En segundo lugar, la declaración: «¡Ay de vosotros, los que ahora estáis saciados porque tendréis hambre!» (Lucas 6:25). Si tales declaraciones se interpretan solo desde un punto de vista literal, tenemos un problema grave. ¿Cual? La primera distinción entre las frases se encuentra en el inicio (y la consecuencia) de cada una de ellas: «Bienaventurados» y «Ay de vosotros». En otras palabras, la primera frase estaría sugiriendo que tener hambre y luego saciarse constituye un evento positivo, mientras que la segunda, que estar saciado es algo negativo, sujeto a castigo; en este caso, el castigo sería el hambre.

Lo que se genera es un ciclo repetitivo, que lleva a las personas a cambiar continuamente de lugar. Los hambrientos serían recompensados con la saciedad. Pero, desde el momento en que estuvieran llenos, se los consideraría hambrientos. Cuando volvieran al estado de hambre, volverían a estar satisfechos. De esta manera, el ciclo nunca se interrumpiría.

La única manera de que las declaraciones de Jesús tengan sentido es darse cuenta de que Él no está hablando literalmente de hambre y saciedad. El hambre de cosas espirituales nos lleva a la saciedad espiritual. Sin embargo, alguien puede estar lleno, sin apetito por las cosas espirituales, y terminará muriendo de hambre.

Permítanme ejemplificar mejor.

Las madres modernas son un poco menos estrictas que las del pasado. Vengo de una época en la que ellas (y mi madre ciertamente está incluida en este grupo) no permitían que sus hijos comieran entre horas, especialmente lo que llamaban «baratijas» (como dulces y bocadillos). ¿Por qué fueron estrictas al respecto? Porque, cuando los niños comían entre horas, acababan perdiendo el apetito por los alimentos más importantes y necesarios.

Creo que es un buen paralelo con lo que les sucede a muchos cristianos. Están llenando tanto su alma que ya no encuentran espacio para su apetito espiritual. En resumen, la abundancia natural puede contribuir a la indiferencia espiritual:

> Cuídate de no olvidarte de Jehová tu Dios, para cumplir sus mandamientos, sus decretos y sus estatutos que yo te ordeno hoy; no suceda que comas y te sacies, y edifiques buenas casas en que habites, y tus vacas y tus ovejas se aumenten, y la plata y el oro se te multipliquen, y todo lo que tuvieres se aumente; y se enorgullezca tu corazón, y te olvides de Jehová tu Dios, que te sacó de tierra de Egipto, de casa de servidumbre. (Deuteronomio 8:11-14)

Note que la advertencia no se refiere a pecados, sino a cosas lícitas. En el versículo anterior, Dios, a través de Moisés, había dicho a los israelitas: «Y comerás y te saciarás, y bendecirás a Jehová tu Dios por la buena tierra que te habrá dado» (Deuteronomio 8:10). Esa abundancia fue sin duda una bendición divina, un cumplimiento de su promesa y un motivo para alabarlo. Esto no se puede negar. Sin embargo, la exhortación denuncia que es posible que nos dejemos llevar por tales cosas que nos olvidemos del Señor.

Los consejos de los que había que cuidar incluían cuestiones de comida «no suceda que comas y te sacies » y materiales «y edifiques buenas casas en que habites, y tus vacas y tus ovejas se aumenten, y la plata y el oro se te multipliquen, y todo lo que tuvieres se aumente ». De esta manera, esta también es un área donde las cosas lícitas pueden «obstruir» el alma. Como ves, el dinero, en sí mismo, no es malo. Las Escrituras condenan el amor al dinero (1 Timoteo 6:9-10), no el dinero en sí. Alguien puede no tener dinero y aun así amarlo; así tendrá la raíz de todos los males aun sin tener dinero. Por otro lado, alguien puede tener dinero (añadir o sustituir aquí las expresiones «posesiones», «recursos») sin amarlo: «Si se aumentan las riquezas, no pongáis el corazón en ellas» (Salmos 62:10).

Sin embargo, las cuestiones materiales siguen siendo delicadas. La relación del cristiano con ellos debe estar marcada por la atención. Incluso lo que no es ilícito, proveniente de la bendición divina, como es el caso del texto que analizamos del Deuteronomio, puede terminar enredando el alma de quien sirve a Dios.

El episodio del joven rico enseña muchas lecciones valiosas sobre este tema. Está claro que anhelaba más de lo que ya había logrado espiritualmente. En el relato de Mateo, la pregunta es: «¿Qué más me falta?» (Mateo 19:20). En el evangelio de Lucas queda constancia de la frase de la respuesta de Jesús: «Aún te falta una cosa». El joven, sin embargo, chocó con una barrera que no le permitió corresponder con Cristo y abrirse paso espiritualmente. Observa:

> Entonces Jesús, mirándole, le amó, y le dijo: Una cosa te falta: anda, vende todo lo que tienes, y dalo a los pobres, y tendrás tesoro en el cielo; y ven, sígueme, tomando tu cruz. Pero él, afligido por esta palabra, se fue triste, porque tenía muchas posesiones. (Marcos 10:21-22)

Aunque se trata de una propuesta personalizada, que Jesús no hizo a todos sus discípulos, es innegable que el Señor, que lo amaba, comprendió que necesitaba desprenderse de las cosas materiales. Sin embargo, ante la negativa del joven, Cristo hizo del momento un momento didáctico:

> Entonces Jesús, mirando alrededor, dijo a sus discípulos: ¡Cuán difícilmente entrarán en el reino de Dios los que tienen riquezas! Los discípulos se asombraron de sus palabras; pero Jesús, respondiendo, volvió a decirles: Hijos, ¡cuán difícil les es entrar en el reino de Dios, a los que confían en las riquezas! Más fácil es pasar un camello por el ojo de una aguja, que entrar un rico en el reino de Dios. Ellos se asombraban aún más, diciendo entre sí: ¿Quién, pues, podrá ser salvo? Entonces Jesús, mirándolos, dijo: Para los hombres es imposible, mas para Dios, no; porque todas las cosas son posibles para Dios. (Marcos 10:23-27)

La primera lección que encuentro en el texto está relacionada con la afirmación del Señor: «¡Cuán difícilmente entrarán en el reino de Dios los que tienen riquezas!» (Marcos 10:23). Cuando los discípulos no prestaron la debida atención, Cristo fue incisivo y volvió a subrayar la dificultad de los ricos para entrar en el reino de Dios. Por lo tanto, es incuestionable que existe una dificultad. Pero la pregunta que cabe plantearse es: ¿cuál es el origen de esta dificultad? ¿De dónde viene?

Sabemos que Dios no hace acepción de personas (Romanos 2:11), por lo que no es Él quien dificulta la entrada de los ricos a Su reino. Por tanto, quienes dificultan la entrada son los propios ricos. ¿Y por qué muchos ricos tienen dificultades? Porque satisfacen su alma con riquezas, de modo que ya no hay apetito por lo espiritual. Por eso el joven rico dejó de caminar con Jesús. En otra ocasión, Cristo habló de un rico necio que decía a su alma: «muchos bienes tienes guardados para muchos años; repósate, come, bebe, regocíjate» (Lucas 12:19). En otras palabras, un alma que se ha llenado de «dulces terrenales» tiende a perder el apetito por las «comidas espirituales saludables».

La segunda lección que extraigo del informe es la distinción entre dificultad e imposibilidad. Cuando el Maestro habló de los ricos, sus discípulos preguntaron: «¿Quién, pues, podrá ser salvo?» (Marcos 10:26).

Jesús respondió: «Para los hombres es imposible, mas para Dios, no; porque todas las cosas son posibles para Dios» (Marcos 10:27). En otras palabras, Jesús dijo que era difícil, pero no dijo que era imposible que un rico se salvara. La dificultad para entrar al reino la genera el propio rico que llena su alma de otras cosas, pero la imposibilidad es anulada por Dios, que hace todo posible. En otras palabras, si el rico enfrenta su dificultad, encontrará la posibilidad que le ofrece Dios.

La tercera lección se refiere al desapego:

> Entonces Pedro comenzó a decirle: He aquí, nosotros lo hemos dejado todo, y te hemos seguido. Respondió Jesús y dijo: De cierto os digo que no hay ninguno que haya dejado casa, o hermanos, o hermanas, o padre, o madre, o mujer, o hijos, o tierras, por causa de mí y del evangelio, que no reciba cien veces más ahora en este tiempo; casas, hermanos, hermanas, madres, hijos, y tierras, con persecuciones; y en el siglo venidero la vida eterna. (Marcos 10:28-30)

Los discípulos argumentaron que lo dejaron todo por Cristo. Creo que aquí hay una indicación de que entendieron la enseñanza recibida. Jesús respondió hablando de bendiciones presentes y futuras: «De cierto os digo que no hay ninguno que haya dejado casa, o hermanos, o hermanas, o padre, o madre, o mujer, o hijos, o tierras, por causa de mí y del evangelio, que no reciba cien veces más ahora en este tiempo; casas, hermanos, hermanas, madres, hijos, y tierras, con persecuciones; y en el siglo venidero la vida eterna» (Marcos 10:29-30). Sin embargo, ¡que nadie se deje engañar! No se trata de mérito, sino de vaciarse para una nueva plenitud.

El poder de la abstinencia

Ya he presentado varios versículos de Deuteronomio 8, pero ahora quiero llamar su atención sobre el texto citado por Cristo en la tentación en el desierto, porque proporciona contexto para las otras declaraciones:

> Y te acordarás de todo el camino por donde te ha traído Jehová tu Dios estos cuarenta años en el desierto, para afligirte, para probarte, para saber lo que había en tu corazón, si habías de guardar o no sus mandamientos. Y te afligió, y te hizo tener hambre, y te sustentó con maná, comida que no conocías tú, ni tus padres la habían conocido, para hacerte saber que no solo de pan vivirá el hombre, mas de todo lo que sale de la boca de Jehová vivirá el hombre. (Deuteronomio 8:2-3)

El apóstol Pablo, hablando del comportamiento de los israelitas, especialmente de la generación que salió de Egipto, afirmó: «Y estas cosas les acontecieron como ejemplo, y están escritas para amonestarnos a nosotros, a quienes han alcanzado los fines de los siglos» (1 Corintios 10:11). También declaró a los cristianos de Roma: «Porque las cosas que se escribieron antes, para nuestra enseñanza se escribieron» (Romanos 15:4). Por lo tanto, debemos saber que tales registros no solo señalan lo que Dios enseñó a los hombres en tiempos pasados, sino que también hay lecciones que se aplican a nosotros. ¿Cuál es el paralelo para nosotros los creyentes del nuevo pacto hoy?

Entiendo que renunciar temporalmente a algunos placeres lícitos ayuda a centrarse en Dios. Si no lo hacemos por nuestra cuenta, el Señor puede llevarnos a ciertas privaciones que tienen el poder de revelar lo que hay dentro de nosotros. Dios humilló a los israelitas y los mató de hambre. Pero, ¿acaso no ama a su pueblo y está interesado en lo mejor para ellos? ¡Fue precisamente porque los amaba que Dios hizo esto con los israelitas! Después de la humillación y el hambre, el Señor les proporcionó maná. Y el propósito de la suma de todas las cosas era uno: «para hacerte saber que no solo de pan vivirá el hombre, mas de todo lo que sale de la boca de Jehová vivirá el hombre».

«Para hacerte saber» es indicativo del propósito de la acción divina. Lo que el Señor quería es que los israelitas, y esto también se aplica a nosotros, entendieran que lo espiritual supera a lo natural, ya sea comida o delicias. Esta comprensión es la clave para una vida espiritual intensa: «El espíritu es el que da vida; la carne para nada aprovecha; las palabras que yo os he hablado son espíritu y son vida» (Juan 6:63).

¿Y qué tiene que ver todo esto con el ayuno? Es lógico que el texto no se limite a la abstinencia alimentaria, pero ciertamente no excluye, en términos de aplicación práctica, el ayuno. La privación de alimentos tiene que ver con la humillación. Un ángel dijo a Daniel «dispusiste [...] humillarte en la presencia de tu Dios» (Daniel 10:12); Esto fue dicho al final de su período de ayuno y oración. David dijo: «Afligí con ayuno mi alma» (Salmos 35:13). El ayuno, a su vez, también tiene que ver con el hambre.

Si la lección final (la humillación y el hambre) fue entender que «no solo de pan vivirá el hombre, sino de toda palabra que sale de la boca de Dios» (Mateo 4:4), y Cristo lo citó en un contexto en que se había impuesto la humillación y el hambre mediante un ayuno de cuarenta días, es porque hay un poder detrás del ayuno, así como de otras abstinencias, especialmente las autoimpuestas. Richard Foster, en *Celebración de la disciplina*, comenta:

> El ayuno ayuda a mantener el equilibrio en la vida. ¡Con qué facilidad permitimos que cosas prescindibles tengan prioridad en nuestras vidas! Qué rápido añoramos cosas que no

> necesitamos, hasta que nos esclavizan. Pablo escribe: «todas las cosas me son lícitas, mas yo no me dejaré dominar de ninguna» (1 Corintios 6:12). Los deseos y anhelos humanos son como ríos, que tienden a desbordarse. El ayuno ayuda a mantenerlos en el rumbo adecuado. [...] Asterio, en el siglo IV, afirmaba que el ayuno era la garantía de que el estómago no haría hervir el cuerpo como una tetera, obstruyendo así el alma.[1]

Valnice Milhomens comparte una idea similar. En esa gran guerrera de oración e intercesión declaró:

> Nuestro espíritu se fortalece en la medida en que la carne se debilita. Controlar los fuertes apetitos de la carne, que tienen en nosotros la voz más atrayente, será una excelente disciplina, que contribuirá mucho al aprendizaje de la vida en el Espíritu. Cuando en el ayuno aprendemos a decir no a un apetito del que depende nuestra supervivencia, seguramente estaremos entrando en el camino del autocontrol sobre otras inclinaciones.[2]

Respecto al poder de la abstinencia, vale la pena observar algo más. El Señor reguló la ley del nazareato. Este voto incluía ciertas abstinencias y privaciones como no consumir ningún alimento que contuviera uvas, no cortarse el cabello y no acercarse a un cadáver, aunque fuera uno de sus familiares más cercanos (Números 6:4-7). Algunos lo hicieron solo durante un determinado período de tiempo, otros durante toda la vida. ¿Cuál fue el propósito? Consagración; de hecho, este es el significado detrás de la palabra traducida como nazareo. ¿Cuál es el poder de abstenerse de cierto alimento o no cortarse el pelo? Directamente, ninguno. Indirectamente, se cultivaba no solo una conciencia sino también una declaración al Señor.

Las uvas y sus derivados, entre los que se incluye el vino, estaban entre las comidas favoritas de los israelitas, al menos entre las

1. FOSTER, Richard. *Celebración de la disciplina*, p. 94.
2. COELHO, Valnice Milhomens. *El ayuno y la redención de Brasil* (5ª ed.), p. 205.

más destacadas a lo largo de las Escrituras. Renunciar a ese placer los llevó a tomar conciencia de que los mejores y más duraderos placeres se encuentran en Dios: «En tu presencia hay plenitud de gozo; Delicias a tu diestra para siempre» (Salmos 16:11).

Dios también reguló la ley de los votos. El nazareato era uno de ellos, de carácter específico, con una «combinación cerrada» que no se podía cambiar. Había muchos otros y cada uno podía votar lo que quisiera:

> Habló Moisés a los príncipes de las tribus de los hijos de Israel, diciendo: Esto es lo que Jehová ha mandado. Cuando alguno hiciere voto a Jehová, o hiciere juramento ligando su alma con obligación, no quebrantará su palabra; hará conforme a todo lo que salió de su boca. (Números 30:1-2)

Tenga en cuenta que Dios dio órdenes sobre los votos, por lo que su expectativa era que se hicieran los votos. Cada persona hacía el voto que quería, cuando quería, pero está claro que el Altísimo esperaba que sus siervos hicieran votos. De lo contrario, no los regularía.

En general, los votos significaban «obligarse a cierta abstinencia». ¿Cuál es el poder de la abstinencia? Ella no es mística, ni está dotada de poder propio; es solo un medio de despertar el alma para buscar la saciedad en las cosas correctas. Yo diría que funciona como una especie de recordatorio.

¿Su resultado está garantizado? No. La verdad es que el resultado depende del corazón de cada persona. Incluso sometidos a la humillación y al hambre, recibiendo el maná para comprender que no solo de pan vive el hombre, sino de todo lo que sale de la boca de Dios, los israelitas seguían prefiriendo el alimento natural al alimento espiritual:

> Y la gente extranjera que se mezcló con ellos tuvo un vivo deseo, y los hijos de Israel también volvieron a llorar y dijeron: ¡Quién nos diera a comer carne! Nos acordamos del pescado

> que comíamos en Egipto de balde, de los pepinos, los melones, los puerros, las cebollas y los ajos; y ahora nuestra alma se seca; pues nada sino este maná ven nuestros ojos. (Números 11:4-6)

La expresión «nuestra alma se seca» revela que el placer de la comida no concierne solo al gusto como uno de los sentidos del cuerpo, sino al resultado que produce en nuestra alma, la sed de emociones. La Nueva Traducción Viviente optó por usar la expresión «hemos perdido el apetito» en lugar de «nuestra alma se seca».

Los israelitas fueron sometidos a un proceso de cuarenta años y todavía no se permitieron crecer. Cristo, con cuarenta días en el desierto, ya había pasado la prueba. Reitero: la abstinencia, por sí sola, no garantiza nada. Pero, cuando son autoimpuestas por quienes tienen la correcta conciencia sobre su uso e importancia, la historia cambia.

No puede quedar fuera de esta reflexión la afirmación de Pablo a los corintios sobre la abstinencia sexual en el caso de la dedicación a la oración, aunque ya ha sido mencionada anteriormente. Instó a los cónyuges cristianos a no negarse mutuamente la intimidad física y añadió una única excepción aceptable:

> No os neguéis el uno al otro, a no ser por algún tiempo de mutuo consentimiento, para ocuparos sosegadamente en la oración; y volved a juntaros en uno, para que no os tiente Satanás a causa de vuestra incontinencia. (1 Corintios 7:5)

Las abstinencias son privaciones de cosas lícitas, no de cosas ilícitas. ¡Abstenerse del pecado es una obligación! El acto de comer no está mal, tampoco tener recursos económicos y, ciertamente, lo mismo podemos decir de la vida sexual de la pareja. Sin embargo, todos ellos son estímulos a los placeres carnales y, como tales, a menudo sofocan el alma, abarrotan el corazón, robándole su capacidad de percepción espiritual.

John Piper afirma que, frente a la ambición, «la única arma triunfante es un hambre profunda de Dios». Y añade: «La debilidad de nuestra hambre de Dios no es porque él sea insípido, sino porque nos mantenemos hacinados con otras cosas. Quizás, entonces, el rechazo del apetito de nuestro estómago por la comida pueda expresar o incluso aumentar el apetito de nuestra alma por Dios».[3]

El hambre física y natural guía al hombre. Te hace trabajar para tu sustento, invertir tiempo y energía para asegurar tu subsistencia. Todos conocemos su impacto. Pero ¿qué pasa con el hambre espiritual? ¿Está presente en nuestras vidas? ¿Tiene el mismo poder para guiarnos y conducirnos al trabajo, invirtiendo tiempo y energía para asegurar la subsistencia y el crecimiento espiritual?

La generación actual se ha perdido en un compromiso sin precedentes con la búsqueda del placer, en sus más variadas formas. El entretenimiento se ha convertido en una obsesión. En el libro *El ayuno de Jesús*, los autores Lou Engle y Dean Briggs comentan sobre esta condición:

> En el mundo occidental, las disposiciones de Satanás han producido una sociedad material, humanista, culta y posmoderna construida sobre la suposición escéptica y cínica de que las distracciones más superficiales de la vida son, de hecho, la suma total de nuestro propósito. Así, pasamos nuestros días demasiado estimulados hasta el punto de la insensibilidad. Ironía de ironías: una era de glotones, tolerantes, adictos al entretenimiento y a los tuits, y llenos de deseos ilícitos ha producido la cosecha de gente más aburrida y tediosa. Por eso el ayuno es más importante ahora que en otros momentos. Cuando nuestros días están marcados por el exceso, nos falta la pura pasión del hambre.[4]

El hambre espiritual, con capacidad de expresarse, es la que nos llevará a declarar, como el apóstol Pablo:

> Pero cuantas cosas eran para mí ganancia, las he estimado como pérdida por amor de Cristo. Y ciertamente, aun estimo todas

3. PIPER, John. *Hambre de Dios*, p. 6-7.
4. Citado por: ENGLE, Lou & BRIGGS, Dean. *El ayuno de Jesús*, p. 48-49.

> las cosas como pérdida por la excelencia del conocimiento de Cristo Jesús, mi Señor, por amor del cual lo he perdido todo, y lo tengo por basura, para ganar a Cristo. (Filipenses 3:7-8)

Creo firmemente que la cultura del ayuno, practicada en las más variadas formas y duraciones, es una de las herramientas más necesarias de nuestro tiempo. Sin un estilo de vida marcado por una abstinencia continua (nótese que no digo permanente), no podremos ser nada más que una «iglesia de Laodicea». Basta revisar la advertencia del Señor Jesús a esta iglesia y compararla con la realidad de nuestro tiempo:

> Yo conozco tus obras, que ni eres frío ni caliente. ¡Ojalá fueses frío o caliente! Pero por cuanto eres tibio, y no frío ni caliente, te vomitaré de mi boca. Porque tú dices: Yo soy rico, y me he enriquecido, y de ninguna cosa tengo necesidad; y no sabes que tú eres un desventurado, miserable, pobre, ciego y desnudo. Por tanto, yo te aconsejo que de mí compres oro refinado en fuego, para que seas rico, y vestiduras blancas para vestirte, y que no se descubra la vergüenza de tu desnudez; y unge tus ojos con colirio, para que veas. Yo reprendo y castigo a todos los que amo; sé, pues, celoso, y arrepiéntete. He aquí, yo estoy a la puerta y llamo; si alguno oye mi voz y abre la puerta, entraré a él, y cenaré con él, y él conmigo. Al que venciere, le daré que se siente conmigo en mi trono, así como yo he vencido, y me he sentado con mi Padre en su trono. El que tiene oído, oiga lo que el Espíritu dice a las iglesias. (Apocalipsis 3:15-22).

7

Efectos del ayuno[1]

«El ayuno limpia el alma, eleva la mente, sujeta la carne al espíritu, contenta y humilla el corazón, disipa las nubes de la lascivia, apaga el fuego de la lujuria y enciende la verdadera luz de la castidad».

AGOSTINHO DE HIPONA

Me gusta una frase a la que me he acostumbrado desde que era adolescente. Escuché a la hermana Valnice Milhomens, en una enseñanza sobre el ayuno, citar la siguiente declaración de Kenneth E. Hagin: «El ayuno no cambia al Señor, porque Él es el mismo antes, durante y después de tu ayuno, pero te transformará y te ayudará a permanecer más susceptible al Espíritu de Dios».[2]

Cabe mencionar que la práctica del ayuno tampoco nos hace dignos de nada. En palabras de John Wesley, el ayuno es «un medio de gracia», no una forma de excluirla; por lo tanto, no debe verse como un acto meritorio. Es innegable, sin embargo, que esta poderosa disciplina espiritual nos afecta de manera muy integral. Considerando que el ayuno nos cambia, pretendo presentar en este capítulo los efectos que el ayuno puede tener en nuestras vidas.

De las preciosas lecciones sobre el ayuno que nos dejó el Señor Jesús, analizamos una en el primer capítulo a la que debemos volver.

1. La mayor parte de este capítulo fue extraído y adaptado del capítulo 6 del libro *El Impacto de la Santidad*, del propio autor, publicado por www.orvalho.com.

2. HAGIN, Kenneth E. *Guía para un ayuno equilibrado*, p. 7.

> Entonces ellos le dijeron: ¿Por qué los discípulos de Juan ayunan muchas veces y hacen oraciones, y asimismo los de los fariseos, pero los tuyos comen y beben? Él les dijo: ¿Podéis acaso hacer que los que están de bodas ayunen, entre tanto que el esposo está con ellos? Mas vendrán días cuando el esposo les será quitado; entonces, en aquellos días ayunarán. Les dijo también una parábola: Nadie corta un pedazo de un vestido nuevo y lo pone en un vestido viejo; pues si lo hace, no solamente rompe el nuevo, sino que el remiendo sacado de él no armoniza con el viejo. Y nadie echa vino nuevo en odres viejos; de otra manera, el vino nuevo romperá los odres y se derramará, y los odres se perderán. Mas el vino nuevo en odres nuevos se ha de echar; y lo uno y lo otro se conservan. (Lucas 5:33-38)

La práctica del ayuno era común entre los judíos, especialmente entre los discípulos de Juan y los fariseos (Lucas 18:12). Basado en esto, algunos confrontaron a Jesús por el hecho de que a menudo se veía a sus discípulos comiendo y bebiendo en lugar de ayunar. Nuestro Señor respondió que era solo cuestión de tiempo; cuando Él, el novio, fuera llevado (una referencia a la ausencia de Jesús hasta Su glorioso regreso), entonces Sus discípulos ayunarían. Esta afirmación ratifica que el ayuno es para los creyentes del nuevo pacto: «ayunarán».

En su respuesta, Jesús destacó qué hacer (ayunar) y cuándo se haría (en su ausencia). De manera alegórica, creo que Cristo también nos presentó otro punto: por qué ayunar.

En los tres evangelios sinópticos, con ligeras variaciones en los detalles, se encuentra el mismo relato (Mateo 9:14-17; Marcos 2:18-22; Lucas 5:33-38). Todos presentan: el acercamiento a Jesús, su respuesta utilizando la ilustración del novio y, también, las alegorías del vestido nuevo y viejo y del odre nuevo para recibir el vino nuevo. Nótese que el texto que analizamos, del evangelio de Lucas, dice que Jesús «también les contó una parábola», es decir, lo hizo justo después de garantizar que sus discípulos ayunarían. Sin duda, la alegoría es una extensión y ampliación del discurso sobre el ayuno.

Una cuestión de estructura

Al decir que «nadie corta un pedazo de un vestido nuevo y lo pone en un vestido viejo; pues si lo hace, no solamente rompe el nuevo, sino que el remiendo sacado de él no armoniza con el viejo», Jesús no se refería a la imposibilidad, sino al sentido común. Si una persona tuviera ropa vieja y alguien le ofreciera una muda de ropa nueva, lo más sensato sería cambiarse de ropa. Nadie, con una pizca de inteligencia, cortaría pedazos de la prenda nueva para remendar la vieja. ¿Por qué? Porque arruinaría la ropa nueva, y habría una inadecuación de la prenda con su parche.

¿De qué estaba hablando Cristo?

La vestimenta, en la Biblia, se refiere a la condición del hombre ante Dios. Cuando la primera pareja pecó, allí en el Edén, se vieron desnudos y trataron de vestirse a su manera (Génesis 3:7), lo cual Dios no aceptó, proveyéndole ropa para los nuevos pecadores (Génesis 3:21). En Apocalipsis, leemos acerca de «que no han manchado sus vestiduras» (Apocalipsis 3:4) y los que «han lavado sus ropas, y las han emblanquecido en la sangre del Cordero» (Apocalipsis 7:14). También encontramos el mismo patrón, de vestimenta que hace referencia a la condición espiritual del hombre, en una visión que Dios le dio a Zacarías, en la que la ropa sucia se asocia claramente con el pecado, mientras que la ropa limpia se asocia con la santificación (Zacarías 3:1-7)

Por lo tanto, Jesús al hablar de ropa nueva se refería a la nueva condición que ofrecía a la humanidad a través de él y su evangelio. Al mencionar vestimentas viejas, que representan una condición previa a la salvación, nuestro Señor quiso decir que la «nueva obra de Dios» no puede ajustarse a una «vieja estructura» de vida.

Desafortunadamente, hay muchos creyentes que intentan vivir remendando en lugar de renovarse. Ante la oferta de un nuevo traje, rechazan el conjunto, solo quieren las partes que ellos mismos, selectivamente, creen que deberían tomar del evangelio, para mezclarlas en su antiguo estilo de vida.

El mismo principio se describe en la siguiente alegoría del vino y los odres. El vino nuevo, o jugo de uva, aún no fermentado, se colocaba en el odre para este fin: el odre, una especie de bolsa de cuero, permitía sellar el contenido y limitar la exposición al oxígeno, ayudando a controlar el proceso natural. Proceso de fermentación que transforma el vino nuevo en vino añejo. El vino nuevo ilustra la obra nueva que Dios, en Cristo y a través del evangelio, ofrece a los hombres. El odre, a su vez, habla de la estructura, el estilo de vida y el comportamiento humano. En otras palabras, nuevamente Jesús sostiene que la nueva obra de Dios no puede recibirse en una estructura vieja.

También vale la pena señalar que la insistencia en hacer caso omiso de la guía de Cristo conduce al daño. Los odres viejos, debido a que su cuero ya se había secado, no resistieron la presión de la fermentación del vino y se rompieron. ¿El resultado? Tanto el vino como el odre se perdieron. Es necesario comprender que el intento de recibir vino nuevo en odres viejos termina estableciendo una «fecha de caducidad» para este tipo de evangelio (lo que sugiere que es posible adaptar la propuesta divina de la vida cristiana a un estilo de vida antiguo). Pablo, al escribir a los Efesios, fue inflexible acerca de la necesidad de un «cambio de vestimenta» en lugar de adaptaciones:

> En cuanto a la pasada manera de vivir, despojaos del viejo hombre, que está viciado conforme a los deseos engañosos, y renovaos en el espíritu de vuestra mente, y vestíos del nuevo hombre, creado según Dios en la justicia y santidad de la verdad. (Efesios 4:22-24)

Deshacerse de la vieja naturaleza, o del viejo hombre, tiene que ver con el comportamiento: «la pasada manera de vivir». La expresión griega utilizada en los manuscritos originales es *anastrophe* (αναστροφη) y significa: «modo de vida, conducta, comportamiento, postura».[3] La santificación requiere sin duda un cambio de conducta. Por supuesto, no cambiamos nuestro comportamiento para ser salvos, sino porque fuimos salvos.

3. STRONG, James. *New Strong's Exhaustive Concordance of the Bible.*

Aunque Jesús solo hizo una mención, y no una descripción, del efecto del ayuno en nuestra vida, está claro que se refiere a esta adecuación necesaria para poder recibir la nueva obra de Dios sin desperdiciarla posteriormente. La salvación en Cristo debe recibirse en una nueva estructura de comportamiento:

> Haced morir, pues, lo terrenal en vosotros: fornicación, impureza, pasiones desordenadas, malos deseos y avaricia, que es idolatría; cosas por las cuales la ira de Dios viene sobre los hijos de desobediencia, en las cuales vosotros también anduvisteis en otro tiempo cuando vivíais en ellas. Pero ahora dejad también vosotros todas estas cosas: ira, enojo, malicia, blasfemia, palabras deshonestas de vuestra boca. No mintáis los unos a los otros, habiéndoos despojado del viejo hombre con sus hechos, y revestido del nuevo, el cual conforme a la imagen del que lo creó se va renovando hasta el conocimiento pleno. (Colosenses 3:5-10)

El cambio de comportamiento, a su vez, está relacionado con la mortificación de la carne: «Haced morir, pues, lo terrenal en vosotros». Cuando era adolescente, escuché otra declaración de la hermana Valnice Milhomens (como pueden ver, sus enseñanzas me influenciaron mucho porque asistí a eventos donde ella ministraba, vi su programa *Palavra da Fé* en la televisión y también la escuché mediante grabaciones en casetes): «la carne no se convierte; tienes que ir a la cruz».

La Escritura nos hace responsables de la mortificación de la carne y las consecuentes transformaciones que se derivan de este proceso:

> Así que, hermanos, os ruego por las misericordias de Dios, que presentéis vuestros cuerpos en sacrificio vivo, santo, agradable a Dios, que es vuestro culto racional. No os conforméis a este siglo, sino transformaos por medio de la renovación de vuestro entendimiento, para que comprobéis cuál sea la buena voluntad de Dios, agradable y perfecta. (Romanos 12:1-2)

La expresión «sacrificio vivo» es una paradoja. Sacrificar es matar. Entonces, ¿cómo puede estar vivo el sacrificio? Pablo no habló, en términos literales, de matar el cuerpo. Destacó simbólicamente la necesidad de dar muerte a la carnalidad.

El apóstol lo clasificó además como un culto racional. El concepto de sacrificio en el Antiguo Testamento, utilizado más tarde por Pablo, apunta a la idea de mortificación y también se refiere al concepto de adoración; después de todo, el sacrificio era parte de la adoración de los hebreos. Mortificar la carne, entonces, es un culto que ofrecemos a Dios. Y la definición de adoración, en las Escrituras, nunca trató de algo ocasional y espontáneo, sino frecuente y requerido.

En su primera epístola a los Corintios, Pablo exhorta a los cristianos a huir de la inmoralidad. Sostiene que, por derecho de redención, el dueño de nuestros cuerpos es Dios, y no nosotros mismos, llamándonos a glorificar a Dios con nuestros cuerpos (1 Corintios 6:18-20). Nuestro Señor es adorado cuando no dejamos que la carne haga lo que quiere y ejercite el dominio propio, adaptando nuestro comportamiento a la nueva naturaleza que recibimos en Cristo.

¿Y cómo se relaciona el ayuno con este «cambio de ropa» o los «odres nuevos»? El necesario cambio de estructura, que es, en esencia, un cambio de comportamiento, requiere un acto continuo de autocontrol, y la práctica del ayuno no es más que un ejercicio de autocontrol.

El ayuno afecta a nuestro organismo de varias formas, como ya hemos visto: hay desintoxicación, pérdida de peso, efectos que deben verse como efectos secundarios, como meras consecuencias. Sin embargo, el propósito debe ser esencialmente espiritual.

El ayuno es un acto de disciplina, un ejercicio de dominio propio mediante el cual se produce la mortificación de la carne. ¿Qué pasa con la disciplina, el dominio propio y la mortificación de la carne? Una adaptación de conducta: las viejas prácticas carnales (vestidos viejos y odre viejo) dan paso al fruto del Espíritu (vestidos nuevos y odre nuevo). Esto es santificación.

Permítanme ampliar el alcance de los efectos del ayuno en nuestras vidas desde la perspectiva de la santificación completa, en cada parte de nuestro ser.

El ser completo

El ayuno afecta a la totalidad del ser humano, en sus aspectos espirituales, emocionales y físicos. Su esfera de acción abarca el ser completo, el hombre entero. ¿Y qué es exactamente el hombre completo? Note lo que Pablo escribió a los tesalonicenses:

> Y el mismo Dios de paz os santifique por completo; y todo vuestro ser, espíritu, alma y cuerpo, sea guardado irreprensible para la venida de nuestro Señor Jesucristo. (1 Tesalonicenses 5:23)

La palabra griega que Pablo usó en este versículo, traducida en los manuscritos originales como «por completo», es *holoteles*. Según el *Léxico de Strong*, significa «perfecto, completo en todos los aspectos».[4] El concepto es de santificación completa, lo cual se confirma en otras traducciones: «Que Dios mismo, el Dios de paz, los santifique por completo» (NVI) o «os santifique por completo» (LBLA).

Pero, ¿qué constituye a un hombre completo? ¿Cuáles son las partes del todo? El apóstol declaró que el ser humano completo e integral está compuesto de espíritu, alma y cuerpo; aquí tenemos lo que en teología se clasifica como tricotomía. Por tanto, se comprende el mensaje a los tesalonicenses: la santificación total implica afectar las tres partes que componen al hombre.

Para entender mejor la situación, volvamos al principio:

Formó, pues, Jehová Dios al hombre del polvo de la tierra, y alentó en su nariz soplo de vida; y fué el hombre en alma viviente. (Génesis 2:7, RVA)

El relato bíblico de la creación revela la partición del ser humano. Dios hizo un muñeco de barro (cuerpo), sopló en él aliento de

4. STRONG, James. *New Strong's Exhaustive Concordance of the Bible.*

vida (espíritu) y, luego, de la combinación de estos, resultó lo que define al hombre: un alma viviente.

Al principio de todo, vemos una triple constitución humana. Hay quienes defienden la dicotomía; sin embargo, yo quiero mostrar, a través de las Escrituras, la veracidad de la tricotomía humana.

> Por tanto, no desmayamos: antes aunque este nuestro hombre exterior se va desgastando, el interior empero se renueva de día en día. (2 Corintios 4:16)

En este extracto de la carta a los Corintios, Pablo destaca solo dos partes, el hombre interior y exterior. Sin embargo, la aparente dicotomía se disuelve cuando miramos el resto de la Palabra de Dios, que nos muestra una subdivisión del hombre interior en espíritu y alma. En otras palabras, sí tenemos un hombre exterior e interior, pero no solo eso, porque el interior también se subdivide en otras dos partes. Note otros versos:

> Con mi alma te he deseado en la noche, y en tanto que me dure el espíritu dentro de mí, madrugaré a buscarte. (Isaías 26:9)

> Entonces María dijo: Engrandece mi alma al Señor; Y mi espíritu se regocija en Dios mi Salvador. (Lucas 1:46-47)

> Porque la palabra de Dios es viva y eficaz, y más cortante que toda espada de dos filos; y penetra hasta partir el alma y el espíritu, las coyunturas y los tuétanos, y discierne los pensamientos y las intenciones del corazón. (Hebreos 4:12)

Hebreos ilustra bien la distinción entre las partes. Las articulaciones y la médula están cerca, pero son cosas diferentes. Lo mismo ocurre con el espíritu y el alma: están juntos (formando el hombre interior), pero son diferentes entre sí y, sin embargo, pueden separarse.

La subdivisión del hombre interior se puede ver también en la tipología del Tabernáculo de Moisés. Considerada la morada de Dios, tenía dos partes visibles: la parte cubierta (Tienda de la Congregación) y la parte descubierta (Atrio). Sin embargo, sería un error llamarlo de dos partes, ya que la Tienda de la Congregación, a su vez, estaba compuesta por dos ambientes: el Lugar Santo y el Lugar Santísimo, separados solo por un velo. Hoy en día el hombre es llamado en las Escrituras «miembros de la familia de Dios» (Efesios 2:19) y el «templo de Dios» (1 Corintios 3:16). El hombre es el tabernáculo divino actual. Así como el interior del Tabernáculo de Moisés, el interior del tabernáculo humano también se subdivide en dos partes: espíritu y alma.

En resumen, lo que enseñan las Escrituras es que somos un hombre exterior (cuerpo) y un hombre interior (alma y espíritu). Somos seres tripartitos, divididos en tres partes distintas, y los beneficios del ayuno llegan a cada una de ellas.

Preste atención a un detalle importante: la Escritura presenta un orden de relevancia: espíritu, alma y cuerpo. Existe una distinción entre las partes, y es necesario verlas antes de hacer la aplicación práctica de los efectos del ayuno a cada una de ellas.

Espíritu

> Porque para mí el vivir es Cristo, y el morir es ganancia. Mas si el vivir en la carne resulta para mí en beneficio de la obra, no sé entonces qué escoger. Porque de ambas cosas estoy puesto en estrecho, teniendo deseo de partir y estar con Cristo, lo cual es muchísimo mejor; pero quedar en la carne es más necesario por causa de vosotros. Y confiado en esto, sé que quedaré, que aún permaneceré con todos vosotros, para vuestro provecho y gozo de la fe. (Filipenses 1:21-25)

¿Cuál es la definición que Pablo tiene de sí mismo, o más bien, del centro de su ser? Para entenderlo, ubique el sujeto oculto «yo» en los versículos anteriores: «[yo] estoy puesto en estrecho», «teniendo [yo] deseo de partir y estar con Cristo», «quedar en la carne es más necesario [para mí]» y «sé que [yo] quedaré, que aun permaneceré». Es este «yo» quien habla de dejar y estar con Cristo.

¿Quién se va en la muerte? Cuando muere, el hombre interior va a estar con el Señor, mientras que el hombre exterior, el cuerpo, es sepultado, se corrompe y permanece aquí en la tierra, esperando el día bendito de la resurrección. El apóstol está llamando «yo» a la parte interior del ser, la parte que partiría para estar con Cristo. En otras palabras, Pablo está afirmando que su verdadero «yo» es el hombre interior.

¿Quién permanece en la carne? Evidentemente, no se refiere al cuerpo en sí, porque sería redundante decir que el cuerpo permanece en la carne. Está hablando del hombre interior. Como hemos visto, el hombre interior está compuesto de alma y espíritu. Así que vayamos más profundo: entre estas dos partes, ¿cuál es el centro de quiénes somos? ¿Cuál de ellos podemos decir que es realmente el «yo»?

La Biblia nos presenta como seres espirituales. El espíritu es el lugar en el que somos conscientes de Dios (que también es espíritu) y de las cosas espirituales. Una prueba se encuentra en el relato de la creación, que acabamos de analizar, que muestra que el espíritu del hombre llega a existir a partir del soplo de Dios. El espíritu humano surgió de lo más profundo del Creador, de su propia esencia. En vista de esto, es el ambiente propicio para la conexión con las realidades divinas y espirituales. Observe:

> Pero el que se une al Señor, un espíritu es con él. (1 Corintios 6:17)

> Dios es Espíritu; y los que le adoran, en espíritu y en verdad es necesario que adoren. (Juan 4:24)

Alma

Si el espíritu tiene la semejanza de Dios, lo que nos diferencia unos de otros (además de la apariencia física) es el alma. Se considera el asiento de la personalidad que, como decía mi padre, tiene «un trípode de apoyo»: razón, emoción y voluntad. En otras palabras, el alma es el lugar de los sentimientos, los pensamientos y también el asiento de las decisiones. Al respecto, Lewis Sperry Chafer, en su conocida obra *Teología Sistemática*, afirma:

> Los elementos que se combinan para formar la personalidad son: intelecto, sensibilidad y voluntad; pero todos ellos actúan juntos para exigir libertad tanto de la acción externa como de la elección de los fines a los que se dirige la acción. El intelecto debe dirigir, la sensibilidad debe desear y la voluntad debe determinar la dirección de los fines racionales. No puede haber personalidad, ya sea humana, angélica o divina, aparte de este complejo de elementos esenciales.[5]

Hemos visto antes, en el relato de la creación, que el hombre fue hecho alma viviente (Pablo enfatiza el concepto en 1 Corintios 15:45) en el mismo momento en que el espíritu se encontró con el cuerpo, lo que sugiere que, de alguna manera, el alma es en contacto con ambas, es decir, interfiere y es interferido por las otras dos partes. Sin embargo, es un componente del hombre interior, junto con el espíritu.

Cabe mencionar que el alma es eterna y acompaña al espíritu después de la muerte. De hecho, las expresiones «alma» y «vida» se presentan repetidamente como sinónimos: «al salírsele el alma (pues murió), llamó su nombre Benoni; mas su padre lo llamó Benjamín» (Génesis 35:18). Otros textos que respaldan esta verdad son: Job 27:8, Mateo 10:28 y Lucas 12:20.

Mientras que el espíritu nos da conciencia de Dios, el alma es donde tomamos conciencia de nosotros mismos y de lo que nos toca. Nos damos cuenta en las Escrituras que esta conciencia permanece incluso después de que dejamos el cuerpo, como vemos en las enseñanzas de Cristo sobre el hombre rico y Lázaro (Lucas 16:19-31). Existe una discusión teológica sobre la clasificación

5. CHAFER, Lewis Sperry. *Teologia Sistemática,* vol. 1, p. 211.

del texto como parábola o no. Quienes creen que no se trata de una parábola afirman que, normalmente, Jesús iniciaba la alegoría diciendo «el reino de Dios es semejante a». Aquí, sin embargo, Cristo dice «Había un hombre rico» y «Había también un mendigo llamado Lázaro»; al nombrar personas específicas, una de ellas por su nombre, estaría describiendo un evento.

Los que creen que es una parábola también presentan buenos argumentos, y esta es una buena discusión, que no pretendo agotar aquí. Entre los miembros de este segundo grupo, hay quienes sostienen que se trata de una mera alegoría, sin ningún rastro de realidad, pero con una intención: invalidar la conciencia *post mortem* presentada en el relato de Cristo. Sin embargo, incluso si fuera una parábola, no creo que Jesús usaría una alegoría que contradiga el resto de las Escrituras. De hecho, existe una diferencia entre alegoría y fantasía. Jesús siempre usó el primero, nunca el segundo.

La conciencia del cuerpo después de la muerte, incluida la memoria de los acontecimientos de la propia vida y de la vida de los demás, también se puede ver en otros textos bíblicos. Veamos qué dice Apocalipsis:

> Cuando abrió el quinto sello, vi bajo el altar las almas de los que habían sido muertos por causa de la palabra de Dios y por el testimonio que tenían. Y clamaban a gran voz, diciendo: ¿Hasta cuándo, Señor, santo y verdadero, no juzgas y vengas nuestra sangre en los que moran en la tierra? Y se les dieron vestiduras blancas, y se les dijo que descansasen todavía un poco de tiempo, hasta que se completara el número de sus consiervos y sus hermanos, que también habían de ser muertos como ellos. (Apocalipsis 6:9-11)

Estos mártires sabían exactamente lo que les había sucedido. Poseían no solo la conciencia de lo que les había ocurrido, sino también de la justicia que todavía se les haría, tal como en el caso del hombre rico y Lázaro mencionado anteriormente.

En una palabra, el alma, que acompaña al espíritu en su partida, es la personalidad. En ella se manifiestan nuestros pensamientos, sentimientos y voluntad, con todo lo que les es natural como el intelecto, la memoria, el temperamento, la alegría y la tristeza, además de ser el lugar de las decisiones y, por lo tanto, del libre albedrío.

Cuerpo

Al cuerpo se le llama, en las Escrituras, la casa o tabernáculo donde habita el espíritu. Esto demuestra que somos seres espirituales que habitamos un cuerpo. Los apóstoles Pablo y Pedro usaron este tipo de ilustración:

> Porque sabemos que si nuestra morada terrestre, este tabernáculo, se deshiciere, tenemos de Dios un edificio, una casa no hecha de manos, eterna, en los cielos. (2 Corintios 5:1)

> Pues tengo por justo, en tanto que estoy en este cuerpo, el despertaros con amonestación; sabiendo que en breve debo abandonar el cuerpo, como nuestro Señor Jesucristo me ha declarado. También yo procuraré con diligencia que después de mi partida vosotros podáis en todo momento tener memoria de estas cosas. (2 Pedro 1:13-15)

Esto no quiere decir que el cuerpo no sea parte integral de nuestro ser, porque, aunque podamos definirlo como la casa en la que vivimos, no deja de ser una extensión de lo que somos. Las tentaciones y las inclinaciones al pecado se manifiestan en él y, a través de él, nos afectan. En este sentido, tenemos la responsabilidad de dominarlo mediante el autocontrol o, usando otro término bíblico, restringiendo la carne.

> Sino que golpeo mi cuerpo, y lo pongo en servidumbre, no sea que habiendo sido heraldo para otros, yo mismo venga a ser eliminado. (1 Corintios 9:27)

Lo que los textos bíblicos enfatizan es el cuerpo como hogar del hombre interior y, como el espíritu y el alma, también como medio de conciencia y comunicación, en este caso con el mundo natural, a través de los sentidos. La Palabra de Dios garantiza que, en el futuro, habrá resurrección del cuerpo, es decir, no estaremos completos sin él. Hoy él es nuestro hogar terrenal y, después de la glorificación, tendremos un cuerpo espiritual como nuestro hogar (1 Corintios 15:44).

El ayuno afecta todas las partes.

En resumen, diría que cada parte del hombre tripartito es consciente de algo. El espíritu es consciente de las cosas espirituales. En el alma el hombre tiene conciencia de sí mismo. Finalmente, el cuerpo nos da conciencia de las cosas naturales, siendo la parte de nosotros que permite el contacto entre el hombre interior y el mundo exterior. Vea que la Palabra de Dios decreta que el cuerpo sin espíritu está muerto: «Porque como el cuerpo sin espíritu está muerto, así también la fe sin obras está muerta» (Santiago 2:26). Es importante entender que, a pesar de la distinción, también existe una conexión vital entre las partes. El cuerpo sin espíritu no tiene vida. Por otra parte, el espíritu sin el cuerpo no puede hacer nada en esta tierra. Por lo tanto, necesitamos comprender el ser completo.

Martyn Lloyd-Jones comenta sobre la acción integral del ayuno en la totalidad humana:

> El hombre está formado por cuerpo, mente y espíritu, y estos elementos están estrechamente relacionados entre sí, interactuando muy estrechamente. Distinguimos entre estos elementos que constituyen al ser humano porque son diferentes, pero no debemos separarlos, porque existe interrelación e interacción entre ellos. No se puede dudar que los estados y condiciones corporales ejercen influencia sobre las actividades de la mente y el espíritu, por lo que este tema del ayuno también

debe tenerse en cuenta dentro de esta peculiar relación entre cuerpo, mente y espíritu.[6]

Todo nuestro ser se ve afectado por el ayuno. Sin embargo, antes de presentar algunos datos sobre cómo se produce este proceso, es necesario aclarar un poco más sobre el triple ser humano.

Nuestro espíritu fue regenerado mediante el nuevo nacimiento y llegó a ser partícipe de la naturaleza divina (2 Pedro 1:4); sin embargo, como un niño recién nacido, necesita crecimiento (1 Pedro 2:2).

Nuestra alma está en un proceso de restauración (Salmos 19:7; Santiago 1:21), y esto tiene que ver con dejar ir toda la acumulación de mal y pasar a la práctica de la Palabra (Santiago 1:22-25). Pablo dijo a los romanos: «No os conforméis a este siglo, sino transformaos por medio de la renovación de vuestro entendimiento, para que comprobéis cuál sea la buena voluntad de Dios, agradable y perfecta» (Romanos 12 :2).

Nuestra carne todavía tiene una naturaleza pecaminosa (Gálatas 5:17) y necesita ser refrenada mediante el autocontrol (1 Corintios 9:27). Ella no se convierte, hay que mortificarla (Colosenses 3:5).

Teniendo esto en cuenta, los efectos del ayuno en nosotros se pueden clasificar según lo que le hacen a cada parte de nuestro ser completo. Ayuno:

- fortalece el espíritu;
- aflige el alma;
- somete el cuerpo.

Impacto en el espíritu

Nuestro espíritu se despierta en la búsqueda de Dios, por eso comúnmente se asocia la oración con el ayuno. Lucas registró que la profetisa Ana, que estaba en el templo en el momento de la presentación del niño Jesús a Dios, «no se apartaba del templo,

6. LLOYD-JONES, Martyn. *Estudios en el Sermón de la Montaña,* p. 324-325.

sirviendo de noche y de día con ayunos y oraciones» (Lucas 2:37); Lucas también destaca a los profetas y maestros de la iglesia de Antioquía «habiendo ayunado y orado» (Hechos 13:3); Pablo y Bernabé, al establecer ancianos en las iglesias que fundaron, lo hicieron «habiendo orado con ayunos» (Hechos 14:23).

Toda nuestra relación con Dios tiene lugar en la dimensión espiritual. Jesús declaró: «Dios es Espíritu; y los que le adoran, en espíritu y en verdad es necesario que adoren» (Juan 4:24). Pablo también afirmó: «Pero el que se une al Señor, un espíritu es con él» (1 Corintios 6:17). Por lo tanto, tanto nuestra unión a través de la comunión como nuestro culto son de orden espiritual. En el huerto de Getsemaní, nuestro Señor afirmó: «Velad y orad, para que no entréis en tentación; el espíritu a la verdad está dispuesto, pero la carne es débil» (Mateo 26:41). ¿Para qué está preparado el espíritu? ¡Para orar! Ese fue el contexto de la conversación. Así como cuando Cristo dijo que «la carne es débil», habló de orar, y no de pecar; ¡Para pecar, la carne es fuerte!

En otras palabras, nuestro espíritu renacido quiere buscar a Dios, mientras que la carne no está dispuesta. ¿Cómo puede el ayuno ayudar al espíritu humano? Empezando por quitar los «restos» de la carne que la asfixian. El deseo de buscar a Dios, de adorarlo o incluso de obedecerlo se libera (y yo diría incluso se amplifica) a través del ayuno.

La Palabra de Dios es espiritual; Cristo dijo: «No solo de pan vivirá el hombre, sino de toda palabra que sale de la boca de Dios» (Mateo 4:4) y «Las palabras que yo os he hablado son espíritu y son vida» (Juan 6:63). Por lo tanto, deben ser recibidos en nuestro espíritu y no solo en nuestra razón. Pablo declaró: «Pero el hombre natural no percibe las cosas que son del Espíritu de Dios, porque para él son locura, y no las puede entender, porque se han de discernir espiritualmente» (1 Corintios 2:14). El adjetivo «natural», utilizado en relación con el hombre, retrata su razón, su capacidad intelectual. Pero, cuando el apóstol dice que las cosas del Espíritu de Dios se disciernen espiritualmente, quiere decir que la comprensión en realidad ocurre en nuestro espíritu.

Otra razón por la que necesitamos sensibilidad espiritual, es decir, en nuestro espíritu, es para disfrutar del liderazgo del Espíritu Santo. Después de afirmar que «los que son guiados por el Espíritu de Dios, son hijos de Dios» (Romanos 8:14), Pablo explica cómo se da esta guía: «El Espíritu mismo da testimonio a nuestro espíritu, de que somos hijos de Dios» (Romanos 8:16). No necesitamos una visión espectacular ni escuchar una voz audible, extraordinaria, para saber que somos hijos de Dios, porque esto se hace a través del testimonio interior. El Espíritu Santo da testimonio en nuestro espíritu de que somos salvos. Como se dijo: «Lámpara de Jehová es el espíritu del hombre, la cual escudriña lo más profundo del corazón» (Proverbios 20:27). Aunque existe una distinción entre espíritu, el lugar donde habla el Espíritu de Dios, y alma, el asiento de nuestras emociones (Hebreos 4:12), muchos, en la práctica, no perciben el gentil liderazgo del Espíritu en su propio espíritu. El ayuno, al afligir el alma y el cuerpo, nos hace más sensibles espiritualmente a la escucha del Espíritu.

Por ejemplo, sabemos que la fe es del espíritu, no del alma, ya que no depende de los sentimientos ni de la lógica; la fe tampoco proviene del cuerpo, que depende de los sentidos. Pablo afirmó que «el fruto del Espíritu es [...] fidelidad» (Gálatas 5:22, NVI). La palabra utilizada en el griego original es *pistis*, cuyo significado más común es «fe, confianza», aunque rara vez se ha traducido como «fidelidad» (como en Romanos 3:3). En la versión King James, se tradujo como fe. En otra parte, Pablo también dijo que «con el corazón se cree» (Romanos 10:10), mientras que Jesús habló de «no dudare en su corazón» (Marcos 11:23). He dado testimonio de esto a través de la práctica: el ayuno tiene el poder de eliminar los desechos carnales de nuestra incredulidad y ayudar en el ejercicio de la fe; evidentemente, la experiencia no determina la doctrina, solo la atestigua.

El punto aquí es cuánto el ayuno libera nuestro espíritu para interpretar y experimentar cosas espirituales al eliminar lo que se interpone en el camino: la carnalidad.

Impacto en el alma

Nuestra alma se ve afectada de una manera interesante por el ayuno, ya que la aflige. Al principio puede que no parezca positivo, pero lo es. Nuestra vida cristiana debe afectar nuestra voluntad, razón y sentimientos, y no al revés. En otras palabras, las capacidades de elegir, sentir y pensar deben ser controladas, no debemos ser controlados por ellas.

Como hemos visto, solo la Palabra de Dios tiene el poder de restaurar el alma. En este sentido, el ayuno (que, además de la abstinencia, incluye la oración y la lectura de la Palabra) es la forma en que nos aseguramos de que ya no es el alma la que tiene el control, además de exponer sus intenciones y motivaciones.

Volvamos a un concepto: el único día de ayuno obligatorio en el antiguo pacto era el día de la expiación, cuyo llamado citaba la aflicción necesaria del alma: «A los diez días de este mes séptimo será el día de expiación; tendréis santa convocación, y afligiréis vuestras almas, y ofreceréis ofrenda encendida a Jehová» (Levítico 23:27). Como el acto de afligir el alma era obligatorio, quien no lo hiciera sería condenado a muerte (Levítico 23:29), por lo que «afligir el alma» no podía referirse simplemente a algún tipo de sentimiento interior, demasiado subjetivo para ser juzgado y llevar a alguien a la ejecución: era la aflicción del alma mediante el ayuno. La expresión se usaba no solo para referirse al ayuno, sino a otros tipos de abstinencia, por ejemplo, los votos (Números 30:13).

David declaró: «Afligí con ayuno mi alma» (Salmos 35:13). El hombre conforme al corazón de Dios todavía declaró: «Lloré afligiendo con ayuno mi alma» (Salmo 69:10). Otro sinónimo de «ayuno» es «humillarse»: «¿Por qué, dicen, ayunamos, y no hiciste caso; humillamos nuestras almas, y no te diste por entendido?» (Isaías 58:3). El ayuno de Daniel (Daniel 10:3), aunque sea parcial, también se puede agregar a la lista de registros en los que existe una relación entre la expresión «humillarse» y el acto de ayunar. El ángel que se le apareció al profeta declaró: «dispusiste tu corazón a entender y a humillarte en la presencia de tu Dios» (Daniel 10:12).

Esta humillación que aflige al alma consiste, especialmente, en el reconocimiento de nuestra incapacidad e insuficiencia; aunque no sea un ayuno de arrepentimiento, cualquier ayuno lleva consigo la capacidad de doblegarnos. El ayuno se trata de vaciarnos de nosotros mismos para poder llenarnos de Dios. Tiene que ver con reconocer nuestras limitaciones y debilidades para poder depender de la gracia y el empoderamiento divinos. Pablo declaró a los corintios: «no que seamos competentes por nosotros mismos para pensar algo como de nosotros mismos, sino que nuestra competencia proviene de Dios, el cual asimismo nos hizo ministros competentes de un nuevo pacto, no de la letra, sino del espíritu; porque la letra mata, mas el espíritu vivifica» (2 Corintios 3:5-6).

Quienes ayunan frecuentemente, especialmente por períodos prolongados, saben que el ayuno saca a la luz lo peor que está «escondido» en nosotros, y esto es, ciertamente, una aflicción para el alma, con efectos en nuestra mente, nuestros sentimientos y, gracias a Dios, sobre nuestras decisiones. Sin embargo, es desde esta contrición, desde esta aflicción de nuestra alma, que nos dejamos tratar por el Señor o mejor dicho, es cuando aceptamos que Él cambie nuestras ropas viejas por otras nuevas, es cuando nos permitimos ser odres nuevos para recibir el vino nuevo que envejecerá bien.

Entiendan: el alma es la sede de las decisiones, por eso tenerla afligida por una disciplina que apunta a propósitos espirituales significa que tomaremos mejores decisiones, basadas en lo de arriba, en lo espiritual. Si el alma toca tanto el espíritu como el cuerpo, es seguro que, habiendo liberado el espíritu y mortificado el cuerpo mediante el ayuno, el alma podrá ser más influenciada por el espíritu recreado y llena de las cosas de Dios que por la carne, condenada por la naturaleza.

En la práctica, el ayuno afectará a los momentos en los que tengamos que decidir. Por ejemplo, cuando surge un pensamiento de rechazo, o un pensamiento impuro, o un sentimiento de amargura, tenemos que matarlo. Milhomens dice que deberíamos ser asesinos de los malos pensamientos. ¿Cómo seremos capaces de ganar esta guerra en la mente? Con disciplina y dominio propio, virtudes fortalecidas con el ayuno. En la guerra entre la carne y el espíritu, el alma decide, pero está influenciada por quien sea más fuerte en esta historia: simplemente dale más alimento al espíritu y, literalmente, dale menos al cuerpo, cuando ayunas.

Impacto en el cuerpo

Anteriormente dije que el ayuno es un acto de disciplina, un ejercicio de dominio propio y también es una mortificación de la carne. Este es un concepto antiguo, enfatizado por los padres de la Iglesia. Clemente, obispo de Roma, refiriéndose al ayuno de Moisés, comenta que pasó ese período «ayunando y mortificándose».[7] Orígenes comenta el ayuno de Jesús en el desierto, diciendo: «porque mortificó los deseos de la carne con ayunos asiduos».[8]

Clemente de Alejandría afirmó: «El ayuno, como el propio término indica, significa abstinencia de alimentos, pero no es el alimento lo que nos hace más o menos justos o injustos. El ayuno tiene un significado profundo: así como la comida es el símbolo de la vida, y la abstinencia de alimentos es el símbolo de la muerte, de la misma manera nosotros, los seres humanos, debemos ayunar en el sentido de morir a este mundo y, después de eso, habiendo recibido el alimento divino, vivan en Dios».[9]

Martín Lutero, el gran reformador, dijo: «Con respecto al ayuno digo esto: es correcto ayunar frecuentemente con el propósito de someter y controlar el cuerpo».[10]

Lo que queremos enfatizar con todas las citas es la mortificación de la carnalidad, posible mediante el ayuno. Es necesario enfatizar que la disciplina en la vida del cristiano, así como la mortificación de la carne, no ocurre solo mientras ayunamos; aunque el ayuno es de gran ayuda, tiene un principio y un fin. El autocontrol y la

7. *Padres Apostólicos*, p. 43.

8. ORÍGENES. *Homilías sobre el evangelio de Lucas*, p. 204.

9. *Eclogae*, PG 9,704D705A. Citado en *La importancia del ayuno y su observancia hoy*. Disponible: https://ortodoxia.pt/data/creta-jejum.pdf. Acceso 6 de abril de 2022.

10. PLASS, Ewald M. *What Luter Says*, vol. 1, p. 506.

mortificación intencional de nuestra naturaleza carnal deben continuar en los intervalos entre los ayunos que realizamos.

En resumen, debemos distinguir entre ayuno excepcional y disciplina regular en la vida cristiana. Martyn Lloyd-Jones, un conocido ministro anglicano, hizo una interesante observación al respecto:

> Recientemente estaba leyendo un artículo que abordaba este tema y donde el autor hacía referencia a aquella afirmación del apóstol Pablo, en 1 Corintios 9:27, que dice: «sino que golpeo mi cuerpo». El apóstol dice que hizo esto para poder realizar su obra con mayor eficiencia. El escritor dijo allí que esto ilustra la práctica del ayuno. Ahora bien, sugiero que este texto necesariamente no tiene nada que ver con el ayuno. Esto es lo que yo llamaría la disciplina general del ser humano. Siempre debemos golpearnos el cuerpo, pero eso no significa que siempre debamos ayunar. El ayuno, por el contrario, es algo inusual, excepcional, algo que el hombre practica solo ocasionalmente, con un propósito especial, mientras que la disciplina personal debe ser algo perpetuo y permanente. Por lo tanto, no puedo aceptar textos como «golpeo mi cuerpo» y «haced morir, pues, lo terrenal en vosotros» (1 Corintios 9:27; Colosenses 3:5), como si fueran parte de la enseñanza del ayuno. En otras palabras, la moderación en la alimentación no equivale al ayuno. La moderación a la hora de comer forma parte de la disciplina personal respecto al cuerpo, y es una excelente forma de domarlo; pero esto no es lo mismo que ayunar. Ayunar es abstenerse completamente de comer, en pos de ciertos objetivos especiales, como la oración, la meditación o la búsqueda del Señor, por alguna razón peculiar o bajo circunstancias especiales.[11]

Estoy de acuerdo con Lloyd-Jones en que la disciplina regular de la vida cristiana no es solo sinónimo de ayuno, ni se puede decir que el ayuno sea la única forma de practicar el autocontrol a

11. LLOYD-JONES, Martyn. *Estudios en el Sermón de la Montaña*, p. 325.

la que hacen referencia los textos bíblicos citados por el autor. Por otro lado, no hay manera de negar o dejar de resaltar que la práctica regular del ayuno es un ejercicio que nos ayuda a intensificar estas virtudes, tanto la disciplina como el autocontrol.

Tampoco creo que deba ser tan ocasional como creen algunos creyentes. Aunque Cristo no definió la periodicidad del ayuno, no es razonable saltar de ahí a la conclusión de que es algo que debe hacerse una vez en la vida o cada década. ¿No sería extraño que un cristiano, al final de su vida, admitiera que dio solo una limosna en toda su carrera cristiana? ¿No parecería bastante extraño que un creyente testificara que hizo dos o tres oraciones en toda su vida? Son disciplinas que se deben practicar de forma regular, no esporádica. Sin embargo, cuando se trata del ayuno, aplicamos una lógica diferente, convirtiéndolo en una eventualidad. Creo que es hora de revisar este tipo de concepto y avanzar hacia una cultura del ayuno, en la que su práctica sea regular y frecuente, y los efectos en el espíritu, el alma y el cuerpo gritarán demasiado fuerte como para ser ignorados.

8

Propósitos del ayuno

> «Casi en todas partes y en todos los tiempos, el ayuno siempre ha ocupado un lugar de gran importancia ya que está estrechamente relacionado con el profundo sentido religioso. Quizás esto explique el abandono del ayuno en nuestro tiempo. Cuando el significado de Dios disminuye, el ayuno desaparece».
>
> EDWARD FARRELL[1]

El ayuno debe tener lo que clasifico como un propósito principal, que le es inherente: buscar a Dios, lo que abarca la adoración, la oración y la meditación bíblica. Sin embargo, también es posible detectar propósitos secundarios en las Escrituras. Estos no deben verse como divergentes del objetivo principal, sino como avances.

La Palabra registra personas que buscan a Dios (propósito principal) con diferentes propósitos secundarios como consagración, arrepentimiento, así como otros propósitos distintos: liberación, sanidad, protección, intercesión por la restauración del pueblo. Richard Foster dice: «Una vez que el propósito principal del ayuno está bien establecido en el corazón, somos libres de comprender que el ayuno también tiene propósitos secundarios».[2]

También es necesario distinguir un propósito que me parece, para los israelitas del Antiguo Testamento, de carácter cultural.

1. Citado por: PIPER, John. *Hambre de Dios*, p. 8.
2. FOSTER, Richard. *Celebración de la disciplina*, p. 93.

Esto es ayuno por duelo; se sabe que «el luto, los gemidos y la lamentación formaban parte de los ritos funerarios de la mayoría de la gente en el Antiguo Cercano Oriente. Ayunar, rasgarse la ropa y dejar de usar ropa común eran formas de expresar el dolor».[3]

David ayunó en expresión de dolor por la muerte de Saúl y Jonatán; luego, por la muerte de Abner (2 Samuel 1:12; 3:35). Aunque no se puede garantizar que el elemento de «buscar a Dios» no estuviera presente, un grito de consuelo, por ejemplo, tampoco hay evidencia que nos permita afirmar lo contrario. Esta es una posibilidad. Como una posibilidad no sirve como argumento para la interpretación de la doctrina bíblica, creo que es mejor no clasificar este tipo específico de ayuno, cultural y relacionado con el duelo, entre los ayunos espirituales que debemos practicar hoy, de la misma manera como no lo hacemos con los ayunos involuntarios o los realizados por motivos ideológicos, como los hombres que conspiraron para matar a Pablo (Hechos 23:12-13).

Propósito principal

El profeta Daniel afirmó: «Y volví mi rostro a Dios el Señor, buscándole en oración y ruego, en ayuno [...]» (Daniel 9:3). ¡Busca a Dios! Este debe ser siempre el principal objetivo del ayuno. Es más que el punto de partida, es el camino y también la meta. La esencia de todo ayuno debe reducirse a buscarlo. Es por eso que encontramos que el ayuno casi siempre está asociado con la oración, la adoración, el arrepentimiento y la humillación: la atención se centra en volverse al Padre Celestial.

Dios confrontó a su pueblo a través del profeta Zacarías: «Cuando ayunasteis y llorasteis en el quinto y séptimo mes durante estos setenta años, ¿ habéis ayunado para mí?» (Zacarías 7:5). Semejante afirmación revela que la actividad religiosa no está necesariamente dirigida hacia Dios. El Señor Jesús, al hablar del fariseo y del publicano que fueron al templo a orar, dijo: «El fariseo,

---

3. WALTON, John H., MATTHEWS, Victor H. & CHAVALAS, Mark W. *Comentario histórico-cultural de la Biblia, Antiguo Testamento*, p. 419.

puesto en pie, oraba consigo mismo de esta manera: Dios, te doy gracias…» (Lucas 18 :11). Aunque sus palabras estaban dirigidas a Dios, ¡Cristo juzgó que el fariseo estaba orando por sí mismo! Por lo tanto, así como en los días de Zacarías, también hoy es posible que alguien ayune de sí mismo a sí mismo, y no a Dios.

Muchos ayunan en el mundo; esto no es exclusivo de los cristianos. Lo hacen por diversos motivos: religiosos, ideológicos, de salud. ¿Cuál es la diferencia entre el ayuno bíblico y el de ellos? Cabe señalar que, aunque muchos ayunan por motivos religiosos, la mayoría de los que profesan otras confesiones religiosas no tienen como objetivo principal el volverse a Dios. Incluso entre aquellos que clasifican el enfoque de su ayuno de esta manera, todavía encontramos muchas distorsiones. Por ello, es fundamental resaltar el propósito principal del ayuno bíblico, en base al cual debemos ayunar: buscar al Señor.

Al reflexionar sobre la motivación del ayuno, se entiende que el foco debe ser el anhelo de más de Dios. Más de Su presencia, más de intimidad con Él, más de Sus recursos para nuestro crecimiento y transformación. De hecho, siempre se debe evaluar lo que nos motiva a ayunar. En una ocasión alguien me preguntó: «¿Ayunas para llamar la atención de Dios?» Respondí inmediatamente: «¡Por supuesto que no! Ayuno porque Dios es quien me llama la atención».

Fue por un profundo anhelo por Él, mientras escribía mi libro *Hasta que nada más importe* (Hagnos, 2018), que tomé la decisión de hacer mi primer ayuno de cuarenta días, bebiendo únicamente agua. Quería buscar y disfrutar más intensamente la presencia del Señor. Decidí ponerlo por encima del instinto y del apetito humano más básico y declarar, no solo con palabras, la importancia que tiene para mí.

También conocía la importancia del ayuno en relación con otras áreas de mi vida y mi ministerio. Un tiempo después del ayuno, el Espíritu Santo me hizo comprender, más claramente, las repercusiones del tiempo de consagración para esas zonas. En cualquier caso, clasifico este impacto como un desarrollo, pero no como el motivo de mi ayuno.

Mahesh Chavda, un ministro de Cristo que ha experimentado intensamente tanto la cultura del ayuno como las manifestaciones sobrenaturales que surgen de él, compartió:

> Una vez estaba participando en un ayuno grupal cuando alguien que había oído hablar del ayuno corrió hacia mí y me dijo: «¿Para qué estás ayunando?» Confieso que me irritó la forma en que se formuló la pregunta. Implícitamente, dijo que nuestra actitud en el ayuno era la de «exigir algo» a Dios. «Dame esto, dame aquello y lo otro». Esa no fue nuestra actitud ni debería serlo.
>
> Cuando nos humillamos ante Dios, nuestro primer anhelo debe ser él. Debemos humillarnos para buscar Su rostro, no simplemente Su favor. «Queremos al Señor, sobre todo queremos al Señor. Queremos su gloria y su presencia».[4]

Ya he resaltado, en el capítulo dos, cómo actuó en relación al ayuno la profetisa Ana, que se encontraba en el templo con motivo de la presentación de Jesús: «sirviendo de noche y de día con ayunos y oraciones» (Lucas 2:37). La palabra traducida como «sirviendo», usada en el griego original, es *latreuo* (λατρευω), cuyo significado, según el *Léxico de James Strong*, es «servir a cambio de un salario; servir, ministrar, a dioses o seres humanos. Utilizado tanto para esclavos como para hombres libres; en el Nuevo Testamento, rendir servicio religioso o reverencia, adorar, realizar servicios religiosos».[5] Se traduce, en la Biblia, con el significado de adorar, servir o ministrar. Es interesante notar que cualquiera de estos posibles significados apunta a lo que ella estaba ofreciendo a Dios y no obteniendo de él.

Un escenario similar se ve en el relato del ayuno de los líderes de la iglesia en Antioquía: «Ministrando estos al Señor, y ayunando...» (Hechos 13:2). Aquí, la palabra griega traducida como «ministrar» (que también se traduce, en otras versiones, como «servir»)

---

4. CHAVDA, Mahesh. *El poder secreto de la oración y el ayuno*, p. 82.
5. STRONG, James. *New Strong's Exhaustive Concordance of the Bible.*

es *leitourgeo* (λειτουργεω). Strong señala los siguientes significados posibles: «servir al Estado o desempeñar un cargo público por cuenta propia; pagar sus propios costos; prestar servicio público al estado; hacer un servicio, realizar un trabajo; de sacerdotes y levitas que realizaban ritos sagrados en el tabernáculo o templo; de los cristianos sirviendo a Cristo, ya sea mediante la oración, o instruyendo a otros en el camino de la salvación, o de alguna otra manera; de quienes ayudan a otros con sus recursos, ayudándolos en su pobreza». Nuevamente, el énfasis, independientemente de la exactitud de la traducción, es lo que los ayunantes ofrecían a Dios, no lo que obtenían de él.

No digo que los ayunos narrados en las Escrituras no retraten la búsqueda de bendiciones e intervenciones divinas. Como veremos, existen abundantes registros sobre este aspecto. Solo hago hincapié en que deben verse como propósitos secundarios, no como el objetivo principal.

Tomemos como ejemplo la oración de nuestro Señor en Getsemaní; Cristo oró para que Dios lo librara de la muerte: «Y Cristo, en los días de su carne, ofreciendo ruegos y súplicas con gran clamor y lágrimas al que le podía librar de la muerte» (Hebreos 5:7). La Biblia, sin embargo, desarrolla dos momentos muy distintos de su oración. En el primero ora: «Padre mío, si es posible, pase de mí esta copa»; en el segundo, exclama: «pero no sea como yo quiero, sino como tú» (Mateo 26:39).

Este evento, aunque no menciona el ayuno, resalta el corazón correcto que debe manifestar quien teme a Dios cuando ora o asocia el ayuno con la oración: cualquier resultado será aceptable para quienes buscan al Señor y su voluntad. Sin embargo, no se puede decir lo mismo de alguien que simplemente desea la intervención divina en lo que él mismo ha elegido, centrándose en su propia voluntad. Por lo tanto, un ayuno cuyo propósito secundario, cualquiera que sea, anula el propósito principal que es buscar a Dios y su voluntad, independientemente de si es diferente de la nuestra, es esencialmente incorrecto. Se trata de hacer lo correcto, que es practicar el ayuno, de forma equivocada: con una motivación inadecuada.

En definitiva, utilizo las palabras de Valnice Milhomens: «No ayunamos por el simple hecho de ayunar, sino para buscar a Dios».[6] Y esta búsqueda de Él no puede excluir el deseo de conocer y, sobre todo, aceptar cuál es su voluntad, por encima de nuestros propios deseos.

Voluntad de Dios

Consideremos dos relatos bíblicos: un ayuno exitoso y otro que no logró lo que buscaba. Nos ayudarán a comprender mejor el ayuno. Bajo ninguna circunstancia el ayuno debe ser un intento de coaccionar a Dios. No se debe hacer para imponer nuestra voluntad, sino para someternos a la voluntad del Padre.

Esdras ayunó y oró por un viaje para cambiar de ciudad, clamando por protección divina:

> Y publiqué ayuno allí junto al río Ahava, para afligirnos delante de nuestro Dios, para solicitar de él camino derecho para nosotros, y para nuestros niños, y para todos nuestros bienes. Porque tuve vergüenza de pedir al rey tropa y gente de a caballo que nos defendiesen del enemigo en el camino; porque habíamos hablado al rey, diciendo: La mano de nuestro Dios es para bien sobre todos los que le buscan; mas su poder y su furor contra todos los que le abandonan. Ayunamos, pues, y pedimos a nuestro Dios sobre esto, y él nos fue propicio. (Esdras 8:21-23)

El resultado del ayuno de Esdras es bíblico e indiscutible, pero no significa que, basándonos en este relato, podamos interpretar el ayuno como una forma de convencer a Dios de que nos dé todo lo que deseamos. El sacerdote estaba involucrado en una empresa divina y no en su propio plan. La señal divina fue clara de que los israelitas debían regresar a Jerusalén para restaurarla, así como también hubo reconocimiento de que esa era la voluntad del Señor (Esdras 7:27-28). Entender esto cambia completamente

6. COELHO, Valnice Milhomens. *El ayuno y la redención de Brasil* (5ª ed.), p. 227.

la perspectiva de las cosas. Para fortalecer el entendimiento, observe lo que dijo Santiago:

> ¡Vamos ahora! los que decís: Hoy y mañana iremos a tal ciudad, y estaremos allá un año, y traficaremos, y ganaremos; cuando no sabéis lo que será mañana. Porque ¿qué es vuestra vida? Ciertamente es neblina que se aparece por un poco de tiempo, y luego se desvanece. En lugar de lo cual deberíais decir: Si el Señor quiere, viviremos y haremos esto o aquello. (Santiago 4:13-15)

Corremos el riesgo de mirar el ayuno de Esdras y la consiguiente bendición divina en su traslado a Jerusalén y simplemente deducir que cada vez que ayunemos para un traslado, la bendición divina será liberada. Santiago nos exhorta a someternos primero a la voluntad divina. Esto es lo primero. Luego, si se confirma la dirección de Dios para el cambio, entonces ore, e incluso ayune, pidiendo bendición para los siguientes pasos.

Digo esto porque buscar a Dios es diferente a buscar lo que queremos de Dios. Muchas personas deciden por sí mismas lo que quieren, sin intentar comprender el propósito divino. Entonces piensan que el Señor tiene la obligación de correr tras ellos, de bendecir elecciones y decisiones puramente humanas.

No estoy diciendo que no oro (ni sugiero lo mismo a otros) pidiendo intervenciones divinas. Sin embargo, prefiero centrar mis fuerzas en lo que ya sé que es, de hecho, la voluntad de Dios. ¿Cómo podemos entonces conocer la voluntad divina? Primeramente, por su Palabra; lo que la Biblia dice y promete clara y objetivamente no requiere consulta. No necesito orar, por ejemplo, para saber si debo pagar impuestos. Jesús ya nos ha ordenado que lo hagamos: «Dad, pues, al César lo que es del César, y a Dios lo que es de Dios» (Mateo 22:21). Otras cuestiones, sin embargo, son subjetivas: con quién casarse, dónde deben estudiar los hijos, en qué ciudad y durante cuánto tiempo concentrar los negocios, entre otros.

Casos como estos deberían llevarnos a buscar la guía de Dios. Él ha prometido guiarnos: «Porque todos los que son guiados por el Espíritu de Dios, estos son hijos de Dios» (Romanos 8:14). Así como en Antioquía, mientras los líderes ayunaban y ministraban al Señor, había dirección del Espíritu Santo, creo (y lo confirmo por experiencia) que también podemos recibir dirección específica. Sin embargo, orar y ayunar conforme a la voluntad de Dios es una actitud segura, es decir, tiene resultados garantizados:

> Y esta es la confianza que tenemos en él, que si pedimos alguna cosa conforme a su voluntad, él nos oye. (1 Juan 5:14-15)

Permítanme ejemplificar. Antes de que naciera mi hijo primogénito, Israel, el Espíritu Santo me trajo una fuerte convicción interna de que debía ayunar y luchar en oración por él. Entendí que habría una gran batalla en el momento del nacimiento; por lo tanto, debo anticiparme y tomar la iniciativa en esta guerra. Desde el momento en que recibí la guía no comí nada más, ayuné y oré durante varios días; el sexto día, mientras todavía oraba por el mismo tema, recibí un fuerte testimonio interno de que había logrado la victoria y podía terminar el ayuno.

Cuando llegó el momento de dar a luz, hubo una complicación importante. ¡Pero también hubo intervención divina! El médico que asistió el parto llamó a mi hijo un «pequeño milagro». La enfermera que se encontraba en la sala de partos aseguró que nunca había visto nada parecido: ni el milagro ni el hecho de que el equipo médico lo admitiera. Ahora, verá, no ayuné para convencer a Dios de que me ayudara; me aseguró desde el principio que lo haría. Sin embargo, el Señor me guio a actuar de esa manera porque el ayuno, combinado con la oración, nos lleva a un descanso espiritual; por eso me guio a ayunar y buscarlo de esa manera.

Hay otros asuntos sobre los cuales no necesito consultar la voluntad de Dios. Nunca le pregunto al Señor si debo orar por un enfermo; ¡la Biblia nos encarga hacerlo! Sin embargo, incluso en un tema como éste, el de la curación (que creo que es, en términos generales, la voluntad de Dios para nosotros), debo admitir que hay ocasiones en las que no tiene sentido ayunar y orar.

Me explico mejor, considerando un segundo ejemplo, esta vez de un ayuno aparentemente sin resultados: el caso de David.

El rey de Israel pecó contra el Señor y cometió adulterio con Betsabé y asesinato contra Urías. Para empeorar las cosas, aprovechó la muerte de Urías para tomar a la viuda por esposa (2 Samuel 11:1-27). Dios envió al profeta Natán para reprender a David por los tres actos (2 Samuel 12:1-10) y anunció de antemano que, entre otras expresiones de juicio, el niño moriría (2 Samuel 12:14). Y eso es lo que sucedió, a pesar de que David ayunó y oró durante una semana:

> Y Natán se volvió a su casa. Y Jehová hirió al niño que la mujer de Urías había dado a David, y enfermó gravemente. Entonces David rogó a Dios por el niño; y ayunó David, y entró, y pasó la noche acostado en tierra. Y se levantaron los ancianos de su casa, y fueron a él para hacerlo levantar de la tierra; mas él no quiso, ni comió con ellos pan. Y al séptimo día murió el niño; y temían los siervos de David hacerle saber que el niño había muerto, diciendo entre sí: Cuando el niño aún vivía, le hablábamos, y no quería oír nuestra voz; ¿cuánto más se afligirá si le decimos que el niño ha muerto? Mas David, viendo a sus siervos hablar entre sí, entendió que el niño había muerto; por lo que dijo David a sus siervos: ¿Ha muerto el niño? Y ellos respondieron: Ha muerto. Entonces David se levantó de la tierra, y se lavó y se ungió, y cambió sus ropas, y entró a la casa de Jehová, y adoró. Después vino a su casa, y pidió, y le pusieron pan, y comió. (2 Samuel 12:15-20)

¿Qué podemos aprender aquí? Primero, el ayuno no cambia la voluntad ya revelada de Dios (aunque en este caso es una consecuencia del pecado, no lo que clasificamos como el plan perfecto de Dios). En segundo lugar, una vez más resalto el concepto de que buscar a Dios es diferente de simplemente buscar lo que queremos que Él haga. Tiene que ver con anhelar Su voluntad en todos los ámbitos de nuestra vida. El ayuno de David no fue inútil, a pesar de no haber logrado lo que buscaba; ciertamente lo ayudó en el proceso de arrepentimiento y sujeción al Altísimo; basta leer el salmo 51, que expresa su arrepentimiento por el pecado cometido en aquella ocasión.

Es de destacar su actitud de acudir a la Casa del Señor y adorarlo inmediatamente después de enterarse de la muerte del niño. Revela lo que David entendió: la voluntad divina había prevalecido. La adoración después de la muerte de su hijo fue la declaración de David de que había decidido someterse a la voluntad divina, en ese momento diferente a la suya.

En otras palabras, sin negar que puede llevarnos a una dimensión mayor de lo sobrenatural y del movimiento de Dios, el ayuno no es, en absoluto, garantía de que alguien logrará todo lo que se proponga. Siempre digo que hay una realidad acerca de la oración, que creo que también se aplica al ayuno: «La oración no es solo el medio por el cual obtenemos lo que queremos de Dios; también debe ser, a cambio, el medio por el cual Dios obtenga de nosotros lo que quiere».

Pasemos ahora a evaluar los propósitos secundarios, es decir, aquellos que pueden catalogarse como complementarios o como consecuencias de la búsqueda de Dios. Pasemos al nuevo tema habiendo comprendido ya, en el contexto del ayuno, tanto la existencia de un propósito primario y superior como la importancia de buscar, reconocer y aceptar la voluntad de Dios, por encima de la nuestra.

Propósitos secundarios

Dado que en este libro nos ocupamos del tipo de ayuno principalmente espiritual, dirigido a la búsqueda de Dios, excluimos en consecuencia los demás que no cumplen con estos parámetros: ayunos ideológicos, involuntarios y relacionados con la salud, ninguno de los cuales está relacionado con la búsqueda de Dios. Teniendo esto en cuenta, ¿cuál es exactamente la definición de propósito secundario del ayuno?

Es posible encontrar el propósito secundario dentro del primario. No era lo mismo un ayuno de arrepentimiento que uno de consagración, por ejemplo; uno se refería a alejarse de un pecado ya cometido, mientras que el otro se refería a alejarse de un pecado no cometido. No se puede negar, sin embargo, que ambos eran parte de un anhelo de santidad y conexión con Dios. Luego se define el propósito final y más grande (la santidad y la conexión con Dios) como primario; para fines didácticos, el arrepentimiento y la consagración caen en la categoría de «propósitos secundarios».

El mismo Daniel que estuvo dispuesto a buscar al Señor también añadió a su ayuno oraciones de intercesión por el pueblo:

> Oh Señor, conforme a todos tus actos de justicia, apártese ahora tu ira y tu furor de sobre tu ciudad Jerusalén, tu santo monte; porque a causa de nuestros pecados, y por la maldad de nuestros padres, Jerusalén y tu pueblo son el oprobio de todos en derredor nuestro. Ahora pues, Dios nuestro, oye la oración de tu siervo, y sus ruegos; y haz que tu rostro resplandezca sobre tu santuario asolado, por amor del Señor. Inclina, oh Dios mío, tu oído, y oye; abre tus ojos, y mira nuestras desolaciones, y la ciudad sobre la cual es invocado tu nombre; porque no elevamos nuestros ruegos ante ti confiados en nuestras justicias, sino en tus muchas misericordias. Oye, Señor; oh Señor, perdona; presta oído, Señor, y hazlo; no tardes, por amor de ti mismo, Dios mío; porque tu nombre es invocado sobre tu ciudad y sobre tu pueblo. (Daniel 9:16-19)

Algunos buscan a Dios a nivel personal, pero no incluyen la intercesión por otros (individuos cercanos o el pueblo de Dios en general). Muchos me preguntan si pueden ayunar por otras personas, y la respuesta es que, así como oramos por los demás, también podemos combinar el ayuno con este tipo de oraciones. El ayuno de Daniel es otro ejemplo de cómo se pueden distinguir los propósitos secundarios de los primarios, aunque siempre existe, en el ayuno cristiano, la voluntad de cumplir el propósito principal.

Agregar propósitos

Así como a efectos de estudio clasificamos aspectos secundarios distintos del propósito principal, también debemos tener en cuenta que es posible tener una combinación de varios propósitos secundarios en un mismo ayuno. Note el ejemplo en el libro de Nehemías:

> El día veinticuatro del mismo mes se reunieron los hijos de Israel en ayuno, y con cilicio y tierra sobre sí. Y ya se había apartado la descendencia de Israel de todos los extranjeros; y estando en pie, confesaron sus pecados, y las iniquidades de sus padres. Y puestos de pie en su lugar, leyeron el libro de la ley de Jehová su Dios la cuarta parte del día, y la cuarta parte confesaron sus pecados y adoraron a Jehová su Dios. (Nehemías 9:1-3)

La mitad del día, dividida en doce horas de luz solar, se subdividía en otras dos partes de seis horas; en cada uno de ellos, aunque el propósito principal era buscar a Dios, los hijos de Israel se dedicaron a distintos propósitos secundarios: 1) lectura bíblica; 2) arrepentimiento y adoración.

También debemos considerar que la segunda mitad del día se subdividió nuevamente, en dos períodos de tres horas, para atender diferentes aspectos: 1) confesión (fue un acto de arrepentimiento, de confesión de pecados; versículos 16-37 del mismo capítulo habla sobre esto) y 2) adoración.

Cada uno de estos tres elementos, lectura bíblica, confesión y adoración, se distinguen entre sí como propósitos secundarios. Sin embargo, lo que todos tienen en común es el propósito principal: buscar a Dios.

Identificación de propósitos secundarios

Para facilitar la comprensión, es posible clasificar diferentes aspectos secundarios asociados a la práctica del ayuno, según el orden en que aparecen a lo largo de las Escrituras. Consideremos algunos que aparecen en los registros del Antiguo Testamento:

Consagración

El voto nazareo implicaba, entre otras cosas, la abstinencia de ciertos tipos de alimentos como los elaborados con uvas (Números 6:3-4). Estaba regulado por el mismo Dios, por lo que se supone que Él esperaba que las personas eligieran hacerlo, aunque también hubo aquellos a quienes el Señor requirió el voto desde su nacimiento, como Sansón (Jueces 13:3-5) y Juan el Bautista (Lucas 1:15).

La relación entre la consagración y el voto nazareo comienza con el significado de la palabra:

> El término nazareo deriva de la palabra (*nazar*) que significa «consagrar» o «apartar». Los nazareos demostraron su devoción a Dios a través de comportamientos distintivos, como observar la prohibición de cortarse el cabello, beber vino o bebidas fermentadas y tocar a los muertos. Los nazareos eran llamados por Dios o dedicados por sus padres desde pequeños. Además de Sansón (Jueces 13-16) y Samuel, hombres y mujeres podían hacer el voto y convertirse en nazareos temporales por un tiempo designado. El libro de Números proporciona la legislación relativa a los términos y obligaciones del voto nazareo. (Números 6:1-21)[7]

Hay divergencia de pensamiento entre los eruditos sobre si incluir o no al profeta Samuel entre los nazareos. La Biblia revela que Ana, su madre, al entregarlo al templo, afirmó: «Yo, pues, lo dedico también a Jehová; todos los días que viva, será de Jehová» (1 Samuel 1:28).

Sin embargo, para algunos, la palabra «dedico», por sí sola, no indica el voto del nazareo, ya que la naturaleza de la consagración no estaba definida. Además, la palabra traducida como «dedico» tiene, en el original hebreo, varios significados posibles: «solicitado, buscado, dado, concedido, tomado prestado, transferido»[8] habiéndose traducido también como «entregarlo» (NBV).

7. MELLISH, Kevin J. *Nuevo comentario bíblico Beacon: 1 y 2 Samuel*, p. 59.
8. STRONG, James. *New Strong's Exhaustive Concordance of the Bible.*

Para algunos, uno puede, como máximo, admitir una probabilidad, basada en la promesa de Ana de que no pondrían navaja en la cabeza de Samuel (1 Samuel 1:11). No creen que se pueda decir con certeza, ya que no cortarse el cabello no cumple todo lo que un nazareo debe abstenerse, sino solo una parte.

Por otra parte, la tradición judía parece añadir otro elemento; Flavio Josefo, la mayor fuente histórica sobre los hebreos después de la Biblia, hablando de Samuel, afirma: «Le dejaron crecer el pelo y solo bebía agua»[9]. Sin embargo, debido a que es una fuente extrabíblica, prefiero quedarme con el dicho que aprendí cuando era adolescente: «Lo que la Biblia no dice con claridad, no lo podemos decir con certeza».

En cualquier caso, el voto nazareo era un estilo de vida con privaciones específicas. El tipo de ayuno practicado era parcial e incluía otras abstinencias, basándose en lo que se entiende, además de Números 30, que ciertamente es viable dedicar al Señor otras formas de abstinencia, además del ayuno de alimentos. Su enfoque fue, esencialmente, la consagración, el primer propósito secundario que quiero resaltar bíblicamente. La gran pregunta es que la consagración no solo implica dejar de lado lo que está mal, sino también renunciar a las cosas lícitas para deleitarse en Dios, tal como lo hicieron los nazareos cuando dejaron de cortarse el cabello, por ejemplo, algo que no es pecado y tampoco contraindicado.

Creo que es relevante que el nazareo sea uno de los primeros ejemplos prácticos de consagración que aparece en la Biblia, luego de la institución divina del día de ayuno anual, en Yom Kippur, el Día de la Expiación (Levítico 23:26-30). El objetivo del voto era entregarse a Dios y no simplemente buscar algo de Él.

Arrepentimiento de los pecados

Además del Día de la Expiación, en el que el arrepentimiento de los pecados aparece implícito en el acto de afligir (o humillar) las almas, precisamente en el día del sacrificio por los pecados, la

9. JOSEFO, Flávio. *Historia de los Hebreos*, vol. 1, p. 123 (Libro V, 214).

Biblia también registra el acto de Samuel y el pueblo ayunando en Mizpa como señal de arrepentimiento: «Y se reunieron en Mizpa, y sacaron agua, y la derramaron delante de Jehová, y ayunaron aquel día, y dijeron allí: Contra Jehová hemos pecado. Y juzgó Samuel a los hijos de Israel en Mizpa» (1 Samuel 7:6).

Ya hemos visto que lo mismo se hizo en los días de Nehemías (Nehemías 9:1-3), y Joel también llamó al pueblo a un ayuno que incluía el arrepentimiento (Joel 2:15).

A diferencia de la consagración, que implicaba alejarse de los pecados no cometidos, el arrepentimiento se centraba en la tristeza, la vergüenza y la humillación por los pecados cometidos.

Los cristianos de hoy harían bien en añadir el ayuno a los momentos de arrepentimiento. Tener el arrepentimiento como propósito secundario del ayuno no es solo un medio para expresar dolor por el pecado cometido, sino también para iniciar el proceso de restauración.

Aflicciones

Josafat proclamó un ayuno en todo Judá cuando corría el riesgo de ser derrotado por moabitas y amonitas:

> Entonces él tuvo temor; y Josafat humilló su rostro para consultar a Jehová, e hizo pregonar ayuno a todo Judá. Y se reunieron los de Judá para pedir socorro a Jehová; y también de todas las ciudades de Judá vinieron a pedir ayuda a Jehová. (2 Crónicas 20:3-4)

El texto revela tanto el propósito principal, «consultar a Jehová», como el secundario: «pedir ayuda a Jehová». Creo que, en cualquier circunstancia difícil, como la de Josafat, el ayuno es una herramienta que podemos utilizar para humillarnos ante el Señor. Vea la declaración del rey de Judá: «¡Oh Dios nuestro! ¿no los juzgarás tú? Porque en nosotros no hay fuerza contra tan grande multitud que viene contra nosotros; no sabemos qué hacer, y a ti volvemos nuestros ojos» (2 Crónicas 20:12). Expresaba, a través del ayuno, el reconocimiento de la insuficiencia humana, de la dependencia de Dios y de su suficiencia en cualquier situación.

El acto de ayunar fue una expresión clara de fe y confianza en Dios en una situación de angustia. Además, el ayuno de Josafat y la consiguiente liberación recibida también están vinculados al siguiente propósito secundario: buscar la protección divina.

Buscando protección

Mencioné anteriormente el ayuno en el que Esdras clamó a Dios pidiendo protección sobre él y toda la caravana que se dirigía a Jerusalén (Esdras 8:21-23).

Otro ejemplo de ayuno asociado con este tipo de clamor también está registrado en las Escrituras: Ester pidió a su pueblo que ayunara por ella, para protección (la de ella y la de su pueblo) cuando fuera a encontrarse con el rey:

> Y Ester dijo que respondiesen a Mardoqueo: Ve y reúne a todos los judíos que se hallan en Susa, y ayunad por mí, y no comáis ni bebáis en tres días, noche y día; yo también con mis doncellas ayunaré igualmente, y entonces entraré a ver al rey, aunque no sea conforme a la ley; y si perezco, que perezca. Entonces Mardoqueo fue, e hizo conforme a todo lo que le mandó Ester. (Ester 4:15-17)

¿El resultado? Todos lo sabemos. Aunque, curiosamente, el libro de Ester no contiene una sola mención al nombre de Dios, su acción es evidente a lo largo de la historia.

En situaciones de enfermedad

David mencionó el ayuno y la oración por otros que estaban enfermos: «Pero yo, cuando ellos enfermaron, me vestí de cilicio; Afligí con ayuno mi alma, Y mi oración se volvía a mi seno» (Salmos 35:13).

Ya hemos notado que también ayunó en favor del niño nacido de Betsabé, que estaba enfermo y al borde de la muerte (2 Samuel

12:16-23). David hizo, en aquella ocasión, lo que parecía ser su costumbre en circunstancias similares.

A pesar de ser una intercesión específica, dirigida a un tipo concreto de problema, la actitud del rey de Israel muestra la posibilidad del ayuno, asociado a la oración intercesora, en casos de enfermedad.

Intercesión

También está el ejemplo de Daniel, quien ayunó e intercedió por Jerusalén y su pueblo (Daniel 9:3; 10:2-3). El llamado del Señor a los israelitas, a través del profeta Joel, decía: «proclamad ayuno» (Joel 2:15); luego instruye: «Que oren: «¡Perdona a tu pueblo, Señor! No permitas que tu preciada posesión se convierta en objeto de burla. No dejes que lleguen a ser la burla de los extranjeros incrédulos que dicen: "¿Los ha abandonado el Dios de Israel?"» (Joel 2:17, NTV).

Sabemos que el ayuno siempre aparece relacionado con la oración, pero conviene distinguir las oraciones en las que clamamos por nuestras necesidades de aquellas en las que intercedemos por otras personas. Destaco: sí, podemos y debemos ayunar por otras personas. La oración intercesora y el ayuno son excelentes aliados.

• • •

Todas las clasificaciones y ejemplos de finalidades secundarias del ayuno que hemos enumerado hasta ahora, aunque tomados del Antiguo Testamento, enseñan a los creyentes de nuestro tiempo, sobre la nueva alianza. Siempre es bueno recordar lo que dijo Pablo sobre los registros antiguos: «Y estas cosas les acontecieron como ejemplo, y están escritas para amonestarnos a nosotros, a quienes han alcanzado los fines de los siglos» (1 Corintios 10:11).

En el Nuevo Testamento también hay ejemplos que nos ayudan a comprender los propósitos secundarios del ayuno. Pasemos a ellos.

Situaciones de batalla espiritual

En el primer capítulo cité el texto en el que Jesús dice que ciertos tipos de demonios solo saldrían a través de la oración y el ayuno (Mateo 17:21), texto que no aparece en los manuscritos superiores, es decir, los más antiguos. A este hecho se suma la ausencia de otras instrucciones similares. Finalmente, se concluye que la frase de Jesús, aislada, no sirve para establecer una doctrina sobre algo que, en la práctica, parece estar muy asociado: la importancia del ayuno a quienes ministran la liberación.

Sin embargo, aunque no abordan directamente el tema de la liberación o el exorcismo, existen otros registros que sugieren la importancia del ayuno en el contexto de la batalla espiritual, una realidad que enfrenta todo cristiano (Efesios 6:12) y que se da a través de la oración (Efesios 6:18).

Además de Jesús, quien ayunó al salir a un enfrentamiento directo con el diablo (Mateo 4:1-2), también tenemos a Daniel. El profeta, que ya llevaba tres semanas ayunando y orando (Daniel 10:3), cuando recibió la visita de un ángel, quien le reveló algo importante:

> Entonces me dijo: Daniel, no temas; porque desde el primer día que dispusiste tu corazón a entender y a humillarte en la presencia de tu Dios, fueron oídas tus palabras; y a causa de tus palabras yo he venido. Mas el príncipe del reino de Persia se me opuso durante veintiún días; pero he aquí Miguel, uno de los principales príncipes, vino para ayudarme, y quedé allí con los reyes de Persia. (Daniel 10:12-13)

Para la «demora», entendida entre las palabras escuchadas «desde el primer día» y la llegada del ángel el día veintiuno, hay una explicación: la guerra espiritual. Al mencionar al «príncipe de Persia», el ángel no se refería a un ser humano que, obviamente, no pudo resistirse a un ángel. La necesidad de que Miguel, «uno de los primeros príncipes» entre los ángeles elegidos, fuera convocado para ayudar en la batalla indica su proporción. Sin embargo, la perseverancia de Daniel en el ayuno y la oración lo llevó a la respuesta divina.

Aunque el texto en sí no conecta directamente el ayuno y la oración con la llegada de la respuesta, esto me parece implícito. De lo contrario, no habría necesidad siquiera de enfatizar el ayuno, como lo hizo el ángel (Daniel 10:12).

Anteriormente compartí cómo el Señor me llevó a ayunar para estar preparado para la batalla que ocurriría cuando naciera mi hijo. Situaciones similares se han repetido no solo en mi caminar con Dios, sino también en la vida de muchos que se dedican al ayuno y la oración. Sin embargo, eso no significa que el ayuno aumente nuestra autoridad; proviene del nombre de Jesús. Sin embargo, el ayuno nos ayuda a discernir, de manera intensa y profunda, la autoridad que recibimos de Dios, además de ayudarnos a tener sensibilidad y sabiduría para utilizar esta autoridad en momentos de batalla espiritual.

Prepararse para el ministerio

Jesús solo comenzó su ministerio después de dos particularidades: 1) ser lleno del Espíritu Santo y 2) prepararse ayunando en el desierto (Lucas 4:1-2). En otras palabras, antes de comenzar su obra, Cristo se sirvió de dos recursos que atestiguan nuestra insuficiencia y total dependencia de Dios. La mayoría de las incidencias del ayuno en el Nuevo Testamento están vinculadas al inicio del ministerio o al inicio de una nueva etapa ministerial.

No es de extrañar que encontremos que se practica el ayuno cuando enviamos ministros al campo misionero (Hechos 13:3). Tampoco debería sorprender que los mismos ministros, que ayunaron antes de ser enviados, repitieran la práctica al nombrar ancianos en las ciudades donde plantaron iglesias (Hechos 14:23).

En otras palabras, además de ayunar antes de enviar, también lo hacían antes de delegar la autoridad gubernamental a los líderes de la iglesia local. La recurrencia revela que el ayuno era un principio practicado en las ordenaciones y en el envío de ministros.

Estos dos registros de ayuno, el de Jesús y el de la iglesia apostólica, confirman la importancia, en el nuevo pacto, del ayuno en la preparación de los ministros.

Adorar a Dios

Es muy hermoso observar que Ana «no se apartaba del templo, sirviendo de noche y de día con ayunos y oraciones» (Lucas 2:37). La relación entre adoración y ayuno también se encuentra en Hechos, en el muy citado relato de los líderes de la iglesia en Antioquía que ayunaban: «Ministrando estos al Señor, y ayunando» (Hechos 13:2).

También se practicaba el ayuno para buscar intimidad y cercanía a través del culto. No debe aplicarse, por tanto, solo cuando anhelamos lograr o recibir algo de Dios, sino también cuando queremos ofrecerle algo: amor, devoción y gratitud.

Especialmente en esta práctica, creo que deberíamos crecer. Así, ayunaremos no solo ante luchas o adversidades, sino en anhelo y admiración por el Señor de los Ejércitos, adorando al General que gobierna cualquiera de nuestras batallas.

9

Formas, tipos y duración del ayuno

> «Él no establece un tiempo específico ni durante cuánto tiempo ayunar... pero deja que el individuo decida cómo hacerlo».
>
> MARTÍN LUTERO[1]

Existe una gran libertad personal para que cada uno practique el ayuno como desee. La instrucción bíblica se limita al hecho de que tenemos que hacerlo; por lo tanto, se centra en el «qué», y no en el «cómo», «cuándo» o «de qué manera». Alguien puede ayunar un día a la semana, un mes o en cualquier otra periodicidad. Puedes elegir el tipo de ayuno y su duración. Por tanto, no existen reglas predefinidas. Incluso existen diferentes formas, tipos y duración de esta abstinencia de comida seguida de oración. Cada persona gestiona como mejor entiende o según la dirección que recibe del Espíritu Santo.

Al respecto, Valnice Milhomens señala que «así como existen diferentes tipos de ayuno, también existen diferentes formas de ayunar en la Biblia. Tenemos ejemplos de ayunos regulares, privados y convocados o colectivos».[2] Miremos cada caso no solo para conocer, sino también para inspirarnos en nuestras propias decisiones.

1. PLASS, Ewald M. *What Luter Says*, vol. 1, p. 507.
2. COELHO, Valnice Milhomens. *El ayuno y la redención de Brasil*, p. 227.

Formas de ayuno

En la Biblia existen algunas formas de ayuno: regular y ocasional, personal y público, voluntario e involuntario, por elección propia o por dirección de Dios. Decidí agruparlos por parejas, cada uno con su propio contraste.

Regular y ocasional

Un ejemplo de ayuno regular es el Día de la Expiación antes mencionado (Levítico 23:27). Además de este, en el período post-babilónico del exilio, se instituyeron otros cuatro ayunos regulares entre los judíos: «El ayuno del cuarto mes, el ayuno del quinto, el ayuno del séptimo, y el ayuno del décimo, se convertirán para la casa de Judá en gozo y alegría, y en festivas solemnidades» (Zacarías 8:19). Aunque no parecen haber sido una institución divina, Dios no habló contra ellos, solo hizo una promesa: cambiar la tristeza por la alegría. Russel Champlin comenta sobre el origen de los ayunos en ese momento específico:

> Estos ayunos autoimpuestos se celebraban en memoria de acontecimientos recientes. Lamentaron la captura de Jerusalén (cuarto mes, 2 Reyes 25:3; Jeremías 39:2; 52:6-7); la ruina del templo (quinto mes, 2 Reyes 25:8); el asesinato de Gedalías (séptimo mes, Jeremías 51:1-7); y el asedio de Jerusalén (décimo mes, con el posterior cautiverio, 2 Reyes 25:1; Jeremías 52:4-28; Ezequiel 24:1-2). Estos ayunos los hacían personas de corazón triste, que no podían olvidar el pasado ni apreciar la vida, aunque ya hubiera llegado un día mejor.[3]

En otras palabras, además del Día de la Expiación, un ayuno regular determinado por Dios, también podría haber ayunos regulares autoimpuestos, como los que mencionó Zacarías; estos se practicarían por elección propia y no porque existiera una guía divina específica. Ya hemos visto que los fariseos ayunaban de esta

3. CHAMPLIN, Russel Norman. *El Antiguo Testamento interpretado versículo por versículo*, vol. 5, p. 1026.

forma, por decisión personal, dos veces por semana (Lucas 18:12), también de forma regular. Los discípulos de Juan el Bautista ayunaban con frecuencia (Lucas 5:33). En resumen, se realizaban ayunos regulares, sistemáticos y periódicos, que podían originarse ya sea por guía divina o por elección personal.

Por otro lado, también vemos bíblicamente la práctica de ayunos ocasionales, no regulares, determinados según lo requiera el corazón o las circunstancias. Como buenos ejemplos, podemos citar las convocatorias de Josafat (2 Crónicas 20:1-4) y Esdras (Esdras 8:21-23). En ambas situaciones, el objetivo era clamar a Dios por protección. La diferencia es que, en el primer caso, el enemigo era conocido; en el segundo, desconocido: se trataba simplemente de un riesgo generalizado durante todo el viaje.

Esta forma de ayunar suele ser no planificada. Surge de situaciones inesperadas o, incluso, de indicaciones específicas del Espíritu Santo.

Personales y públicos

También podemos subdividir los ayunos en personales y públicos. Jesús habló del «ayuno en secreto», indicando la existencia de un aspecto personal en la práctica del ayuno (Mateo 6:18). Cuando Pablo se convirtió, fue esta forma de ayuno la que practicó (Hechos 9:9).

Sin embargo, así como en el Antiguo Testamento había proclamaciones de ayuno colectivo, en el Nuevo Testamento también hay ayunos públicos practicados por la iglesia. Los profetas y maestros de Antioquía ayunaron juntos (Hechos 13:2-3); en las ordenaciones al ministerio, tanto los que imponían las manos como los que estaban establecidos ayunaban (Hechos 14:23).

En el Antiguo Testamento, en particular, los líderes civiles o religiosos convocaban ayunos públicos. Fue acerca de un ayuno de este tipo que Dios llevó al profeta Joel a declarar: «proclamad ayuno, convocad asamblea» (Joel 2:15). Otros ejemplos son la convocatoria hecha por el rey de Nínive (Jonás 3:6-9) y lo que sucedió en los días de Nehemías (Nehemías 9:1). En el Nuevo Testamento, sin embargo, los ayunos públicos parecen haber sido convocados solo por líderes espirituales.

Voluntario e involuntario

Señalé anteriormente que existe una distinción, en palabras de Pablo, entre ayunar y pasar hambre: «en hambre y sed, en muchos ayunos» (2 Corintios 11:27). También se hizo una distinción entre no comer por elección, incluso cuando hay comida (ayuno), y no comer por falta de elección y comida (hambre). Estamos trabajando el tema del ayuno intencional, con fines espirituales, y no accidentales. Esto no significa, sin embargo, que, en circunstancias de ayuno involuntario, como cuando hay pérdida de apetito, por ejemplo, no pueda asociarse con la oración y las actitudes correctas que rigen el ayuno voluntario.

El rey Darío, medo persa, practicaba un ayuno involuntario: «Luego el rey se fue a su palacio, y se acostó ayuno; ni instrumentos de música fueron traídos delante de él, y se le fue el sueño» (Daniel 6:18). Pablo y otros pasajeros, en el barco que acabó hundiéndose cerca de Malta, también: «hacía ya mucho que no comíamos» (Hechos 27:21). Los ayunadores involuntarios no necesariamente utilizan la abstinencia con fines espirituales, pero pueden hacerlo.

He ayunado por falta de elección, porque no tenía tiempo de comer por las prisas del ministerio, como pasó con Jesús: «Y se agolpó de nuevo la gente, de modo que ellos ni aun podían comer pan» (Marcos 3:20). Lo mismo sucedió con los discípulos de Cristo: «Porque eran muchos los que iban y venían, de manera que ni aun tenían tiempo para comer» (Marcos 6:31). En otras ocasiones ayuné por falta de recursos, al igual que Pablo: «Sé vivir humildemente, y sé tener abundancia; en todo y por todo estoy enseñado, así para estar saciado como para tener hambre, así para tener abundancia como para padecer necesidad» (Filipenses 4:12). En momentos como este, traté de mantener la actitud correcta de no murmurar y dedicar ese tiempo de abstinencia a Dios, mientras esperaba y esperaba la provisión divina. Aunque no fueron ayunos planificados, digo que fueron bien aprovechados.

Elección propia o dirección de Dios

Mucha gente me pregunta si solo debemos ayunar cuando Dios nos indique, o si podemos hacerlo simplemente porque queremos. Mi respuesta es: ambos. Es decir, en ambos sentidos. A continuación, se transcribe una excelente observación de Valnice Milhomens sobre el tema:

> Si Jesús espera que ayunemos regularmente, no esperaremos ningún mandato del Espíritu para ayunar. ¿Esperas una orden del Espíritu para orar? Es claro que no. El mandato ya ha sido dado: «Orad sin cesar» (1 Tesalonicenses 5:17). ¿Esperas alguna orden del Espíritu para poder hacer buenas obras? No, porque este ya es un principio establecido. Fuimos «creados en Cristo Jesús para buenas obras, las cuales Dios preparó de antemano para que anduviésemos en ellas» (Efesios 2:10). El ayuno también debería ser una práctica normal. Muchas veces decimos que, si uno tiene la intención de ayunar por un tiempo prolongado, debe tener una dirección específica del Espíritu de Dios; pero para ayunar ocasionalmente, un día, una comida u otra, no necesitamos orden de Dios; es una necesidad; es una cuestión de disciplina en la vida cristiana, como la oración y la limosna. No necesitamos dirección adicional para hacer lo que la Biblia ya ha dejado claro como principio o regla de vida.[4]

No es necesario que el tema sea tan mistificado como algunos quieren hacerlo. Podemos simplificarlo tomando la decisión de hacer del ayuno una disciplina recurrente, y al mismo tiempo cultivar una vida de sensibilidad a la dirección del Espíritu Santo.

Tipos de ayuno

La Biblia presenta básicamente tres tipos de ayuno. Pese a no adjetivarlos, nos lleva a una simple deducción que, a su vez, permite establecer etiquetas, con la pura intención de distinguirlos. No

4. COELHO, Valnice Milhomens. *El ayuno y la redención de Brasil*, p. 199.

sé quiénes comenzaron, a lo largo de la historia, a utilizar las siguientes nomenclaturas, sin embargo, puedo decir que la mayoría de quienes enseñan sobre el ayuno lo clasifican de la siguiente manera:

1. Ayuno total
2. Ayuno normal
3. Ayuno parcial

Agregaré una cuarta categoría, que muchos reconocen pero que normalmente no agregan a la lista: el ayuno sobrenatural. Muchos lo tratan simplemente como una forma de lograr uno de los otros tres tipos, pero yo prefiero diferenciarlo. Por lo tanto, mi lista se verá así:

- Ayuno total
- Ayuno normal
- Ayuno parcial
- Ayuno sobrenatural

Pasemos a la definición de cada uno de ellos y los ejemplos bíblicos que nos ayudan a entenderlos.

Ayuno total

El ayuno total (o ayuno absoluto, como algunos prefieren llamarlo) se caracteriza por la abstinencia total. En otras palabras, no se trata solo de la abstinencia de alimentos, sino también de agua. Es uno de los tipos de ayuno más austeros. Creo que una de las razones por las que es más difícil que las demás es precisamente la abstención de agua, y no me refiero solo a la sed: beber agua durante el ayuno facilita el proceso de desintoxicación; desde otra perspectiva, no beber agua provoca un mayor malestar fisiológico.

En el Antiguo Testamento, hubo un ayuno total solicitado por Ester: «e y reúne a todos los judíos que se hallan en Susa, y ayunad por mí, y no comáis ni bebáis en tres días, noche y día; yo también con mis doncellas ayunaré igualmente, y entonces entraré a ver al rey, aunque no sea conforme a la ley; y si perezco, que perezca» (Ester 4:16). En los mismos términos vemos el decreto del rey de Nínive: «por mandato del rey y de sus grandes, diciendo: Hombres y animales, bueyes y ovejas, no gusten cosa alguna; no se les dé alimento, ni beban agua» (Jonás 3:7). También tenemos el ejemplo de un profeta, enviado por Dios a Betel: «Porque así me está ordenado por palabra de Jehová, diciendo: No comas pan, ni bebas agua» (1 Reyes 13:9). En el Nuevo Testamento vemos que el ayuno de Pablo, después de su conversión, fue también absoluto: «donde estuvo tres días sin ver, y no comió ni bebió» (Hechos 9:9).

No solemos encontrar, ni en los relatos bíblicos ni entre quienes practican el ayuno total, períodos superiores a tres días. El cuerpo humano, compuesto en gran parte por agua, la necesita para sobrevivir, por lo que una deshidratación intensa y prolongada puede provocar graves daños físicos.

Sin embargo, existen excepciones tanto bíblicas como históricas que clasifico como ayuno sobrenatural, de las que me ocuparé por separado.

Ayuno normal

La Palabra de Dios, al hablar del ayuno de Jesús, revela que «Y no comió nada en aquellos días, pasados los cuales, tuvo hambre» (Lucas 4:2). Nótense las expresiones «no comió nada» y «tuvo hambre». A diferencia de los relatos bíblicos del ayuno absoluto, no se menciona que Cristo «no bebió» ni que «tuvo sed».

La manera de distinguir, en la Biblia, si el ayuno es total, sin agua, o normal, con agua, es observando la propia descripción. Cuando, en realidad, no había ingesta de agua, los escritos mencionan tal nivel de abstinencia; vea el ejemplo de Esdras: «Se levantó luego Esdras de delante de la casa de Dios, y se fue a la cámara de Johanán hijo de Eliasib; he ido allá, no comió pan ni bebió agua, porque se entristeció a causa del pecado de los del cautiverio» (Esdras 10:6).

Sin embargo, cuando la Biblia no detalla esta especificidad es porque se ingirió agua. El juramento de Saúl en la batalla contra los filisteos es prueba de ello:

> Pero los hombres de Israel fueron puestos en apuro aquel día; porque Saúl había juramentado al pueblo, diciendo: Cualquiera que coma pan antes de caer la noche, antes que haya tomado venganza de mis enemigos, sea maldito. Y todo el pueblo no había probado pan. (1 Samuel 14:24)

En definitiva, el ayuno normal es la abstinencia de todo tipo de alimentos, pero sin privación de agua, diferenciándolo así del ayuno total.

Ayuno parcial

El ayuno parcial, a su vez, es la abstinencia de determinado tipo de alimentos, pero no de todos. Permite la ingesta de líquidos, no solo agua, además de alimentos de los que la persona en ayunas no ha tenido intención de privarse.

El ejemplo más claro de este tipo de ayuno lo realizó Daniel, lo que ha llevado a muchos a utilizar las expresiones «ayuno de Daniel» y «ayuno según Daniel» como referencia al ayuno parcial.

> En aquellos días yo Daniel estuve afligido por espacio de tres semanas. No comí manjar delicado, ni entró en mi boca carne ni vino, ni me ungí con ungüento, hasta que se cumplieron las tres semanas. (Daniel 10:2-3)

Obviamente, Daniel no estaba a dieta; sí, a veces noto que algunas personas trivializan el ayuno del profeta de esta manera. Los ayunos se realizan con fines espirituales, incluidos los parciales. Un ángel de Dios le habló a Daniel al final de ese ayuno y le dijo que el profeta «dispusiste tu corazón a entender y a humillarte en la presencia de tu Dios» (Daniel 10:12), una clara aprobación del acto.

Que Daniel tenía la costumbre de ayunar lo atestigua el capítulo anterior: «Y volví mi rostro a Dios el Señor, buscándole en oración y ruego, en ayuno, cilicio y ceniza» (Daniel 9:3). Este ayuno tuvo lugar «en el año primero de Darío» (Daniel 9:1), mientras que el registrado en el capítulo diez, que acabamos de citar, se refiere al «año tercero de Ciro» (Daniel 10:1). El caso es que Daniel ayunó y, aparentemente, no solo de forma parcial, a pesar de ser un ícono de esta forma específica de ayuno.

Algunos, al tratar de definir el ayuno de Daniel, mezclan los relatos del primer capítulo con los del décimo; este último describe un ayuno parcial, mientras que el primero, una restricción dietética continua que también conlleva propósitos espirituales. Explicando mejor, el capítulo diez narra y especifica un episodio de ayuno parcial realizado por Daniel, en el que no comió nada sabroso ni probó carne ni vino durante tres semanas. El primer capítulo cuenta otra historia, con lecciones importantes a considerar:

> Y Daniel propuso en su corazón no contaminarse con la porción de la comida del rey, ni con el vino que él bebía; pidió, por tanto, al jefe de los eunucos que no se le obligase a contaminarse. Y puso Dios a Daniel en gracia y en buena voluntad con el jefe de los eunucos; y dijo el jefe de los eunucos a Daniel: Temo a mi señor el rey, que señaló vuestra comida y vuestra bebida; pues luego que él vea vuestros rostros más pálidos que los de los muchachos que son semejantes a vosotros, condenaréis para con el rey mi cabeza. Entonces dijo Daniel a Melsar, que estaba puesto por el jefe de los eunucos sobre Daniel, Ananías, Misael y Azarías: Te ruego que hagas la prueba con tus siervos por diez días, y nos den legumbres a comer, y agua a beber. Compara luego nuestros rostros con los rostros de los muchachos que comen de la ración de la comida del rey, y haz después con tus siervos según veas. Consintió, pues, con ellos en esto, y probó con ellos diez días. Y al cabo de los diez días pareció el rostro de ellos mejor y más robusto que el de

> los otros muchachos que comían de la porción de la comida del rey. Así, pues, Melsar se llevaba la porción de la comida de ellos y el vino que habían de beber, y les daba legumbres. (Daniel 1:8-16)

Los judíos debían observar, según lo determinaba la ley mosaica, restricciones en varios tipos de alimentos (Levítico 11:1-47). La decisión de Daniel de «no contaminarse» con los manjares del rey fue, por tanto, más que una opción de alimentación saludable, como algunos afirman. Vale recordar que, en aquella época, no tenían alimentos procesados o industrializados. La elección del profeta se basó en valores espirituales, aunque no fue un ayuno como tal.

¿Qué lecciones encontramos entonces? Si aspiramos a una cultura del ayuno, debemos practicar el ayuno regularmente como Daniel, pero también podemos vivir una «vida de ayuno» como la suya. La vida en ayunas es un estilo a adoptar como rutina, con abstenciones intencionadas: puede incluir un patrón de control sobre la cantidad y calidad de los alimentos que ingerimos, por ejemplo, además de cierto tipo de dietas o restricciones a llevar a cabo por períodos específicos y, aún más prolongados. Juan el Bautista, además de las restricciones de su nazareato, tenía un patrón alimentario diferente:

> En aquellos días vino Juan el Bautista predicando en el desierto de Judea, y diciendo: Arrepentíos, porque el reino de los cielos se ha acercado. Pues este es aquel de quien habló el profeta Isaías, cuando dijo: Voz del que clama en el desierto: Preparad el camino del Señor, enderezad sus sendas. Y Juan estaba vestido de pelo de camello, y tenía un cinto de cuero alrededor de sus lomos; y su comida era langostas y miel silvestre. Y salía a él Jerusalén, y toda Judea, y toda la provincia de alrededor del Jordán, y eran bautizados por él en el Jordán, confesando sus pecados. (Mateo 3:1-6)

He visto gente tratando de explicar la dieta de Juan Bautista[5] como si, en el desierto de Judea, no hubiera diferentes opciones alimentarias. Eso no es verdad. Juan estaba cerca del resto de la civilización. Prueba de ello es que «los habitantes de Jerusalén, de toda Judea y de toda la región alrededor del Jordán fueron adonde él estaba». Si el acceso de la gente de la región a Juan fue fácil, lo contrario también es cierto. La Biblia dice que vestía diferente, pero no relaciona esto con la falta de opciones de vestimenta. De manera similar, no hay otra razón para la dieta de Juan el Bautista que su propia elección: decidió comer de esa manera.

De todos los tipos de ayuno, el ayuno parcial permite la mayor diversidad. Alguien puede permanecer en ayuno intermitente durante días, saltándose, por ejemplo, un determinado número de comidas. Otros pueden no reducir el número de comidas, pero incluir la privación de ciertos alimentos. Es posible pasar días tomando solo jugos de frutas y caldos de verduras. Como he dicho repetidamente, cada persona determina su propio tipo de ayuno o sigue una dirección personalizada del Espíritu Santo. Además, a los ayunos regulares, como el de Daniel y Juan el Bautista, es posible añadir la *vida de ayuno*: se trata de una rutina de abstención parcial de alimentos con claros beneficios para el cuerpo y el espíritu.

El ayuno parcial es probablemente la mejor manera de empezar a ayunar. También puede servir, como veremos más adelante, como preparación para los votos prolongados.

Ayuno sobrenatural

El ayuno sobrenatural, del que acabamos de hablar, no es solo una sugerencia mía en la lista de diferentes formas de ayunar, sino una

5. Russel Champlin comenta: «Varios escritores antiguos coinciden en que los pobres comían saltamontes, por lo que no se puede aceptar la interpretación de que eran saltamontes simbólicos, como dicen algunos, afirmando que se refiere a un tipo de planta o algo con nombre similar. (Ver Levítico 11:22; Plinio ii.29, vi.30.) La referencia en Levítico muestra que varios tipos, quizás tres o cuatro, se usaban como alimento. También leemos que se vendían langostas en los mercados de países como Arabia» (*El Nuevo Testamento interpretado versículo por versículo*, vol. 1, p. 281).

observación bíblica. Moisés, por ejemplo, también se abstuvo de beber agua durante cuarenta días:

> Y él estuvo allí con Jehová cuarenta días y cuarenta noches; no comió pan, ni bebió agua; y escribió en tablas las palabras del pacto, los diez mandamientos. (Éxodo 34:28)

El cuerpo humano no puede sobrevivir, en condiciones naturales, durante tanto tiempo sin agua. Vimos que, por regla general, los ayunos bíblicos con abstinencia de agua duran como máximo tres días, como en los casos de Jonás, Ester y Pablo en su conversión. Con Moisés fue diferente: realmente no bebió nada durante su prolongado ayuno. Estuvo sumergido en la presencia y gloria divina durante cuarenta días. Por lo tanto, se infiere un evento milagroso, sobrenatural.

No es el caso de Jesús que, aunque ayunó durante el mismo tiempo, «no comió nada en aquellos días, pasados los cuales, tuvo hambre» (Lucas 4:2). Como ya hemos señalado, a diferencia de todos los demás relatos bíblicos, no se menciona «no bebió» ni «tuvo sed». Con respecto al ayuno de Jesús, incluido el agua potable, se presenta el siguiente argumento en la *Biblia de Estudio Pentecostal*:

> «Puede indicar que Cristo se abstuvo de comida, pero no de agua. Abstenerse de agua durante cuarenta días requiere un milagro. Puesto que Cristo tuvo que enfrentar la tentación, como representante del hombre no pudo emplear otro medio para vencerla que el de un hombre lleno del Espíritu Santo».[6]

Además, no podemos decir que Cristo ayunó durante cuarenta días como Dios; lo hizo como el hombre. Jesús dijo: «El que en mí cree, las obras que yo hago, él las hará también; y aun mayores hará» (Juan 14:12), y esto incluye tanto sus milagros como su ayuno.

6. *Biblia de Estudio Pentecostal*, p. 1390.

También vale la pena mencionar la experiencia de Elías, que muchos no consideran que haya sido un ayuno. Sin embargo, aunque no fue un ayuno convencional, debemos coincidir en que es otro ejemplo de alguien que, sobrenaturalmente, no comió durante cuarenta días. Examinemos la narrativa bíblica:

> Y echándose debajo del enebro, se quedó dormido; y he aquí luego un ángel le tocó, y le dijo: Levántate, come. Entonces él miró, y he aquí a su cabecera una torta cocida sobre las ascuas, y una vasija de agua; y comió y bebió, y volvió a dormirse. Y volviendo el ángel de Jehová la segunda vez, lo tocó, diciendo: Levántate y come, porque largo camino te resta. Se levantó, pues, y comió y bebió; y fortalecido con aquella comida caminó cuarenta días y cuarenta noches hasta Horeb, el monte de Dios. (1 Reyes 19:5-8)

Elías fue alimentado sobrenaturalmente. El ángel que le sirvió y le ordenó volver a comer le dio la razón: «Levántate y come, porque largo camino te resta». La siguiente información enfatiza el resultado de aquella comida: «fortalecido con aquella comida caminó cuarenta días y cuarenta noches hasta Horeb, el monte de Dios». Algunos pueden argumentar que la comida era un tónico, pero que el profeta pudo haber comido otras veces a lo largo del camino. Las Escrituras, sin embargo, señalan que el viaje de cuarenta días y noches se hizo con la fuerza de ese alimento, no de otros. No creo que fuera un alimento natural, sino espiritual.

Mencioné anteriormente la experiencia de Robert Thom, quien fue alimentado sobrenaturalmente para poder completar el ayuno que el Señor le ordenó hacer. Tengo un amigo, el pastor Gustavo Bessa, que decidió ayunar durante cuarenta días, bebiendo solo agua. Soñó, en el día 38 del ayuno, que un ángel le servía comida. Despertó sintiéndose extraordinariamente fortalecido y, a diferencia de lo ocurrido con Robert Thom, estaba profundamente convencido de que el tiempo de ayuno ya había terminado. Otro factor sirvió como señal de que aquella comida había sido más que un simple sueño: fue al baño y defecó. Cualquiera que ayuna durante mucho tiempo sabe que, pasado un cierto período, no queda nada en el intestino que pueda ser expulsado hasta que se vuelve a consumir algo.

Un ejemplo contemporáneo de ayuno sobrenatural lo experimentó el hermano Yun, un conocido predicador chino con extraordinarios testimonios de intervención divina. Tuve el privilegio de verlo varias veces, tanto en Alemania, donde vive, como también en Brasil, donde lo recibí personalmente. Exuda pasión por el Señor de una manera impresionante y difícil de describir. El hermano Yun comparte en su libro *El hombre en el cielo* que, en una ocasión, mientras estaba prisionero en China por predicar el evangelio, ayunó durante setenta y cuatro días, sin comer ni beber. No hay otra explicación para este ayuno, que duró del 25 de enero al 7 de abril de 1984, aparte de que hubo una intervención sobrenatural.[7] El cuerpo humano simplemente no es capaz de sobrevivir tanto tiempo sin beber agua; solo Dios es capaz de alterar este curso natural. Los resultados también se revelaron sobrenaturales: muchos prisioneros se convirtieron como resultado de presenciar el sustento divino del cuerpo de Yun.

Duración

¿Cuánto tiempo debe durar un ayuno? Una vez más, la Biblia no establece reglas al respecto. Cada uno es libre de elegir cuándo, cómo y cuánto ayunar. Sin embargo, es posible encontrar ejemplos de ayunos de diferentes duraciones en las Escrituras. No determinan necesariamente la duración de nuestro ayuno, pero amplían nuestra perspectiva, especialmente en lo que respecta a la posibilidad de ayunar por períodos más prolongados.

- **Un período del día.** Josué se postró, rostro en tierra, ante el Señor, después de la derrota en Hai, hasta la tarde (expresión que indicaba el final del día). Aunque el texto no hace

7. YUN, Irmão & HATTAWAY, Paul. *El hombre en el cielo*, p. 120.

explícito el ayuno, el hecho de que permaneciera con el rostro en el suelo, sin ninguna otra actividad, sugiere que hubo ayuno (Josué 7:6). Otro ejemplo se refiere a los israelitas, cuando entraron en guerra civil con los benjamitas: «Entonces subieron todos los hijos de Israel, y todo el pueblo, y vinieron a la casa de Dios; y lloraron, y se sentaron allí en presencia de Jehová, y ayunaron aquel día hasta la noche» (Jueces 20:26). Un tercer ejemplo es el duelo de David por la muerte de Saúl y Jonatán: «Y lloraron y lamentaron y ayunaron hasta la noche, por Saúl y por Jonatán su hijo, por el pueblo de Jehová y por la casa de Israel, porque habían caído a filo de espada» (2 Samuel 1:12). Algunos especulan que la expresión «hasta la noche» significa el ciclo diurno completo de los hebreos y no es solo una parte del día; sin embargo, tanto en el caso de Josué como de David, el ayuno se decidió improvisadamente, durante todo el día, después la noticia recibida, esto implica un ayuno de menos de veinticuatro horas.

- **Un día.** El ayuno del Día de la Expiación, como ya hemos visto, tuvo lugar en un día consagrado al Señor y se practicó durante veinticuatro horas (Levítico 16:29-31).
- **Tres días.** Tanto el ayuno de Ester (Ester 4:16) como el de Pablo (Hechos 9:9) fueron de esta duración.
- **Siete días.** Ejemplos de ayunos de una semana incluyen el de los residentes de Jabes-Galaad, de luto, con motivo de la muerte de Saúl (1 Samuel 31:13), y el de David, cuando intercedió por el hijo engendrado por Betsabé (2 Samuel 12:15-18).
- **Catorce días.** El ayuno involuntario de Pablo y de quienes estaban con él en el barco duró dos semanas, en medio de una gran tormenta (Hechos 27:33).
- **Veintiún días.** El ayuno de Daniel, a favor de Jerusalén, duró tres semanas completas (Daniel 10:3).
- **Cuarenta días.** Ejemplos de ayuno de cuarenta días, el período más largo que se encuentra en la Biblia, son el de Moisés (Éxodo 34:28) y el del Señor Jesús, en el desierto (Lucas 4:1-2).

Acerca de los votos

Quiero subrayar cuántas personas cometen errores al hacer votos relacionados con la duración del ayuno. Excepto en el caso de ayunos menores, no aconsejo a nadie que haga ningún voto sobre la duración del ayuno. De esta manera, no tendrá que cumplir con el voto en caso de que algo se salga de control. Tras los primeros días de desintoxicación, durante el ayuno prolongado, la sensación de bienestar es impresionante; sin embargo, si alguien enferma, es recomendable romper el ayuno. No se trata de darse por vencido, sino de incapacidad para continuar. Esto es diferente, por supuesto, a comer solo porque te apetece.

Sin embargo, al hacer un voto, sigue el consejo bíblico: «Cuando a Dios haces promesa, no tardes en cumplirla; porque él no se complace en los insensatos. Cumple lo que prometes. Mejor es que no prometas, y no que prometas y no cumplas» (Eclesiastés 5:4-5).

Es importante que exista en el corazón una intención y un objetivo con respecto a la duración del ayuno, pero nadie necesariamente necesita convertir esto en un voto. Probé ayunos prolongados y, a mitad de camino, me vi obligado a romperlos, como también en otro momento comencé a ayunar sin intención de prolongarlo, pero terminó sucediendo, a pesar de que no había hecho planes para hacerlo. Hago hincapié en que me estoy centrando en ayunos más largos y prolongados, de una semana o más. En ayunos más pequeños o parciales creo que es diferente: hay más posibilidades de llegar al final sin complicaciones.

Reitero: sobre todo, los criterios son personales. Hacer o no un voto de durar el ayuno es algo que cabe a cada uno. Aun así, siempre es bueno tener cuidado con los votos, ya que el consejo bíblico es que nunca deben romperse.

10

Ayuno prolongado

> «La promesa de la llegada de un avivamiento trae consigo una condición [...] millones de cristianos necesitan, ante todo, humillarse y buscar el rostro de Dios con el ayuno y la oración».
>
> **BILL BRIGHT**[1]

«¿Cuál es la diferencia entre ayunos cortos y largos?», alguien me preguntó. Respondí sonriendo: «su duración». Me refería al hecho de que, para alguien que vive una cultura de ayuno, practicándolo con frecuencia, incluso por períodos más cortos, no habrá ningún perjuicio en los resultados; no dejará de experimentarlos si nunca hace un ayuno prolongado. Esta cultura estuvo presente en la vida de Ana, la profetisa. Las Escrituras atestiguan: «y no se apartaba del templo, sirviendo de noche y de día con ayunos y oraciones» (Lucas 2:37).

Por otra parte, es justo ampliar mi respuesta incluyendo otro aspecto: la «intensidad». Los ayunos prolongados parecen ser, en la práctica, una medida de shock, algo tan extremo que el cuerpo y el alma de quien ayuna también sienten la diferencia, y no solo su espíritu. Quedé impresionado cuando, en 2009, visité la Montaña de Oración de la Iglesia del Evangelio Completo (Asamblea de Dios) en Yoido, Corea del Sur. El fallecido pastor

1. Citado por: ENGLE, Lou; BRIGGS, Dean. *El ayuno de Jesús*, p. 21.

David Young Cho, responsable del proyecto, fue uno de los grandes promotores de una cultura de oración y ayuno en nuestro tiempo. Lo que me llamó la atención en ese lugar, además de la intensidad de las oraciones que presencié, fueron los carteles de advertencia repartidos por todo el lugar: «Está prohibido ayunar más de cuarenta días».

Mi reacción fue pensar: «¿Qué? ¡¿Cómo es eso?!» Había ayunado durante veintiún días y, hasta entonces, no conocía a mucha gente que ayunara durante mucho tiempo. De repente, me encuentro con un lugar donde la cultura del ayuno era tan fuerte que a los creyentes se les prohibía exceder el límite de duración del ayuno practicado por Jesús. ¡Guau! Eso realmente me molestó. Por supuesto, no estoy sugiriendo que todo el mundo deba hacer ayunos prolongados, ¡pero estoy seguro de que más personas deberían hacerlo!

Creo que no es ideal comenzar con los períodos más amplios, excepto bajo dirección divina. La práctica nos enseña mucho sobre las reacciones de nuestro cuerpo y nuestros límites. El período más largo de ayuno (sin comer ningún tipo de alimento) mencionado en las Escrituras es de cuarenta días. Sin embargo, esto no significa que sea una restricción bíblica de tiempo. Para las personas que llevan una vida normal y sana, parece ser una especie de límite de las reservas de grasa, como probablemente fue el caso de Jesús cuando tuvo hambre (Mateo 4:2): su cuerpo había llegado a ese límite. Hay que considerar, sin embargo, que nuestro Señor mantenía una alimentación saludable (así se considera la dieta mediterránea, además de no comer nada procesado ni industrializado) y caminaba mucho; muchísimo. La suma de los factores nos da la impresión de que era un hombre delgado.

Al final de mi primer ayuno de cuarenta días, bebiendo solo agua, no sentí hambre. Terminé dentro de este período porque era la dirección que recibí del Señor, pero tenía la sensación de que podía haber llegado más lejos, sin problemas. La diferencia entre la reacción de mi cuerpo y la de Jesús es simple: la reserva de grasa.

Comencé el ayuno con unos «michelines» alrededor de mi cintura que nuestro Señor ciertamente no tenía.

Incluso hay un caso que es considerado récord mundial, registrado en el Libro Guinness de 1971: 382 días sin comer[2]. Angus Barbieri, un escocés de veintisiete años y un peso de más de 200 kilos, se sometió a un ayuno prolongado, bajo supervisión médica del Departamento de Medicina de la Universidad Royal Infirmary de Dundee, en Escocia. Los médicos lo sometieron a cuarenta días de ayuno, con la intención de ayudarlo a perder peso. Sin embargo, no esperaban que pudiera mantener el ayuno por mucho más tiempo. Decidido a alcanzar su peso ideal, Barbieri continuó el ayuno, asumiendo los riesgos conocidos de no comer durante tanto tiempo. Para sorpresa de los médicos, continuó su vida con normalidad, acudiendo al hospital para controles periódicos. Los análisis de sangre periódicos mostraron que el joven tenía hipoglucemia, un nivel muy bajo de azúcar en la sangre, prueba de que no mentía y seguía ayunando. Las semanas se convirtieron en meses. Barbieri tomó vitaminas y otros suplementos en varias ocasiones. También se le permitió beber café, té y agua carbonatada. Al cabo de 382 días, el escocés había alcanzado su objetivo de peso, unos ochenta kilos. Cinco años después, se comprobó que lograba mantener su peso, pesando aún menos de noventa kilos.[3]

No presento este informe como una forma de apoyo a un tipo extremo de «dieta de hambre» (esta es la clasificación dada a dicho tratamiento y no tiene nada que ver con el ayuno bíblico que discutimos). La razón para mencionarlo, aunque no es un ayuno con fines espirituales, es para mostrar que los ayunos prolongados, para personas sanas, especialmente aquellas que ya tienen una práctica regular de este tipo de abstinencia, no son tan inalcanzables.

---

2. STEWART, W. K.; FLEMING, L.W. «Features of successful therapeutic fast of 382 day's duration». *Postgraduate Medical Journal.* 1973 mar; 49 (569):203-09.

3. Disponible: https://conhecimentocientifico.com/historia-verdadeira-de-um-homem-que-sobreviveu-382-dias-sem-qualquer-alimento/. Consultado en abril de 2022.

No es imposible

Tengo muchos amigos que han ayunado durante cuarenta días solo con agua. Hay consenso: no es tan aterrador ni tan complicado como parece.

Mi primer ayuno me dejó aprensivo; a pesar de la confianza de haber recibido la guía divina y de haber practicado ya muchos ayunos prolongados (de dos y tres semanas), surgía la pregunta: «¿Cómo responderá mi cuerpo a cuarenta días sin comer?». ¡Mi esposa intercedió firmemente por mí como nunca antes durante todo el período! La segunda vez no tuvimos miedo. Algo había cambiado, el tema se había desmitificado en nuestras mentes. ¡Es posible!

Ustedes, que todavía no tienen el hábito de ayunar, no tomen de mi historia una orden o incentivo de que, a partir de mañana, ayunen durante cuarenta días. Seré repetitivo al expresar este cuidado. Lo ideal es empezar poco a poco y con cautela, experimentando un avance progresivo, conociendo así los límites del propio cuerpo. Desde otro punto de vista, pensando en construir una visión de largo plazo, siento que debo ayudarlos a comprender y aceptar que no es imposible; de hecho, tampoco es muy difícil.

Mahesh Chavda, pastor de Charlotte, Carolina del Norte, Estados Unidos, es uno de los más grandes ayunadores que he conocido. Él comparte algunas verdades que creo que son importantes cuando se trata de ayunar por períodos de tiempo más prolongados. La primera lección tiene que ver con el liderazgo del Espíritu Santo; seguir la dirección divina es mejor (y más seguro) que simplemente imitar a los demás. El segundo principio se refiere a la progresividad; es decir, aumentando la duración con el tiempo a medida que practicas más y más ayunos. Esto le permite conocer mejor su cuerpo y comprender las respuestas a los diferentes períodos de abstinencia. La tercera verdad resalta un elemento del que veo que poca gente habla: comprender la manifestación de la gracia para esta práctica. Tenga en cuenta su testimonio:

> En 1971 comencé a hacer ayunos de un día. En 1972, comencé a hacer ayunos de tres días durante varias semanas y luego

hice ayunos de siete y catorce días. En 1973, ayuné varios días de siete, catorce y veintiún días, según las instrucciones del Señor. Durante este tiempo, el Señor me estuvo enseñando «el ritmo de la gracia» que ocurre cuando nos sometemos a Su liderazgo. El ayuno es un empoderamiento significativo que mejora los efectos de «descansar» en el Señor. No debería ser un yugo pesado. Al iniciar este viaje, te animo a encontrar la «cadencia de la gracia» equilibrada con la humildad, la sabiduría y la obediencia de tu alma. Si estás embarazada, amamantando o en tratamiento médico, te recomiendo que consultes con tu médico antes de empezar a ayunar.

En 1974, yo estaba pastoreando una iglesia en Levelland, Texas, cuando el Señor me habló: «Empiece a ayunar durante cuarenta días». Ayuné durante cuarenta días y, en su mayor parte, encontré gracia. Al año siguiente, nuevamente, se me ocurrió ayunar durante cuarenta días y varios ayunos de catorce y veintiún días. Bonnie y yo nos casamos en 1976, y fue ese año que el Señor me dijo: «Ahora comienza dos ayunos de cuarenta días». Después de eso, durante muchos años seguí dos ayunos de cuarenta días al año y al menos dos ayunos de veintiún días.

Seguí este patrón de dos ayunos de cuarenta días por año hasta 1988, con ayunos adicionales de diferentes duraciones según me guiaba el Espíritu. En 1989, me animé a hacer solo un ayuno de cuarenta días. En total, el Espíritu Santo me guio a hacer treinta ayunos separados de cuarenta días. Durante los primeros diecinueve ayunos, me permití beber solo agua. Después el Señor me permitió empezar a tomar jugos. En total, durante ese período crucial de mi vida y ministerio, ayuné ciento veinte días al año.[4]

Chavda comprende la particular naturaleza del llamado al ayuno que recibió, especialmente en cuanto a su intensidad; el Señor lo preparó, durante muchos años, para seguir un camino

4. CHAVDA, Mahesh. *El poder secreto de la oración y el ayuno*, p. 16-18.

de práctica intensa de esta disciplina espiritual, para que también pudiera enseñar sobre el tema con autoridad. Sin embargo, sabiamente no impone la norma a nadie. Aunque se ha convertido en referente e inspiración para muchos, señala:

> Quizás Dios nunca le pida que ayunes cuarenta días; pero si le pide, puede hacerlo, por su gracia. Una cosa es cierta e indudable: como miembros privados de la Iglesia de Jesucristo, Dios desea que cada uno de nosotros observe un cierto número de ayunos disciplinados en nuestra vida. Es una parte indispensable de nuestras vidas como miembros de la viña fructífera y esposa gloriosa del Señor, y el estilo de vida de nuestro mayor modelo: Jesucristo.[5]

Un poco más tarde, en su libro, Mahesh vuelve a abordar el tema:

> No es necesario hacer ayunos dramáticamente largos para obtener los beneficios del ayuno y la guerra espiritual. El punto principal no es la duración del ayuno, sino su sumisión a su liderazgo [de Dios].[6]

Explica además la naturaleza de su llamado personal a tantos ayunos prolongados:

> Me di cuenta de que Dios siempre levanta a ciertos hombres y mujeres para que experimenten ciertas verdades al extremo para que puedan hablar y ministrar a otros con autoridad comprobada. Eso es lo que me pasó. Dios me liberó para ministrar con autoridad en relación con el ayuno y la oración, pero solo después de haber pasado silenciosamente por muchos ayunos prolongados durante dos décadas y con algún costo para mí y toda mi familia. Dios no está interesado en enseñar «teoría»

5. CHAVDA, Mahesh. *El poder secreto de la oración y el ayuno*, p. 19.
6. *Ibid.*, p. 28.

> sino más bien en comunicar verdades espirituales basadas en una sólida experiencia personal y la aplicación de Su Palabra.[7]

Otra persona que me inspiró mucho con sus ayunos prolongados, incluso antes de conocer la literatura de Chavda, fue Valnice Milhomens, tanto por su enseñanza como por su ejemplo de muchos ayunos prolongados. También tuve el honor de tener a otras personas cerca de mí como inspiración, incluido el pastor Francisco Gonçalves, quien fue mi mentor al inicio de mi ministerio y luego, durante poco más de una década, sirvió como parte del equipo pastoral que lideraba en nuestra iglesia, en Curitiba (PR). Sirvió con nosotros hasta que fue llevado a su hogar celestial en diciembre de 2020. Lo escuché hablar de ello y, en algunos casos, también fui testigo de ayunos que hizo de treinta y cuarenta días, y fueron muchos a lo largo de su caminar con Dios. Fue un gran hombre de oración y ayuno. De él recibí muchos consejos prácticos, especialmente en relación con la preparación para el ayuno, que abordaré en el próximo capítulo.

Todas estas personas desempeñaron un papel importante al inspirarme sobre el ayuno prolongado. Otras dos personas, sin embargo, fueron utilizadas por Dios para hacerme creer que este tipo de ayuno prolongado no estaba tan lejos. Creo que era porque eran amigos, personas cercanas, a quienes miraba sin la fantasía que muchas veces creamos sobre otros hombres y mujeres de Dios, como si estuvieran dotados de una capacidad de buscar al Señor que la mayoría de nosotros no tenemos. El primero fue el pastor Alberto Macedo, quien ayunó durante cuarenta días bebiendo únicamente agua y un poco de jugo de naranja. El segundo fue el pastor Marcelo Toschi, quien me animó mucho contándome cómo fueron sus primeros ayunos largos. Le pedí a Marcelo que escribiera una versión resumida de su experiencia; aquí está su testimonio:

> Un pastor muy cercano me habló del ayuno de cuarenta días de agua únicamente que había realizado un miembro de su

7. *Ibid.*, p. 28.

equipo pastoral. Confieso que pequé porque dudaba que fuera posible. En ese momento yo estaba muy cerrado en mi religiosidad y tradicionalismo. Creía que solo Jesús era capaz de hacer este tipo de ayuno.

En 2012 visité Corea del Sur y pude ver las iglesias más grandes de Seúl. Lo que más me impactó fue observar la vida de oración y las prácticas de ayuno de las iglesias. En ese momento, ya estaba en una ferviente búsqueda de avivamiento personal. Cuando regresé a Brasil comencé, con más fervor, a buscar al Señor en las oraciones de la mañana. Sin embargo, hasta entonces nunca había hecho ningún tipo de ayuno. Un pensamiento, sin embargo, empezó a inundar mi mente: «cuarenta días con solo agua, cuarenta días de ayuno…». Fue tan fuerte que comencé a pensar que tenía un problema.

Una mañana de oración con mi equipo pastoral, escuché al Espíritu de Dios decirme que debía comenzar a ayunar en ese momento. Tenía miedo, pero como lo tenía tan claro no tuve dudas, aunque cuestioné si me había vuelto loco. Incluso tenía miedo de decirle a mi esposa cuánto tiempo iba a ayunar. Cuando me llamaba para comer, yo solo decía que estaba ayunando, hasta que al tercer día me preguntó cuántos días serían. Intenté ocultarlo, pero no hubo manera; con mucho miedo admití que serían cuarenta días. Para mi sorpresa, ella simplemente dijo: «Está bien». Cuando ella me respondió así, pensé: «Está bien, ahora mi esposa y yo estamos locos».

Podría seguir páginas y páginas contando lo que me pasó en esos cuarenta días, pero simplifico al dar fe de que fue una experiencia que transformó mi vida, mi ministerio y mi familia.

Posteriormente, fui guiado por el Espíritu Santo a hacer otros tres ayunos de cuarenta días, bebiendo solo agua, y reconozco que todos fueron únicos, con propósitos específicos y llenos de experiencias sobrenaturales y extraordinarias.

Cuando llegó el momento de finalizar mi tercer ayuno, comencé a llorar porque no quería comer. De las cuatro veces que ayuné durante mucho tiempo, la tercera vez fue en la que tuve experiencias más íntimas con el amado Espíritu Santo. Llamé al pastor Domingos Jardim, quien me discipula, y le dije que haría sesenta días; pero me obligó a terminar y comer, lo cual, de hecho, era lo correcto, pero lo hice entre lágrimas...

Alentados por mi experiencia, muchos pastores de mi equipo y miembros de mi iglesia también han realizado ayunos prolongados. Hoy entiendo la importancia y la necesidad de una vida de ayuno y oración. Puedo decir: ¡ayunar durante cuarenta días es posible!

Quiero aclarar que el propósito de este capítulo no es convencer a nadie de realizar ayunos prolongados; mi objetivo es simplemente romper el paradigma de que es algo imposible, para ayudar a aquellos que serán llamados por Dios a períodos más largos de ayuno.

A pesar de querer animar a más personas, especialmente a los ministros del evangelio, a ayunar con frecuencia y también a adherirse a ayunos prolongados, está claro que esto no aplica para todos ni puede considerarse un certificado de espiritualidad. Si alguien necesitara este sello de autenticación, pocas personas desde los días de Jesús serían consideradas «espirituales», dice Chavda.[8]

La iniciación en la disciplina debe ser moderada y, a medida que nos sintamos bien con la práctica, debe haber una progresión cuidadosa respecto a ayunos más prolongados. El ayuno más común en las Escrituras dura un día. Para los hebreos, el cambio de día, que marcaba el final de un viaje diario y el comienzo de otro, se producía al anochecer. Personalmente me gusta este formato, y es el que más recomiendo a los que empiezan. Cuando se van a dormir, la sensación de hambre no es tan grande; cuando despiertan, lo peor parece haber pasado. No nos exige tanto. Ayunar más tiempo hará que sintamos más intensamente el proceso de desintoxicación, por lo que podrán posponerse una segunda vez. Por ahora, mi objetivo es animarte y afirmarte: «¡Tú puedes ayunar!», solo empieza y avanza poco a poco.

8. CHAVDA, Mahesh. *El poder secreto de la oración y el ayuno*, p. 126.

Fisiológicamente hablando, también está a nuestro alcance. ¿Cómo reacciona el cuerpo al ayuno prolongado? Ya mencioné esto antes, pero registraré una breve explicación del Dr. Jason Fung como recordatorio:

> El cuerpo humano ha desarrollado mecanismos para afrontar ayunos prolongados sin comida. En ausencia de estos, el cuerpo quema grasa para obtener energía y los niveles de azúcar en sangre permanecen en el rango normal, incluso durante un ayuno prolongado, debido a la gluconeogénesis.[9]

Es impresionante la claridad mental y la creatividad que experimentan quienes practican ayunos prolongados. Jason Fung comenta sobre el aspecto fisiológico detrás de este fenómeno:

> Los antiguos griegos creían que el ayuno mejoraba sus capacidades cognitivas. Piensa en la última vez que tuviste una gran cena de Navidad. ¿Te sentiste lleno de energía y mentalmente alerta después? ¿O te sentiste con sueño y un poco atontado? La segunda opción parece más probable. La sangre se desvía al sistema digestivo para manejar la gran afluencia de alimentos, dejando menos sangre disponible para la función cerebral. El ayuno hace lo contrario: deja más sangre para el cerebro.[10]

Principios importantes

Al relatar las experiencias de Mahesh Chavda, cité tres lecciones importantes que podemos extraer. Agregaré una más a la lista (la número cuatro):

1. Siga la dirección del Espíritu Santo.
2. Progresar lentamente en los periodos de ayuno.

---

9. FUNG, Jason. *El código de la obesidad*, p. 115.
10. *Ibid.*, p. 219-220.

3. Comprender la manifestación de la gracia por esta práctica.
4. Observe la motivación del corazón.

Comprender estos principios es, en mi opinión, fundamental para quienes se dedicarán a la práctica de ayunos prolongados.

Liderazgo del Espíritu Santo

La guía del Espíritu Santo es extremadamente importante y necesaria en la vida de un cristiano: «Porque todos los que son guiados por el Espíritu de Dios, estos son hijos de Dios» (Romanos 8:14). Hay ciertos asuntos en los que no tendremos otra fuente de guía que el Espíritu de Dios. Por ejemplo, hay un mandamiento generalizado en las Escrituras de predicar el evangelio a toda criatura (Marcos 16:15) y de hacer discípulos en todas las naciones (Mateo 28:19). Es, evidentemente, un orden colectivo, para todo el Cuerpo de Cristo. No significa, en absoluto, que cada uno de nosotros vaya a todas las naciones o que tengamos acceso a todas las criaturas. Entonces, en un sentido personal, no tenemos una guía bíblica sobre dónde debemos enfocar geográficamente nuestra predicación.

Sabemos, además, que nadie debe hacer planes para cambiar de ciudad sin buscar la voluntad de Dios (Santiago 4:13-15). Esto indica que el Señor tiene planes personalizados para cada uno de nosotros. Encontramos ejemplos bíblicos de este nivel de guía proveniente del Espíritu Santo, a nivel personal. ¿Por qué fue Pedro a predicar a Cesarea, a casa de Cornelio? Por dirección del Espíritu de Dios: «Y mientras Pedro pensaba en la visión, le dijo el Espíritu: He aquí, tres hombres te buscan. Levántate, pues, y desciende y no dudes de ir con ellos, porque yo los he enviado» (Hechos 10:19-20). ¿Por qué Pablo, en lugar de predicar en Asia, fue a Troas? Por la misma razón:

> Y atravesando Frigia y la provincia de Galacia, les fue prohibido por el Espíritu Santo hablar la palabra en Asia; y cuando llegaron a Misia, intentaron ir a Bitinia, pero el Espíritu no se

> lo permitió. Y pasando junto a Misia, descendieron a Troas. Y se le mostró a Pablo una visión de noche: un varón macedonio estaba en pie, rogándole y diciendo: Pasa a Macedonia y ayúdanos. Cuando vio la visión, en seguida procuramos partir para Macedonia, dando por cierto que Dios nos llamaba para que les anunciásemos el evangelio. (Hechos 16:6-10)

Con el ayuno, no es diferente. La Biblia no dice cuánto tiempo ni con qué frecuencia debemos ayunar, pero es extremadamente importante ser sensibles a la dirección del Espíritu Santo. Fue así con Jesús: «Entonces Jesús fue llevado por el Espíritu al desierto, para ser tentado por el diablo. Y después de haber ayunado cuarenta días y cuarenta noches, tuvo hambre» (Mateo 4:1-2). Es cierto que el texto afirma que el liderazgo del Espíritu se centró en llevar a Cristo al desierto para ser tentado, y no necesariamente para ayunar. Por otro lado, ¿por qué suponer que nuestro Señor, como hombre, haría una cosa bajo la dirección del Espíritu Santo y no otra?

He ayunado por períodos más largos bajo la dirección del Espíritu Santo, pero también lo he hecho simplemente porque quería consagrarme más, sin ningún llamado divino para hacerlo. Sin embargo, nunca he ayunado más de veintiún días por elección propia.

Recién hice mi primer ayuno de cuarenta días cuando tenía cuarenta y cinco años, a pesar de haber tenido una cultura de ayuno desde que era adolescente. A los cuarenta y seis años, al año siguiente, en 2019, el Espíritu Santo me llevó a otro ayuno de esa duración. Después disfruté la experiencia al punto que quise hacer uno cada año. Pero, para mi sorpresa, en los años 2020 y 2021, aunque tenía muchas ganas de repetirlo, no sentí el permiso divino en mi espíritu, que es el lugar donde el Espíritu de Dios manifiesta su dirección: «El Espíritu mismo confirma a nuestro espíritu, de que somos hijos de Dios» (Romanos 8:16). A principios de 2022, mientras escribía este libro, recibí el llamado para iniciar dos ayunos prolongados, uno cada seis meses, además de estudiar y escribir sobre el tema como nunca antes lo había hecho.

Después de eso, impactado tanto por la comprensión bíblica recibida como también por las experiencias vividas, le pedí permiso al Señor (y creo que lo recibí), para continuar indefinidamente repitiendo la práctica del ayuno durante 40 días al inicio de cada semestre. Solo desde enero de 2022 hasta mediados de 2024, he tenido la bendición de practicar seis de estos ayunos, sumando ocho hasta ahora.

Creo firmemente que si bien necesitamos el liderazgo del Espíritu Santo en todos los ámbitos de nuestra vida, cuando hablamos de ayuno prolongado, es un requisito. Es primordial, por eso encabeza esta breve lista de principios.

Progresividad

He sido un poco repetitivo en este tema, porque sé que hay personas que, entusiasmadas por las experiencias ajenas de ayunos prolongados, pueden terminar haciendo lo correcto de manera incorrecta. Se recomienda prepararse para el inicio de un ayuno de larga duración, pero tener cuidado al regresar también es un asunto que merece nuestra atención. Entro en el territorio del próximo capítulo «La forma correcta de ayunar», pero diré aquí lo que reforzaré más adelante: es más probable que alguien se sienta mal, o tenga un problema grave, al regresar de un ayuno prolongado que durante el mismo.

Comencé a ayunar por un día, luego dos, tres, cuatro, cinco, seis y finalmente aumenté la duración a siete días. Durante muchos años, no fui más allá del ayuno (solo bebiendo agua) durante una semana. Terminé uno con una sola comida e inmediatamente después, comencé otro que duró una semana más. Con el tiempo, fui aumentando la duración de los ayunos a ocho, nueve, diez, hasta llegar a los catorce días. No fue hasta 2008, veinte años después de una cultura de ayuno, que hice un ayuno de veintiún días. Entonces, en 2018, después de tres décadas de ejercitarme en la práctica, pasé a cuarenta días, y en estos más largos, como ya dije, siempre dependiendo del liderazgo del Espíritu Santo.

No digo que debas respetar esta misma secuencia. Mahesh Chavda comparte que hizo la progresión de uno a cuarenta días en solo cinco años, no treinta como yo. La cuestión no es determinar una fecha límite para el avance, sino simplemente enfatizar la necesidad de que esto suceda.

En mi tercer ayuno de cuarenta días, mientras escribía este libro, decidí hacer un experimento personal: hacer ejercicio físico. Siempre he escuchado que es recomendable conservar la energía durante los ayunos prolongados y evitar el agotamiento por la actividad física. Sin embargo, al estudiar la parte fisiológica del ayuno, me encontré con una afirmación completamente nueva (y, hasta entonces, extraña) para mí. El doctor Jason Fung, respondiendo a la pregunta «¿puedo hacer ejercicio en ayunas?», afirma:

> Por supuesto. No hay ningún motivo para dejar tu rutina de ejercicios. Se recomienda todo tipo de ejercicio, incluido el de resistencia (levantamiento de pesas) y el cardiovascular. Sin embargo, existe una percepción errónea común de que es necesario comer antes de hacer ejercicio para tener «energía» en el cuerpo. Eso no es verdad. El hígado nos proporciona energía a través de la gluconeogénesis. Durante los ayunos más prolongados, los músculos pueden utilizar los ácidos grasos directamente para obtener energía.
>
> Una vez que tus niveles de adrenalina estén altos, el ayuno es el momento ideal para hacer ejercicio. El aumento de la hormona del crecimiento que conlleva el ayuno también puede promover el crecimiento muscular. Estas ventajas llevan a muchos a hacer ejercicio deliberadamente mientras ayunan. Sin embargo, los diabéticos que toman medicamentos deben tomar precauciones especiales porque pueden experimentar niveles bajos de azúcar en la sangre cuando hacen ejercicio en ayunas.[11]

Fung también asegura, comentando la fase de un ayuno de más de tres días, en la que el cuerpo ya ha entrado en cetosis (quema de grasas como fuente de energía):

---

11. FUNG, Jason. *El código de la obesidad*, p. 237-238.

> El cuerpo humano está bien adaptado para afrontar la ausencia de alimentos. Lo que describimos aquí es el proceso por el que pasa el cuerpo para pasar de quemar glucosa (a corto plazo) a quemar grasa (a largo plazo). La grasa es simplemente energía alimentaria almacenada en el cuerpo. En tiempos de escasez de alimentos, los alimentos almacenados (grasa) se queman naturalmente para llenar este vacío. El cuerpo no «quema músculo» para alimentarse hasta que se agotan todas las reservas de grasa.[12]

De hecho, el médico canadiense también aborda, en un apartado específico de mitos sobre el ayuno, el tema de la «quema muscular» con las siguientes palabras:

> Si estos mitos fueran ciertos, ninguno de nosotros estaría vivo hoy. Piense en las consecuencias de quemar músculo para obtener energía. Durante los largos inviernos, había muchos días en los que no había comida disponible. Después del primer episodio, estarías muy débil. Después de varios episodios repetidos, estarías tan débil que no podrías cazar ni recolectar comida. Los humanos nunca habríamos sobrevivido como especie. Una mejor pregunta sería: ¿Por qué el cuerpo humano almacenaría energía en forma de grasa si en su lugar planea quemar proteínas? Por supuesto, la respuesta es que no quema músculo en ausencia de comida. Es solo un mito.
>
> El modo inanición, como se le conoce popularmente, es un monstruo misterioso que parece asustarnos incluso cuando nos saltamos una sola comida. Esto es simplemente absurdo. La degradación del tejido muscular ocurre en niveles extremadamente bajos de grasa corporal (aproximadamente el 4 %), lo que no es una preocupación para la mayoría de las personas. En este punto, no hay más grasa en el cuerpo para movilizar para obtener energía y se consume tejido magro. [...] La grasa se quema primero. Esta situación es similar a ahorrar una gran cantidad de leña, pero en lugar de utilizarla, decides quemar tu sofá. No

12. *Ibid.*, p. 221.

> tiene sentido. ¿Por qué asumimos que nuestros cuerpos son tan tontos? El cuerpo conserva la masa muscular hasta que los depósitos de grasa disminuyen, por lo que no hay otra opción.[13]

Entendí, a través de explicaciones fisiológicas, que la debilidad y los mareos que experimentan muchas personas durante los ayunos prolongados no son una falta de energía sino más bien de economía. Una vez que ingresa a la cetosis, que es el modo de quemar reservas de grasa para obtener energía, el cuerpo está literalmente en modo de supervivencia. El cuerpo percibe un metabolismo más bajo (lo que les ocurre a quienes llevan un tiempo sin comer y, en consecuencia, disminuyen la actividad física) y, al reconocer una baja necesidad de energía, comienza a entregar "dosis más pequeñas" de energía para que las reservas duren más. Es el mismo proceso que vemos en los celulares cuando entran en modo ahorro de batería al tener poca carga. Si la pantalla se ilumina normalmente, la energía se agotará rápidamente; por eso, el teléfono regula una menor entrega de energía para que la batería dure más. El ejercicio físico aumenta el metabolismo y obliga al cuerpo a entregar más energía. Basado en esta información y en conversación con mi médico, decidí y sentí paz orando sobre hacer un «laboratorio» acerca del tema del ejercicio físico mientras ayunaba por un largo tiempo. Había hecho entrenamiento con pesas y cardio (un tipo de entrenamiento aeróbico, que aumenta la frecuencia cardíaca y respiratoria) el segundo y tercer día de ayuno, cuando el cuerpo aún no había entrado en cetosis, con la intención de ayudar con la desintoxicación a través de la sudoración y me sentí muy bien. Me tomé un descanso de unos días y comencé a entrenar nuevamente a partir del noveno día, cuando leí la declaración del Dr. Fung. Entre el 13 de enero y el 13 de febrero del 2022 entrené veintiocho veces. Seguí sintiéndome extraordinariamente bien, con energía y disposición física (antes, durante y después del entrenamiento) como nunca antes me había sentido, ¡ni siquiera cuando entrenaba con los alimentos adecuados antes y después del entrenamiento!

13. *Ibid.*, p. 224-225.

Mientras actualizo esta información, ya he hecho seis períodos de ayuno prolongado, todos con ejercicio físico, y he acompañado a colegas que implementaron la misma práctica y testifican experimentar una energía diferente durante todo el período. Nunca más he tenido debilidad o mareo en los ayunos prolongados, excepto cuando, en dos de esos ayunos, hice pausas intencionales de cuatro a cinco días en los entrenamientos (precisamente para probar la teoría) y, en ambas ocasiones, el cuerpo volvió a presentar signos de debilidad y mareo con el metabolismo lento. Al retomar las actividades físicas, la energía regresó y la sensación de debilidad y mareo desapareció.

No estoy exigiendo esto a nadie, ni diciendo que, entre otras pausas hechas durante el ayuno, el ejercicio físico no pueda ser una de ellas. Son cuestiones que cada uno debe discernir y, sugiero, discutirlas con un médico que pueda acompañar el proceso (como hago siempre durante los ayunos prolongados).

Nuestro enfoque aquí es la importancia de conocer tanto las respuestas como los límites del cuerpo. En otras palabras, el punto en cuestión es que la experiencia, progresivamente, es el medio adecuado para realizar los límites y capacidades personales dentro del ayuno. No sentí el mismo nivel de disposición física en ninguno de mis ayunos anteriores que en este, ejercitándome intensamente, desde el día noveno hasta el cuadragésimo, y solo llegué a esta conclusión a través de la práctica progresiva y las pruebas personales a las que sometí a mi propio cuerpo.

El espaciamiento entre cada avance a períodos más largos de ayuno es una decisión personal. Sin embargo, respetarlo, incluso sin regularidad ni plazos estándar, en mi opinión, es fundamental para progresar sin poner en riesgo la salud.

Gracia para ayunar

Avancé en mi experiencia de manera progresiva y también respondiendo a los impulsos del Espíritu Santo. En todos los ayunos prolongados que he hecho siento algo que, por mi incapacidad para explicar, llamo «gracia para ayunar».

Soy invitado por el Espíritu, no arrastrado a la práctica del ayuno, pero siempre siento que hay una fuerza y una disposición inusuales, más allá de lo normal. Cuando trato de ayunar por mi propia voluntad y no siento que se me comunique esa gracia, me permito preguntarme si debo o no seguir adelante con el ayuno.

El caso es que el Señor quiere que ayunemos y pone a nuestra disposición su favor para que avancemos en esta práctica. Fue esta gracia la que experimentaron quienes vivieron los ayunos sobrenaturales, comentados en el capítulo anterior: Moisés, Elías (si consideramos los cuarenta días de tránsito como un ayuno), así como Robert Thom, Gustavo Bessa y el hermano Yun. Es de esta misma fuente de donde podemos beber, cada uno de nosotros, en el empeño de vivir una cultura del ayuno.

Motivaciones

Aunque, naturalmente, el ayuno no es atractivo, nos puede conmover tal hambre de Dios que acabe resultando tentador.

El corazón del hombre, sin embargo, es engañoso (Jeremías 17:9). Profundizaré las consideraciones sobre este cuidado con motivaciones en el próximo capítulo, pero sepa que lo que hay detrás del ayuno es tan importante como el ayuno mismo, si no más, y Dios ve el interior, no solo nuestro desempeño.

Advertencia necesaria

Al mismo tiempo que necesito animar a quienes no tienen la costumbre de ayunar a que empiecen a hacerlo, así como animar a los que ya lo hacen a que intensifiquen aún más su práctica, necesito, por otro lado, contener algunos que se dejan llevar demasiado, en el nivel emocional, no espiritual. Creo que es mi deber promover el cuidado y la cautela, para que no haya una interpretación de un incentivo insensato.

El ayuno por períodos prolongados requiere, además de la dirección de Dios, cuidados específicos, especialmente en el retorno a la comida. Teniendo esto en cuenta, cierro con otra advertencia de Valnice Milhomens: «Dios no quiere destruirnos. Por eso insistimos en que el ayuno solo se hace cuando hay absoluta convicción de que Dios mismo nos está guiando a hacerlo».[14]

Y agrego: con el debido cuidado de una buena preparación y cautelosa vuelta a la comida.

---

14. COELHO, Valnice Milhomens. *El ayuno y la redención de Brasil*, p. 333.

11

La forma de ayunar

«Dedícate al ayuno y a la oración, pero no demasiado, no sea que con ello te destruyas».

(INÁCIO)[1]

El ayuno tiene formas apropiadas de practicarse. ¿Qué son? Creo que podemos agruparlos en dos grupos: internas y externas. Las formas internas involucran tanto las motivaciones detrás de nuestra decisión de ayunar como las actitudes correctas a mantener mientras ejercitamos esta disciplina espiritual. Las formas externas son de carácter práctico y están relacionadas con cuestiones fisiológicas; cubren cómo nos preparamos para iniciar el ayuno, cómo lo llevamos a cabo y también cómo lo finalizamos. Me ocuparé primero de las formas internas y luego de las externas.

He oído a mucha gente decir que el ayuno puede producir resultados extraordinarios. Desde una perspectiva bíblica y también desde mi propia experiencia, estoy de acuerdo con esta afirmación. Es necesario considerar, sin embargo, «la otra cara de la moneda», ya que es posible ayunar sin obtener resultados.

1. Citado por: PIPER, John. *Hambre de Dios*, p. 141.

Lo correcto de la manera correcta

A menudo repito en mis enseñanzas que no basta con hacer lo correcto; tienes que hacerlo de la manera correcta. Consideremos algunas instrucciones bíblicas que prueban esta verdad.

Tenga en cuenta que si afirmamos que Dios responde las oraciones estamos enfatizando algo que es bíblico y, por lo tanto, verdadero. Sin embargo, la Sagrada Escritura no solo nos enseña sobre la necesidad de orar, sino también sobre cómo orar. En Santiago leemos: «Pedís, y no recibís, porque pedís mal, para gastar en vuestros deleites» (Santiago 4:3). Si hay una «mala petición» que hace que la oración no sea respondida, entonces no basta con preguntar: debemos aprender la forma correcta de hacerlo.

Un hecho similar se aplica a la Cena del Señor. Pablo se refiere a la copa como «la copa de bendición» (1 Corintios 10:16), implicando que hay bendiciones disponibles para nosotros cuando cenamos. Nadie niega que la comunión con el cuerpo y la sangre de nuestro Señor proporciona bendiciones. Sin embargo, el apóstol instruye a los hermanos de Corinto a realizar un autoanálisis antes de comer el pan y beber la copa. ¿El motivo? Es que «cualquiera que comiere este pan o bebiere esta copa del Señor indignamente, será culpado del cuerpo y de la sangre del Señor» (1 Corintios 11:27). Explica, además: «Porque el que come y bebe indignamente, sin discernir el cuerpo del Señor, juicio come y bebe para sí» (1 Corintios 11:29). Por lo tanto, aunque participar de la Cena del Señor es lo correcto para ser bendecido, es necesario hacer lo correcto de la manera correcta. Si lo hacemos de manera incorrecta, el propósito, que es ser bendecido, no se realizará.

Lo mismo ocurre con nuestras ofrendas. Por eso Pablo dio la siguiente instrucción a los hermanos de Corinto: «Cada uno dé como propuso en su corazón: no con tristeza, ni por necesidad, porque Dios ama al dador alegre» (2 Corintios 9:7). El apóstol esperaba que los creyentes contribuyeran, pero de la manera correcta: con alegría. Aunque hoy en día muchos predicadores y maestros de la Palabra no son tan enfáticos en este aspecto de la ofrenda, las Escrituras sí lo son. La Biblia muestra personas, como

Caín y Ananías, que ofrecieron ofrendas al Señor sin ser aceptadas, ya que algo andaba mal en su actitud.

Si es posible hacer lo correcto y lo incorrecto en la oración, al tomar la Cena del Señor y también al ofrecer, pregunto: ¿y el ayuno? Aunque lógicamente es fácil responder que el patrón es el mismo, dejemos que las Escrituras hablen por sí mismas. Los judíos, en los días de Isaías, le hicieron al Señor la siguiente pregunta: «¿Por qué, dicen, ayunamos, y no hiciste caso; humillamos nuestras almas, y no te diste por entendido?» (Isaías 58:3). En otras palabras, la Biblia muestra que es posible ayunar sin lograr resultados. Esto suele suceder cuando haces lo correcto de manera incorrecta, es decir, cuando ayunas de manera inapropiada.

¿Y cuál fue la respuesta divina a la pregunta sobre la falta de resultados en el ayuno? Veamos:

> ¿Por qué, dicen, ayunamos, y no hiciste caso; humillamos nuestras almas, y no te diste por entendido? He aquí que en el día de vuestro ayuno buscáis vuestro propio gusto, y oprimís a todos vuestros trabajadores. He aquí que para contiendas y debates ayunáis y para herir con el puño inicuamente; no ayunéis como hoy, para que vuestra voz sea oída en lo alto. ¿Es tal el ayuno que yo escogí, que de día aflija el hombre su alma, que incline su cabeza como junco, y haga cama de cilicio y de ceniza? ¿Llamaréis esto ayuno, y día agradable a Jehová?
>
> ¿No es más bien el ayuno que yo escogí, desatar las ligaduras de impiedad, soltar las cargas de opresión, y dejar ir libres a los quebrantados, y que rompáis todo yugo? ¿No es que partas tu pan con el hambriento, y a los pobres errantes albergues en casa; que cuando veas al desnudo, lo cubras, y no te escondas de tu hermano? Entonces nacerá tu luz como el alba, y tu salvación se dejará ver pronto; e irá tu justicia delante de ti, y la gloria de Jehová será tu retaguardia.
>
> Entonces invocarás, y te oirá Jehová; clamarás, y dirá él: Heme aquí. Si quitares de en medio de ti el yugo, el dedo amenazador, y el hablar vanidad; y si dieres tu pan al hambriento,

> y saciares al alma afligida, en las tinieblas nacerá tu luz, y tu oscuridad será como el mediodía. Jehová te pastoreará siempre, y en las sequías saciará tu alma, y dará vigor a tus huesos; y serás como huerto de riego, y como manantial de aguas, cuyas aguas nunca faltan. Y los tuyos edificarán las ruinas antiguas; los cimientos de generación y generación levantarás, y serás llamado reparador de portillos, restaurador de calzadas para habitar.
>
> Si retrajeres del día de reposo tu pie, de hacer tu voluntad en mi día santo, y lo llamares delicia, santo, glorioso de Jehová; y lo venerares, no andando en tus propios caminos, ni buscando tu voluntad, ni hablando tus propias palabras, entonces te deleitarás en Jehová; y yo te haré subir sobre las alturas de la tierra, y te daré a comer la heredad de Jacob tu padre; porque la boca de Jehová lo ha hablado. (Isaías 58:3-14)

Ya lo he dicho antes y lo refuerzo: el ayuno no es moneda de cambio para negociar con Dios. El Señor no les debe nada a quienes ayunan. El ayuno es una ayuda en la expresión de la fe, en la mortificación de la carne, en la humillación ante el Todopoderoso, pero no nos da privilegios. Es bueno recordar que, después de que Dios determinó el juicio sobre el hijo que David había engendrado en una relación adúltera con Betsabé, no hubo ningún ayuno que revirtiera la situación.

Los judíos contemporáneos de Isaías se quejaron porque pensaban que Dios les debía algo por el ayuno. ¡Para nada! Y que ninguno de nosotros cometa hoy el mismo error.

¿Qué lecciones podemos extraer del relato de Isaías?

Primero, existe una forma correcta de ayunar. Si no procedemos correctamente, el ayuno no será en absoluto eficaz: «no ayunéis como hoy, para que vuestra voz sea oída en lo alto», dijo Dios a través del profeta.

En segundo lugar, no es una práctica externa, solo una apariencia, sino interna, un corazón sincero. En el ayuno que el Señor afirma haber elegido, el ayunante no presentaba el comportamiento de quien solo había aprendido un mero ritual: era contradictorio humillarse con cilicio, la cabeza inclinada y una apariencia de piedad, manteniendo sin embargo una actitud pecaminosa. ¡Y es impresionante el tamaño de la lista que expone los pecados en los que caminaron aquellos judíos! Era necesario el arrepentimiento y un cambio de actitud, un retorno a la obediencia a los innumerables principios bíblicos que el pueblo de Dios estaba quebrantando insistentemente.

En tercer lugar, tenemos las promesas divinas de recompensa para quienes ayunen correctamente, como una extensión de su piedad y compromiso:

> Entonces nacerá tu luz como el alba, y tu salvación se dejará ver pronto; e irá tu justicia delante de ti, y la gloria de Jehová será tu retaguardia. Entonces invocarás, y te oirá Jehová; clamarás, y dirá él: Heme aquí. (Isaías 58:8-9)

> ...en las tinieblas nacerá tu luz, y tu oscuridad será como el mediodía. Jehová te pastoreará siempre, y en las sequías saciará tu alma, y dará vigor a tus huesos; y serás como huerto de riego, y como manantial de aguas, cuyas aguas nunca faltan. Y los tuyos edificarán las ruinas antiguas; los cimientos de generación y generación levantarás, y serás llamado reparador de portillos, restaurador de calzadas para habitar. (Isaías 58:10-12)

> ...entonces te deleitarás en Jehová; y yo te haré subir sobre las alturas de la tierra, y te daré a comer la heredad de Jacob tu padre; porque la boca de Jehová lo ha hablado. (Isaías 58:14)

Jesús dejó muy claro que hay una recompensa por la forma correcta de ayunar: «y tu Padre que ve en lo secreto te recompensará en público» (Mateo 6:18).

Además de la exhortación y guía que recibimos a través del mensaje del profeta Isaías, también debemos considerar el tema de la motivación, incluso en la vida de aquellos que no están coqueteando con la carne ni jugando con el pecado.

Motivaciones ocultas

Presenté, en el capítulo cinco, la exhortación de Jesús condenando el exhibicionismo de los hipócritas que se empeñaban en aparecer tristes ante los hombres mientras ayunaban, para promover una aparente espiritualidad. Cité a John Wesley y creo que vale la pena volver a plantear la reflexión: «El mero hecho de que seamos vistos mientras hacemos cualquiera de estas cosas es una circunstancia puramente indiferente. Pero hacerlo con el fin de ser vistos y admirados, esto es lo que nuestro Señor condena».[2] Quienes actúan así no siempre ven el error que están cometiendo. A veces son motivaciones ocultas. Es necesario mantener un corazón enseñable y sensible a Dios, para que podamos entender lo que es incoherente y luego hacer los ajustes necesarios.

La motivación equivocada puede comprometer lo correcto que hacemos. La práctica cristiana no se refiere solo a lo exterior, visible, sino a lo interior, invisible para los hombres, pero no para Dios: «porque Jehová no mira lo que mira el hombre; pues el hombre mira lo que está delante de sus ojos, pero Jehová mira el corazón» (1 Samuel 16:7).

A principios de 2008, hice un ayuno de veintiún días, bebiendo únicamente agua. Llamé a ese año «el año de la búsqueda», porque quería buscar a Dios como nunca antes lo había hecho en el campo de la oración, la Palabra y el ayuno. Nunca había ayunado más de dos semanas; decidí, sin ningún llamado divino, que ayunaría. Y lo hice. Unas semanas más tarde, viví una experiencia notable e inolvidable, que narro al comienzo de mi libro *Até que nada mais importe* [Hasta que nada más importe]. El Señor me corrigió acerca de mi actitud; me hizo darme cuenta de que estaba valorando el desempeño de la búsqueda, «rompiendo récords», más que el objeto supremo de la búsqueda: Él. Lo que había en mi corazón y, hasta entonces, no me daba cuenta, quedó claro como el día. Lloré profundamente y me arrepentí.

Sin embargo, terminé cometiendo nuevamente un error, en otro aspecto: dejé de ayunar hasta que entendí lo que había que

2. *Biblia de estudio John Wesley*, p. 1094.

arreglar. La verdad es que el problema nunca fue el ayuno, sino la motivación con la que lo hacía. Me concentraba más en el ayuno que en mi corazón y mis verdaderas motivaciones. Sin embargo, después de esa experiencia en 2008, durante diez años, nunca volví a hacer un ayuno prolongado. Solo hice periodos de tiempo más cortos, de una semana o menos. No quería cometer más errores.

Una década después, en 2018, predicaba sobre la experiencia que tuve diez años antes, para animarnos a buscar a Dios dándole importancia a Su persona, no a Su actuación. Luego compartí cómo había sido la visita divina en la reunión de liderazgo, momento exacto en el que recibí del Señor la reprimenda sobre lo que había detrás de mi ayuno. Me emocioné solo de recordarlo. En ese momento, en medio de la predicación, el Espíritu Santo me habló: «Lo que provocó esa experiencia fue el ayuno que hiciste».

¡Me llevé un susto! Refunfuñaba interiormente mientras predicaba, tratando de continuar el diálogo en un momento tan inusual: «Pensé que el ayuno no tenía ningún valor». Y el Señor susurró dentro de mí: «Nunca dije que no tuviera valor ni resultados; acabo de corregir tu motivación equivocada. Lo que debería haberse evitado era una motivación equivocada, no un ayuno prolongado». ¡Desperdicié la oportunidad de seguir practicando ayunos prolongados durante toda una década! Yo estaba en shock. No sabía qué pensar ni qué decir y aún necesitaba prestar atención a la exposición bíblica que estaba dando en nuestra iglesia. En ese preciso momento, simplemente supe, de una manera que no puedo explicar, que debía ayunar durante cuarenta días, bebiendo solo agua. Eso es lo que hice y mi vida nunca volvió a ser la misma. En esa nueva oportunidad no valoré la actuación, sino solo a mi Señor, por quien mi hambre era mayor que el anhelo de alimento.

Todavía somos seres imperfectos. La verdad es que cometeremos errores durante todo el proceso, pero no debemos desanimarnos ni rendirnos. Necesitamos tener un corazón enseñable. A medida que nos acercamos al Señor, Él expondrá nuestros corazones, no para rechazarnos. Por el contrario, cuando Dios promueve la reparación, el ajuste y la restauración es porque quiere atraernos.

Es importante, por tanto, que estemos siempre escudriñando nuestro corazón, porque como dijo Pablo: «pruébese cada uno a sí mismo» (1 Corintios 11:28). Además, también podemos pedirle a Dios que nos examine: «Examíname, oh Dios, y conoce mi corazón; Pruébame y conoce mis pensamientos; Y ve si hay en mí camino de perversidad, Y guíame en el camino eterno» (Salmos 139:23-24). A menudo bromeo diciendo que «mejor que el autoexamen es el examen desde Arriba».

El caso de Ananías y Safira debe servir siempre de advertencia a todo cristiano. Recibieron guía legítima del Espíritu Santo, pero perdieron la motivación. ¿Qué los llevó a mentir? ¿Qué les hizo actuar como si lo hubieran regalado todo, cuando en realidad no lo habían hecho? ¿Era una necesidad de reconocimiento por parte de los demás, incluso si sus corazones no estaban alineados con lo que parecían ser? No podemos decirlo con seguridad; pero sabemos que fracasaron. Ofrecer fue lo correcto, pero lo hicieron de manera incorrecta. Sin embargo, lo que se debía evitar no era la oferta, sino la forma equivocada de practicarla. Del mismo modo, no se debe evitar el ayuno; son nuestras motivaciones las que deben ser vigiladas.

Dicho esto, consideremos ahora la forma correcta de ayunar desde una perspectiva externa, física y práctica.

El aspecto físico

La abstinencia alimentaria genera malestar, eso es un hecho. Sin embargo, no tiene por qué ser algo tan insoportable, ni un proceso obligatorio de sufrimiento que no pueda aliviarse.

La mayoría de las personas se quejan de dolor de cabeza, irritación, así como falta de energía y disposición, síntomas que son comunes durante los ayunos más cortos o al inicio de los más largos. Investigué un poco en las redes sociales mientras escribía este libro. Pregunté qué es lo que más molesta a la gente acerca del ayuno y les ofrecí cuatro opciones de respuesta (basadas en lo que más escucho a lo largo de los años). El resultado, de 25.893 respuestas, se distribuyó de la siguiente manera:

- 8.195 personas respondieron: dolor de cabeza;
- 7.404 personas respondieron: falta de energía;
- 5.855 personas respondieron: irritación;
- 4.439 personas respondieron: falta de atención y lentitud de pensamiento.

Por supuesto, el ayuno es, para la mayoría de las personas, una experiencia físicamente incómoda al principio. Esto lleva a muchos a creer que no es sabio ni saludable ayunar. La reflexión a hacer es: ¿Dios nos pediría que hiciéramos una práctica autodestructiva? ¡Es claro que no! Elmer Towns, autor del libro «El ayuno según Daniel», comenta:

> Dios creó el cuerpo humano de tal manera que necesita alimento para seguir moviéndose. Para asegurarnos de que se satisfaga esta necesidad, Dios nos creó con un deseo de comida llamado apetito. Comer satisface nuestro apetito y nos da fuerzas para realizar nuestras actividades diarias. Entonces, ¿por qué alguien elegiría ayunar, es decir, pasar un tiempo sin comer? Desde la perspectiva de Dios es simple: el ayuno puede usarse para reforzar un propósito espiritual. [...] Muchos de los que nunca han ayunado se sienten angustiados por el desafío de abstenerse de comer. Imaginan que tendrán hambre y que el hambre hará que el desafío sea demasiado grande. Suponen que esta será una experiencia incómoda [...]. Sin embargo, es importante tener en cuenta que el ayuno no provocará más que una pequeña pérdida de peso. Tampoco hará daño a nadie; de hecho, algunos estudios demuestran que el ayuno es incluso bueno para el organismo al eliminar algunas toxinas.[3]

Quienes ayunan durante periodos más prolongados saben que, pasados los tres primeros días, estos síntomas suelen desaparecer. Después del quinto día, ya no sientes ese intenso deseo de comer. Después del séptimo día, la sensación de bienestar es enorme y

3. TOWNS, Elmer L. *El ayuno según Daniel*, p. 18-20.

hay una sensación curiosa, e incluso aterradora, de que «ya no es necesario comer».

Al cabo de unos días, como hemos dicho, el cuerpo cambia de fuente de energía y pasa a obtenerla de las reservas de grasa. El médico canadiense Jason Fung comenta sobre esta transición:

> Cuando comemos, los carbohidratos ingeridos provocan un aumento de la glucosa disponible en una cantidad mayor a la necesaria. La insulina ayuda a mover esta abundante glucosa a través del torrente sanguíneo para almacenarla y reservarla para su uso posterior. Almacenamos esta glucosa transformándola en el hígado en glucógeno, un proceso conocido como glucogénesis («génesis» significa «creación de», por lo que este término significa «creación de glucógeno»). Las moléculas de glucosa se concatenan en largas cadenas para formar glucógeno. La insulina es el principal estímulo para la glucogénesis. Podemos convertir la glucosa en glucógeno y éste nuevamente en glucosa muy fácilmente.
>
> Pero el hígado tiene un espacio limitado para almacenar glucógeno. Una vez que se llena este espacio, el exceso de carbohidratos se convertirá en grasa, un proceso llamado «lipogénesis de novo». (Es decir, crear grasa nuevamente).
>
> Horas después de una comida, los niveles de azúcar en sangre y de insulina comienzan a bajar. Hay menos glucosa disponible para ser utilizada en los músculos, el cerebro y otros órganos. El hígado comienza a descomponer el glucógeno en glucosa para liberarlo a la circulación general como energía: el proceso inverso al almacenamiento de glucógeno. Por lo general esto ocurre en las primeras horas de la mañana, si asumimos que no se come a esa hora.
>
> El glucógeno se libera fácilmente, pero su suministro es limitado. Durante un breve período de ayuno («ayuno» significa no comer nada), su cuerpo tiene suficiente glucógeno disponible para funcionar. Durante un ayuno prolongado, su cuerpo puede crear nueva glucogénesis a partir de sus reservas

de grasa, un proceso llamado «gluconeogénesis» (creación de nuevos azúcares). La grasa se quema para liberar energía, que se envía al cuerpo: el proceso inverso al almacenamiento de grasa.[4]

Por tanto, el dolor de cabeza, la falta de energía, la irritación, la falta de atención y la sensación de lentitud de pensamiento pasarán (y podrán aliviarse o incluso evitarse si se observa un proceso previo y preparatorio de desintoxicación). De hecho, cabe mencionar que los días posteriores a la limpieza del organismo, que se desintoxica mediante el ayuno, son llenos de energía, disposición y claridad mental. Valnice Milhomens lo dice así:

> No se puede pensar en el ayuno como algo fácil y placentero. Él no existe para esto. La Biblia no sugiere que así sea. Es una medicina física y espiritual y aquí se puede aplicar la palabra del farmacéutico cuando da una medicina con sabor desagradable y dice: «No es sabrosa, pero es buena».[5] Especialmente cuando hablamos de ayunos más prolongados, existen muchos consejos que pueden ayudar a afrontar el malestar inicial, aliviando las molestias. Este consejo es de carácter práctico, extraído de la experiencia de quienes ayunan y también de los médicos que supervisan a las personas que ayunan; no son pautas bíblicas. Las Escrituras no hablan de este período de preparación.

¿Cómo prepararse para el ayuno?

La preparación ideal depende del tipo de ayuno. Un ayuno parcial, por ejemplo, requiere menos tiempo de preparación que el normal y el total. En el ayuno parcial el proceso de desintoxicación será más leve porque la persona sigue comiendo, a pesar de reducir la cantidad o el tipo de alimento. En cambio, en el ayuno normal y total, la interrupción brusca de la comida, a menos que se trate de alguien con una dieta muy saludable, que no es el caso de la

4. FUNG, Jason. *El código de la obesidad*, p. 73-74.
5. COELHO, Valnice Milhomens. *El ayuno y la redención de Brasil* (5ª ed.), p. 318.

mayoría que consume productos industrializados y procesados, le provocará molestias desde el primer al tercer día (este es un promedio genérico y puede variar en ciertos casos).

Para ayunos de hasta veinticuatro horas la preparación no parece ser tan necesaria como para los de tres días o más. Aun así, sin embargo, la decisión de eliminar, de tres a siete días antes del inicio del ayuno, los alimentos con toxinas (carnes rojas, azúcar, refrescos, café y ciertos tipos de té con altas cantidades de cafeína) puede aliviar los dolores de cabeza. Aunque no todo el mundo reacciona de la misma manera a la abstinencia de cafeína, la mayoría parece sentirse incómoda al dejar de consumirla (ese no es mi caso), por lo que la preparación marca la diferencia.

Consumir frutas y alimentos con fibra también ayudará a limpiar los intestinos en los días de preparación. Algo que me ha sido de gran ayuda en este proceso preparatorio desde hace muchos años es el uso de carbón vegetal (que puede adquirir en farmacias sin necesidad de receta médica, aunque es prudente y necesario, como hice yo, consultar un médico sobre su uso).

Debe beber tanta agua como sea posible; dos a cuatro litros por día. Después de los primeros días, parece resultar más difícil beber agua; beba poco a poco, pero a lo largo del día. Los ejercicios que hacen sudar también son de gran ayuda durante la desintoxicación, aunque por regla general es más recomendable realizarlos en la fase de preparación que después del inicio del ayuno.

Practicar ayunos más pequeños y recurrentes también puede servir como preparación. Antes de comenzar el ayuno prolongado durante el cual escribí este libro, ayuné durante siete días consecutivos de veinticuatro horas (durante los siete días evité comer carnes rojas, entre otras cosas). Al final de la semana estuve tres días más ingiriendo solo jugo desintoxicante y caldos de verduras. A pesar de algunas ligeras molestias sufridas durante la fase de jugo y caldo, después fue mucho más fácil entrar en el ayuno prolongado que si lo hubiera comenzado de repente.

Antes de mi primer ayuno de cuarenta días, hice, sin planificarlo, una dieta estricta de cuarenta días, por lo que se podría decir que mi cuerpo estaba bastante limpio. Aun así, pasé dos días más bebiendo solo jugo desintoxicante antes de comenzar oficialmente mi tiempo de consagración. ¡No tuve absolutamente ninguna molestia!

Sin embargo, entré en el segundo ayuno de cuarenta días sin saber cuánto duraría. Estaba cenando y, de repente, el Espíritu Santo me habló al corazón: «No comas mañana». La dirección fue breve, rápida, objetiva y sin explicaciones, pero entendí el mensaje; no comí al día siguiente. Iba a predicar en una iglesia en otro estado, entonces el pastor me llamó y me preguntó qué me gustaría cenar. Prepararían la comida allí mismo, en el edificio donde se haría la reunión. Mientras mi mente comenzaba a planificar con qué tipo de menú rompería el ayuno esa noche, el Espíritu Santo me volvió a hablar: «No comas todavía». Cuando me insinuó que entraría en el segundo día de ayuno, preví lo que vendría: un ayuno prolongado. En ese momento pedí un jugo desintoxicante. Llegó una gran cantidad, así que al día siguiente me fui con dos botellas más de 500 ml.

Con cada nuevo día, sentía que todavía no debía romper el ayuno. El sexto día hice un viaje de una semana a Europa para grabar episodios de mi programa *No Caminho da Palavra* [Por el camino de la palabra] en Malta e Italia. De allí me dirigí a Israel, donde lideraría una caravana. Mi esposa, que me acompañaba, me preguntó nada más llegar (ya estaba finalizando el día trece de ayuno): «¿Hasta cuándo vas a ayunar?». Respondí que no tenía idea, que cada nuevo día esperaba la dirección divina. Fue solo después de esa conversación con ella que el Espíritu Santo señaló claramente la duración. Me preguntó cuántos días de ayuno haría cuando regresara de Israel. Hice los cálculos y respondí: «veinticinco». Me preguntó: «¿Y cuántos días te pedí que te quedaras en casa cuando regresaste de este viaje?» Respondí: «quince días». Me había hablado más de un mes antes para reservar esa quincena en casa. Fue entonces cuando descubrí que debía ayunar por un periodo de cuarenta días. Esa vez, por tanto, no hubo mucha preparación, aparte del jugo desintoxicante que improvisé los dos primeros días.

Para ayunos de un solo día no suelo hacer ninguna preparación. Aquellos que están iniciando sus primeras experiencias con el ayuno, sin embargo, podrían empezar saltándose el desayuno, por ejemplo, para, después de algunos ejercicios de ayuno de este tipo, empezar a saltarse también el almuerzo. Al realizar las veinticuatro horas, inicialmente podrías hacerlo ingiriendo jugo natural de frutas y caldos de verduras. Siguiendo la práctica del ayuno de forma paulatina y progresiva, además de acostumbrarnos, también aprenderemos sobre las reacciones de nuestro cuerpo.

Tengo amigos que prefieren el jugo de frutas cuando ayunan con líquidos; el sabor dulce les atrae. A mí, por otro lado, me cansan un poco los sabores dulces, incluida la pasta de dientes, y prefiero los caldos de verduras. De hecho, algunos médicos señalan que parte de la causa de los dolores de cabeza (y mareos) al inicio del ayuno no solo se debe a la desintoxicación, sino también al desequilibrio electrolítico, provocado por la interrupción brusca de la ingesta de sal. El doctor Fung afirma que, «durante períodos de ayuno más prolongados, es posible que exista alguna deficiencia de sal. Aunque muchos temen el sodio añadido, existe un riesgo mucho mayor asociado con su ausencia».[6]

Muchos comenten el error de, porque van a iniciar un ayuno, comer más en la última comida para «asegurarse» durante el periodo de abstinencia alimentaria. Esto no ayuda; por el contrario, solo hace que sea más difícil limpiar el cuerpo, un proceso que será inevitable durante todo el ayuno. Lo correcto es reducir la ingesta de alimentos (así como tipos específicos que ya te he comentado) durante un tiempo antes de empezar a ayunar.

¿Cómo comportarse durante el ayuno?

Aunque a veces nos toma por sorpresa una necesidad que requiere un ayuno de emergencia, o incluso recibir una guía repentina del Espíritu Santo, lo ideal es planificar, en la medida de lo posible, períodos de ayuno. Si tiene propósitos espirituales, estar con Dios

6. FUNG, Jason. *El código de la obesidad*, p. 236.

es primacía. Esto no significa, sin embargo, que todo el tiempo de ayuno deba dedicarse exclusivamente a la oración. Moisés y Jesús, por ejemplo, pasaron cuarenta días a solas con Dios; el primero, en la cumbre del Sinaí, el segundo, en el desierto. Estaban lejos de todo y de todos. Sé que la hermana Valnice Milhomens siempre hacía ayunos prolongados. Sin embargo, esa no ha sido mi experiencia hasta ahora.

En mi primer ayuno de cuarenta días, había planeado hacerlo a fin de año, para estar tranquilo y a solas con Dios, así que bloqueé mi agenda para esa época. Sin embargo, cuando terminé la dieta mencionada, y aún no había llegado el fin de año, el Espíritu Santo me dijo: «Empieza a ayunar inmediatamente». Argumenté que viajaría sin parar durante ese período (prediqué cuarenta y seis veces en esos cuarenta días), pero el Señor me dijo: «Tienes que ayunar antes de las elecciones presidenciales. Hay más en juego en vuestra nación de lo que podéis medir». Hice los cálculos y, si empezaba el ayuno en ese momento, terminaría exactamente la semana de las elecciones. Ya no discutí ni me rebelé; simplemente obedecí. La segunda vez me tomó por sorpresa y solo pasé los últimos quince días en aislamiento. Durante el tercer período estuve aislado casi la mitad del tiempo, pero el resto del período lo pasé cumpliendo una intensa agenda de viajes y predicación, lo que no me impidió pasar mucho tiempo con Dios en hoteles, ni estudiar la Palabra, ni de escribir este libro (mucho de él, dicho sea de paso, fue escrito en aeropuertos y aviones).

No me gusta poner reglas. ¿Es solo un ayuno aislado? ¿Esto solo se puede hacer con un ritmo de vida más cercano al normal? No existe un camino único y exclusivo. Jesús fue guiado por el Espíritu para pasar ese tiempo en el desierto. Fui guiado a hacerlo, en todas las ocasiones, durante parte del período en que estaba de viaje.

Creo, sin embargo, que lo ideal es tener mucho tiempo con Dios. Y para ello, necesitas organizar tu tiempo y tus prioridades; aunque no está completamente aislado, esta separación para el Señor es sumamente importante: «Pero su fama se extendía más y más; y se reunía mucha gente para oírle, y para que les sanase de sus enfermedades. Mas él se apartaba a lugares desiertos, y oraba» (Lucas 5:15-16).

Incluso después de haber concluido su período de ayuno y haber comenzado su ministerio, Cristo (aun con un ritmo intenso de servicio) siempre buscó asegurarse tiempo a solas para la oración. Si es necesario proteger el tiempo con Dios en el ajetreo y el bullicio de la vida normal, ¿qué pasa con el ayuno? No podría ser diferente.

La gente siempre me pregunta si pueden ayunar mientras trabajan. Respondo que depende de la dirección que tengan de Dios y de qué tan dispuestos se sientan a hacerlo. Otros critican: «¡Pero la persona no ora mientras trabaja!» Respondo: «¡Pero, cuando sales del trabajo para orar, tendrás más horas de ayuno acumuladas que si hubieras dejado el ayuno hasta después de las horas de trabajo o cuando no estabas trabajando!» Además, algunas actividades permiten orar en paralelo mientras se realizan. Agregue a esto la guía bíblica «orando en todo tiempo con toda oración y súplica en el Espíritu» (Efesios 6:18), que también debe practicarse en el trabajo, con o sin ayuno. Por otro lado, no puedo dejar de reconocer que el contexto de mi trabajo, en el ministerio de tiempo completo, es más favorable a la práctica del ayuno que otros tipos de trabajo.

Los consejos sobre cómo comportarse durante la abstinencia alimentaria, sin embargo, pueden cambiar dependiendo de algunas variables: ¿Qué tipo de ayuno es? Si es parcial la persona tendrá algún tipo de comida, pero si no, podrá utilizar el tiempo de comida para la oración. ¿Cuánto dura? Si el ayuno es breve, las precauciones también son diferentes a cuando es prolongado.

¿Cómo terminar el ayuno?

«¿Debo orar para romper el ayuno?» Normalmente respondo riendo: «Siempre debemos orar antes de cualquier comida. ¿Por qué no lo haríamos rompiendo el ayuno?».

La Biblia señala que Jesús, en el milagro de la multiplicación de los panes, «tomando los cinco panes y los dos peces, y levantando los ojos al cielo, bendijo» (Mateo 14:19). Más tarde, cuando nuestro Señor, ya resucitado, se encuentra con aquellos discípulos en el camino de Emaús y se queda con ellos, repite el gesto: «Y aconteció que estando sentado con ellos a la mesa, tomó el pan y lo bendijo, lo partió, y les dio» (Lucas 24:30). También notamos, con ocasión de su última cena, que Jesús «tomando la copa, y habiendo dado gracias...» (Mateo 26:27).

La Escritura también afirma que Pablo, en aquel barco que se hundiría en Malta, «tomó el pan y dio gracias a Dios en presencia de todos, y partiéndolo, comenzó a comer» (Hechos 27:35). El apóstol habló de personas que «prohibirán casarse, y mandarán abstenerse de alimentos que Dios creó para que con acción de gracias participasen de ellos los creyentes y los que han conocido la verdad» (1 Timoteo 4:3). Y añadió: «Porque todo lo que Dios creó es bueno, y nada es de desecharse, si se toma con acción de gracias; porque por la palabra de Dios y por la oración es santificado» (1 Timoteo 4:4-5). Al escribir a los corintios sobre la comida, afirmó: «Y si yo con agradecimiento participo, ¿por qué he de ser censurado por aquello de que doy gracias?» (1 Corintios 10:30).

Nuestra conducta debe ser siempre dar gracias por la provisión divina antes de comer. Además, algunos sugieren la necesidad de una oración formal de «cierre» antes de volver a comer. Creo que es sabio y apropiado orar diariamente antes de comer y durante el ayuno, pero no es obligatorio, ya que las Escrituras no lo exigen.

A veces me encuentro con preocupaciones exageradas: «Pastor, olvidé orar antes del cierre del ayuno, ¿qué hago?» Yo digo: «Ora después de haber comido». Algunos incluso se preguntan si se perdieron el ayuno porque no oraron al final; eso es una tontería.

Cuando terminé mi primer ayuno de cuarenta días, estaba predicando en São Gonçalo, en Río de Janeiro. El pastor Leandro Silva, de la Central del Avivamiento, que me recibió, estaba conmigo en la habitación cuando fui a beber el primer caldo de verduras. Oramos juntos e hice el cierre del ayuno (él me acompañó en ayunas durante mis últimos tres días). Nunca olvidaré ese momento. ¡Y él tampoco! Allí se manifestó la gloria de Dios. Lloramos como niños. Le dije a Leandro: «¿Por qué lloras? El ayuno es mío». Él se rió y dijo: «No sé, la gloria de Dios ha venido aquí». Sin embargo, eso no significa que vaya a intentar sacralizar el cierre del ayuno en nombre de una experiencia.

El ayuno, especialmente el ayuno prolongado, requiere cuidado y paciencia. Valnice advierte:

> Es más fácil iniciar un ayuno prolongado que salir de él. El arte de romper un ayuno reside en el método de hacer que el cuerpo recupere sus fuerzas y el sistema digestivo su normalidad, de la manera más gradual y rápida posible.[7]

La Biblia no dice mucho sobre los detalles prácticos del cierre, pero señala un caso que, a pesar de ser un ayuno involuntario (de un siervo de un amalecita que había caído enfermo y fue abandonado en el campo), exigió cierta selectividad al volver a la comida:

> Y hallaron en el campo a un hombre egipcio, el cual trajeron a David, y le dieron pan, y comió, y le dieron a beber agua. Le dieron también un pedazo de masa de higos secos y dos racimos de pasas. Y luego que comió, volvió en él su espíritu; porque no había comido pan ni bebido agua en tres días y tres noches. (1 Samuel 30:11-12)

Cuando comencé a ayunar de forma más intensa y por períodos más prolongados, a los dieciocho años, no entendía nada sobre estos necesarios cuidados postayuno. Otros colegas y yo rompimos ayunos de una semana con todo tipo de alimentos pesados e inapropiados en ese momento. Cuando era más joven, no sentí tanto el impacto, pero con el tiempo aprendí que no debemos actuar de esa manera.

---

7. COELHO, Valnice Milhomens. *El ayuno y la redención de Brasil* (5ª ed.), p. 333.

Otros terminan equivocándose en la compensación. Después de un período de tiempo sin comer, que debería ayudarles a ejercer el autocontrol, se entregan a la comida de forma incontrolable. Tenemos un ejemplo de conducta tan repudiable en las Escrituras. Saúl había impuesto un ayuno a su ejército en un día de batalla contra los filisteos (1 Samuel 14:28); al final del día, sin embargo, cuando llegó el momento de romper el ayuno, terminaron, debido a la desesperación del hambre, comiendo apresuradamente, sin respetar la ordenanza de la ley mosaica de no comer carne con sangre:

> E hirieron aquel día a los filisteos desde Micmas hasta Ajalón; pero el pueblo estaba muy cansado. Y se lanzó el pueblo sobre el botín, y tomaron ovejas y vacas y becerros, y los degollaron en el suelo; y el pueblo los comió con sangre. Y le dieron aviso a Saúl, diciendo: El pueblo peca contra Jehová, comiendo la carne con la sangre. Y él dijo: Vosotros habéis prevaricado; rodadme ahora acá una piedra grande. Además dijo Saúl: Esparcíos por el pueblo, y decidles que me traigan cada uno su vaca, y cada cual su oveja, y degolladlas aquí, y comed; y no pequéis contra Jehová comiendo la carne con la sangre. Y trajo todo el pueblo cada cual por su mano su vaca aquella noche, y las degollaron allí. (1 Samuel 14:31-34)

En resumen, ¡comenzaron a ayunar y terminaron pecando!

En ayunos cortos, volver a la comida puede resultar más sencillo. Sin embargo, cuanto más largo sea el período de ayuno, mayor cuidado se debe tener al realizarlo. Recibí una recomendación del Dr. Aldrin Marshall[8] (el médico que me ha acompañado en ayunos prolongados) de romper el ayuno lenta y progresivamente de la siguiente manera: el primer día beber líquidos; el segundo día,

8. El Dr. Aldrin Marshall, nutricionista, dirige *Metanoia Saúde*, que enseña sobre el estándar bíblico de cuidado del cuerpo asociado con consejos y ofrece muchas sugerencias prácticas para una alimentación saludable. Más información en: www.metanoiasaude.com.br.

semipastosos (caldos de verduras ligeramente espesados, licuados en una licuadora); al tercer día, pastoso; y, solo a partir del cuarto día, introducir alimentos sólidos, comenzando por verduras, legumbres y hortalizas. Dicen que el consumo inmediato de almidón (y carbohidratos en general) no es la mejor recomendación. Un amigo pastor comentó que escuchó de un pastor surcoreano (los cristianos en Corea del Sur viven una cultura de ayuno y comúnmente practican períodos de cuarenta días) que muchos suelen pasar otros cuarenta días sin consumir carbohidratos cuando regresan del ayuno.

También existe una diferencia en la forma en que se realiza el ayuno, lo que ciertamente afecta el período posterior al ayuno. La dirección que recibí del Señor en mi primer ayuno de cuarenta días fue beber exclusivamente agua. Sin embargo, ya en mi segundo ayuno, el doctor Aldrin me preguntó si había recibido la misma dirección y luego me aconsejó: «Si no tienes esta dirección clara de Dios, te sugiero que incluyas la ingesta de proteína *whey* (proteína de leche) en agua por la mañana y también beber una taza de sopa de miso (caldo elaborado con pasta de soja fermentada) por la noche». Explicó: «Este consumo no te sacará de la cetosis en ayunas y, al final, la pérdida de peso será la misma que ayunar solo con agua. Sin embargo, ingerir una pequeña porción de proteína y sodio te ayudará con el ritmo de actividad física que tendrás durante la caravana de dos semanas en Israel». De hecho, la pérdida de peso y las reacciones del cuerpo fueron exactamente las mismas que en el ayuno anterior, pero me di cuenta de que seguir las indicaciones de mi médico, especialmente la ingesta de sodio, me ayudó mucho tanto durante el transcurso del ayuno como después de volver a la comida.

En mi tercer ayuno de cuarenta días, nuevamente me indicaron que usara sopa de miso (con aproximadamente treinta calorías) y proteínas (usé proteína vegetal, proteína de guisantes, con noventa y seis calorías). Esta vez, la sugerencia también fue preservar la ingesta de suplementos y multivitaminas (en forma de cápsulas) que normalmente uso cuando no estoy en ayunas. «No ingerirlos no te hará daño, pero ingerirlos en ayunas, con el cuerpo limpio y con excelente capacidad de absorción, te hará bien», aseguró el doctor Aldrin. En otras palabras, la forma en que me conduje durante el ayuno, siguiendo las recomendaciones médicas, no solo fue fundamental para el período en el que estuve ayunando, sino que también sirvió para preparar mi cuerpo, para poder regresar bien a mi rutina alimentaria.

Estas precauciones deben observarse no solo al romper el ayuno y en los días siguientes, sino durante un período de tiempo. El cuerpo estará hiperasimilando, buscando reponer gran parte de lo que ha perdido. Al final de mi primer ayuno de cuarenta días, tuve mucho cuidado. Al finalizar el segundo, el médico me pidió que tuviera aún más cuidado, pero no le presté mucha atención, al fin y al cabo, todo había ido bien a la vuelta del anterior. Lo que no tomé en consideración es que estaba haciendo un segundo ayuno de cuarenta días con solo ocho meses de diferencia. Es algo riguroso, un shock para el cuerpo. ¿El resultado? Subí mucho de peso en los meses siguientes. Después de eso, aprendí la lección. Es necesaria una dieta cuidadosa durante al menos el mismo período que el ayuno.

Al final de mi tercera experiencia de ayuno, cuando también cierro este libro, después de haber consumido sopa de miso, además de tomar suplementos y vitaminas, noté que mi intestino se mantenía activo, aún funcionando (cosa que no sucede cuando solo bebemos agua). Entonces rompí el ayuno pasando directamente a las pastosas, sin pasar por las etapas anteriores líquidas y semipastosas. Al día siguiente, pasé a comer sólidos ligeros, en pequeñas porciones.

Mi punto es: siempre debes tener cuidado al final de ayunos prolongados, y la precaución debe durar al menos tanto como duró el ayuno. Sin embargo, la forma en que manejes la abstinencia, ya sea solo con agua o con el permiso de otros elementos, determinará qué tan lento debe ser tu retorno a la alimentación regular y cuánto te puedes «permitir», incluso con el debido cuidado, en los primeros días después del cierre del ayuno.

12

Aspectos complementarios

«Necesitas ser el amo de tu estómago, no su esclavo».

RICHARD FOSTER[1]

El ayuno, como ya hemos visto, es un ejercicio de autocontrol. Además, debe verse como una expresión de autocontrol en un ámbito delicado como es la alimentación. La comida en sí no es mala; es necesaria para nuestra subsistencia y también es una expresión de bendición y provisión divina en nuestras vidas (Deuteronomio 8:10). Sin embargo, incluso lo que es lícito puede afectarnos negativamente. Un claro ejemplo es el dinero. Aunque no está mal tener dinero (el amor al dinero está mal, 1 Timoteo 6:10), nuestra relación con él puede ser incorrecta (Salmos 62:10).

Cabe entonces preguntarse: ¿Cómo ha afectado la alimentación a la humanidad? ¿Nos damos cuenta de la fuerza e influencia que tiene sobre nosotros?

Quiero hablar un poco sobre este tema usando ejemplos bíblicos. ¿Cómo fueron tentados los humanos por primera vez? ¿Cuál fue el área en la que Satanás centró sus esfuerzos iniciales? Si bien podemos agregar otros elementos explorados en la propuesta maligna, tenemos que admitir que la desgracia de la humanidad comenzó con una oferta enmascarada por la atracción de la comida (Génesis 3:6-7).

Cuando la Biblia registra por primera vez que Satanás tentó directamente a Jesús (el último Adán, el nuevo líder de la raza),

1. FOSTER, Richard. *Celebración de la disciplina*, p. 95.

¿qué área estaba siendo provocada? Los evangelios de Mateo y Lucas también muestran que se trata del ámbito alimenticio, con el diablo buscando explotar el hambre que sintió Cristo después de cuarenta días de ayuno (Mateo 4:1-4).

Fue a causa del hambre y el deseo de comer que Esaú vendió su primogenitura (Hebreos 12:16). Los israelitas hablaron de regresar a Egipto, de donde Dios los había rescatado, debido a su anhelo de comida (Números 11:4-6). Pablo denunció a las personas cuyo dios es el vientre (Filipenses 3:19), lo que indica que eran guiados, dedicados y controlados por la comida.

Una vida de ayuno

Parte de vivir la cultura del ayuno es también adoptar un estilo de vida de ayuno. Quiero explicar mejor qué significa esto y por qué adoptamos esta práctica en nuestras vidas. Kenneth Hagin, en su libro «Guía para un ayuno equilibrado», comenta lo siguiente:

> La primera vez que me lancé al ministerio itinerante, aparté dos días a la semana (martes y jueves) para mis días de ayuno. El Señor no me guio a hacer esto; solo ayuné dos días a la semana. Eran ayunos de veinticuatro horas, porque así lo hacía el pueblo de Israel. Utilicé este tiempo extra, cuando debería haber estado comiendo, para orar. Recuerda que el ayuno no te aportará mucho si no dedicas tiempo a la oración, esperando en el Señor. Fue durante este período en el que ayuné dos veces por semana que logré los mayores logros espirituales en mi ministerio. Me encerré en el templo y pasé tiempo orando. [...] Después de varios años de ayunar dos días a la semana, el Señor me dijo: «Sería más feliz si tuvieras una vida de ayuno». Respondí: «¿Qué quiere decir el Señor con una vida de ayuno?» Me aconsejó: «No comas todo lo que quieras. Controla tu apetito. Lo único que hará el ayuno es mortificar tu cuerpo». ¿Sabes que esto es más difícil que ayunar? Yo cambié. Nunca más tuve días separados para ayunar sin que el Espíritu de Dios me dirigiera.

> Logré mayores logros espirituales a través del ayuno. Cuando estaba en las reuniones, solo hacía una comida (todavía lo hago la mayor parte del tiempo). Noté que la curación comenzó a ocurrir más fácilmente después de que cambié mis hábitos. En las ocasiones en que imponía las manos sobre las personas para recibir el Espíritu de Dios, no comía ningún alimento. Si me encontraba con una barrera, o incluso me faltaba fuerza física, y las cosas no salían como esperaba, tomaba un jugo o comía algo. Sin embargo, nunca comí todo lo que quería. Empecé a tener mejores resultados porque llevaba un estilo de vida de ayuno.[2]

No estoy sugiriendo un intercambio. El hecho de que se conserve una vida en ayunas no significa que ya no sea necesario ayunar. Utilizo como ejemplo lo que el Señor le habló al hermano Hagin de agregar la «vida de ayuno» a los ayunos: una cosa no excluye la otra. Valnice Milhomens, por ejemplo, ayuna con frecuencia y ha adoptado un estilo de vida de ayuno, lo que se demuestra en sus libros, predicaciones y testimonios.

¿Qué es, en la práctica, una vida de ayuno? Es una vida en la que la comida no domina. Para lograrlo, se puede adoptar un estándar de control sobre la cantidad y calidad de los alimentos ingeridos. También es saludable determinar dietas o restricciones por periodos un poco más largos. No se trata, por tanto, de ayunar, sino de vivir de tal manera que la comida nos sirva, sin ejercer dominio sobre nosotros, y ya hemos visto que esta es, de hecho, un área sensible.

Aunque estemos centrados en el aspecto espiritual, este estilo de vida de ayuno, además de ayudar a ejercer el autocontrol, también es beneficioso para la salud.

Preguntas y respuestas

He recibido muchas preguntas sobre el ayuno, así que decidí responder algunas de ellas en este último capítulo. No todos tratan

2. HAGIN, Kenneth E. *Guía para un ayuno equilibrado*, p. 29-31.

temas nuevos; algunas ya han sido respondidas a lo largo del libro y se incluyen aquí a modo de resumen.

Hice una distinción entre las respuestas dadas por el doctor Aldrin Marshall, como médico, y las mías, que son aquellas en las que no se especifica quién respondió.

1. ¿Necesito estar completamente inmerso en la lectura de la Biblia y la oración durante el período de ayuno?

No necesariamente. Especialmente cuando se trata de ayunos que duran más de un día, a veces puede resultar difícil aprovecharlo al máximo de esta manera. Sin embargo, cuanto más tiempo dediquemos a las cosas espirituales, mejor será el ayuno, ya que tiene un propósito espiritual. No es de extrañar que algunos llamen a la oración «la hermana gemela» del ayuno.

2. A veces ayuno de mala gana o desanimado. ¿Es válido este ayuno?

Lo que determina la validez del ayuno es la determinación de realizarlo, no lo que sentimos durante su práctica. Vale la pena recordar que el caminar cristiano se basa en la fe, no en los sentimientos. Recuerda: «lo bueno no es ayunar, es haber ayunado». La mejor parte suele llegar más tarde, no durante la práctica.

3. ¿Es el ayuno para todo cristiano? ¿Por qué algunas personas se sienten enfermas?

Creo que todo creyente debería ayunar. Es cierto que no todo el mundo está físicamente capacitado para realizar un ayuno normal o total. Sin embargo, cada uno puede adaptar un ayuno parcial a su condición física, o incluso ayunar por periodos más cortos. Distinguí estos tipos de ayunos en el capítulo nueve: «Formas, tipos y duración del ayuno».

4. ¿Perderé mi ayuno si me enfado?

Rara vez alguien comienza un ayuno y no tiene que lidiar con la irritación, especialmente cuando se trata del ciclo inicial, del día uno al tercer día, una fase de desintoxicación conocida por producir este tipo de reacciones. El problema, sin embargo, no es la irritación, sino qué hacemos con ella: si nos rendimos al sentimiento o si lo dominamos. Pablo reveló que es posible estar enojado sin pecar (Efesios 4:26); en otras palabras, el pecado no se trata de lo que sentimos, sino de lo que hacemos con ese sentimiento.

5. Tengo presión arterial baja y antecedentes de desmayos, ¿qué debo hacer?

El doctor Aldrin Marshall responde: El ayuno, en este caso, no está contraindicado. Sin embargo, es importante un proceso de adaptación, aumentando paulatinamente el período de ayuno y también el consumo de líquidos (agua, té verde, mate, tereré, café y también un caldo salado de hueso o miso).

6. ¿Puedo ayunar durante el embarazo?

El doctor Aldrin Marshall responde: El ayuno de veinticuatro horas o más está contraindicado. Sin embargo, los estudios han revelado que un ayuno de menos de doce horas no afectó negativamente el peso del bebé ni influyó en el nacimiento prematuro, lo que se detalla en el apéndice de este libro, incluida la posibilidad de utilizar el ayuno intermitente como tratamiento para mujeres embarazadas con Diabetes Mellitus Gestacional (DMG). Sobre todo, el embarazo es un periodo en el que el seguimiento médico es fundamental, por lo que el consejo es realizar ayuno bajo supervisión médica.

7. ¿Puedo ayunar durante la lactancia?

El doctor Aldrin Marshall responde: El ayuno está contraindicado, ya que los estudios muestran que las mujeres lactantes que ayunaron durante doce horas mostraron diferencias significativas en ciertos minerales presentes en la leche materna. Además, el estado nutricional materno e infantil se ve afectado.

8. ¿El ayuno no pone en riesgo tu salud?

No. Salvo en situaciones puntuales, para las personas que están enfermas o en tratamiento médico, que deben consultar a su médico, el ayuno, especialmente para los menores, es saludable. Anteriormente cité al Dr. Fung: «¿Es malo para la salud? La respuesta es no. Los estudios científicos concluyen que el ayuno aporta importantes beneficios para la salud. El metabolismo aumenta, la energía aumenta y el azúcar en sangre disminuye».[3]

9. ¿El ayuno debería implicar la abstinencia de dormir?

No hay nada en la Biblia que vincule el ayuno con la abstinencia del sueño. Lucas registró que Jesús: «En aquellos días él fue al monte a orar, y pasó la noche orando a Dios» (Lucas 6:12). Pablo mencionó tanto las vigilias (que pueden ser períodos dedicados a la oración como también períodos involuntarios de sueño) y el ayuno (2 Corintios 6:5), pero no necesariamente los relacionó.

Escribiendo a Timoteo, el apóstol mencionó a la viuda que «espera en Dios, y es diligente en súplicas y oraciones noche y día» (1 Timoteo 5:5) y la contrasta con la viuda «que se entrega a los placeres, viviendo está muerta» (1 Timoteo 5:6). Aunque esta última vivía lo opuesto al ayuno y la abstinencia de los placeres carnales, eso no significa que la primera necesariamente tuviera que incluir vigilias en sus ayunos. Por supuesto, los antiguos no solían comer al amanecer. Es decir, las vigilias probablemente se llevaban a cabo durante el ayuno, pero los ayunos no necesariamente requerían vigilias.

10. ¿Están permitidas las relaciones sexuales durante el ayuno?

He repetido a lo largo del libro que no existen reglas predeterminadas sobre el ayuno. Cada uno decide cómo, cuándo y durante cuánto tiempo ayunar. Pablo señaló que la única razón para que una pareja cristiana tomara un descanso de la intimidad sería, de mutuo acuerdo, dedicarse a la oración por un período de tiempo (1 Corintios 7:5). Esto significa que la abstinencia sexual es apropiada, e incluso recomendada, para el propósito de la consagración y concuerda con el motivo del ayuno. Sin embargo, no puede considerarse una obligación durante el ayuno. Por otro lado, esta pausa para la dedicación a la oración también podría ocurrir sin

3. FUNG, Jason. *El código de la obesidad*, p. 230.

un ayuno alimentario. Destaco, sin embargo, que esta es una decisión que deben tomar juntos, por parte de la pareja; no es una decisión que tome solo uno de los cónyuges.

11. ¿Tengo que sentirme mal para que el ayuno sea válido?

No. Incluso se puede evitar «sentirse mal». Es un efecto de la desintoxicación del organismo. El ayuno, cuando se planifica, puede evitarlo o minimizarlo; basta con incluir un proceso de desintoxicación antes del ayuno o incluso al principio. Ofrecí información sobre este proceso en el capítulo once: «La forma de ayunar».

12. ¿Puedo tomar medicamentos para el dolor de cabeza en ayunas?

El doctor Aldrin Marshall responde: No existe ninguna contraindicación para el uso de analgésicos, pero como el dolor de cabeza es señal de que tu cuerpo está en proceso de desintoxicación, la sugerencia es aumentar el consumo de agua y tomar dos cápsulas de Magnesio (malato, quelado, aspartato).

13. ¿Puedo decir que estoy ayunando?

Traté esto en el capítulo cinco. Aquí está la reseña: «Jesús condenó el exhibicionismo de los fariseos, que se empeñaban en aparecer tristes ante los hombres para promover una aparente espiritualidad. Sin embargo, no prohibió comentar sobre la práctica del ayuno; esto sería contradictorio con el hecho de que existe un registro bíblico del ayuno realizado por el mismo Jesús. ¿Cómo sabemos que Cristo, que estaba solo en el desierto, ayunó durante cuarenta días? ¡Ciertamente porque Él lo dijo! Por supuesto, esto no significa que nuestro Señor anduviera alardeando de su experiencia ante todos, sino que la compartió discretamente con sus discípulos. ¿Y qué pasa con los ayunos colectivos, como el de los líderes de la iglesia en Antioquía (Hechos 13:2-3)? No habría manera de mantenerlos en secreto».A mí, en particular, me animaron a practicar el ayuno (y a crecer en él) escuchando las experiencias de los creyentes que ayunaban. Con la debida discreción, sin buscar reconocimiento ni autopromoción, podemos animar a otros a ayunar compartiendo nuestras experiencias. Por lo tanto, incluso si no podemos asumir que debemos decírselo a los demás, es un hecho que, de la manera correcta, podemos hacerlo.

14. ¿Cuál es el objetivo principal del ayuno?

Abordé esto en el capítulo ocho, en el que afirmo: «El ayuno debe tener lo que clasifico como un propósito principal, que le es inherente: buscar a Dios, lo que abarca la adoración, la oración y la meditación bíblica. Sin embargo, también es posible detectar propósitos secundarios en las Escrituras. Estos no deben verse como divergentes del objetivo principal, sino más bien como avances».

15. No siento ningún resultado de mi ayuno. ¿Es así realmente?

Como dije antes, el ayuno, como cualquier disciplina cristiana, es un acto de fe que no requiere sentimientos. Si Cristo afirmó que el Padre, que ve en secreto, nos recompensará, entonces es seguro que habrá resultados. Pero no debes buscar solo resultados inmediatos. Muchos no perseveran en el ayuno porque no ven resultados rápidos. Actuar así equivaldría a dejar de ir al gimnasio después del primer entrenamiento alegando falta de resultados.

16. ¿Puedo ayunar durante la menstruación? ¿O estaría «inmunda», como dice el Antiguo Testamento?

Los ritos ceremoniales de la ley mosaica fueron abolidos en el nuevo pacto. El escritor de Hebreos afirma que actualmente «... consiste solo de comidas y bebidas, de diversas abluciones, y ordenanzas acerca de la carne, impuestas hasta el tiempo de reformar las cosas» (Hebreos 9:10). Espiritualmente hablando, no hay ninguna «inmundicia» relacionada con la menstruación. Respecto al tema de la baja inmunidad, tema que preocupa a algunas mujeres durante este período, el doctor Aldrin Marshall explica que el ayuno promueve todo lo contrario: «Así como el ayuno promueve la desintoxicación y acelera el proceso de renovación celular (autofagia) y muerte celular programada (apoptosis), uno de los beneficios que se obtienen es la mejora del sistema inmunológico».

17. ¿Existe un ayuno de actitudes?

En el sentido bíblico, ayunar es dejar de comer. Aunque un ayuno puede incluir otras abstinencias, no se caracteriza por ellas, sino por la abstinencia de alimentos. Se requieren de nosotros actitudes correctas en todo momento, antes, durante y después del ayuno, por lo tanto, no reconozco el «ayuno de actitudes» dentro de lo que estamos estudiando. El ayuno es ocasional; las actitudes correctas deben ser continuas.

18. ¿Cómo no pensar que el ayuno es moneda de cambio?

Es necesario tener la comprensión bíblica correcta. Traté esto en el capítulo cuatro: «¿Qué es el ayuno?» El ayuno no es, como algunos piensan, una especie de «moneda de cambio» o herramienta de negociación. Tampoco es un sacrificio que, en sí mismo, genere recompensas. Todo esto sería una contradicción con la gracia revelada en Cristo, a la que se accede mediante la fe (Romanos 5:2). «No ayunamos para ganar algo; ayunamos para conectarnos con nuestro Dios sobrenatural. Estamos limpiando el canal que nos conecta con la unción divina», dice Mahesh Chavda.[4]

Cabe mencionar que esta práctica tampoco nos hace merecedores de nada. En palabras de John Wesley, el ayuno es «un medio de gracia», no una forma de excluirla; por lo tanto, el ayuno no debe verse como un acto meritorio. Dios no les debe nada a quienes ayunan. El ayuno, sin embargo, tiene el poder de producir cambios en nosotros; mortifica la carne, aflige el alma y sensibiliza el espíritu. Y siempre debe practicarse con el propósito de buscar a Dios, con motivaciones correctas.

19. ¿Existe un momento adecuado para empezar a ayunar?

No. Los israelitas del Antiguo Testamento tenían la costumbre de ayunar a partir de las seis de la tarde (al atardecer), ya que era el momento en que terminaba un día y comenzaba otro, como el punto de inflexión que actualmente marcamos a la medianoche. Sin embargo, cada persona decide cuándo iniciar su ayuno

4. CHAVDA, Mahesh. *El poder secreto de la oración y el ayuno*, p. 124.

y cuándo finalizarlo. No hay ninguna predeterminación bíblica al respecto.

20. Si ayuno solo medio día, ¿es aceptable para Dios?

Compartí que comencé ayunando una comida, luego dos y luego un día completo. Incluso hoy ayuno tanto durante partes del día como durante días enteros. Todo depende de la persona que ayuna y de las circunstancias. Recomiendo, sobre todo a quienes empiezan a practicar el ayuno, que empiecen con ayunos más pequeños, saltándose solo una o dos comidas.

21. ¿Puedo ayunar por otras personas?

Yo no solo respondería que se puede, sino que se debe hacerlo. Uno de los propósitos secundarios del ayuno, del que hablé en el capítulo ocho, es la oración intercesora, es decir, en favor de los demás. Esto, a su vez, también se puede sumar al ayuno, como lo hizo el profeta Daniel (Daniel 9:3), quien se dedicó a interceder por la nación de Israel (Daniel 9:15-19).

22. Rompí el ayuno porque casi me desmayo. ¿Lo hice bien?

Esta pregunta puede tener más de una respuesta y, para ello, sería necesario conocer los detalles involucrados. Voy a comentar dos posibilidades.

Por un lado, casi todas las personas que ayunan durante mucho tiempo padecen esta «sensación de desmayo» en los primeros días (y, alrededor del día veinte, vuelve a suceder), especialmente cuando se levantan rápidamente. Algunos médicos atribuyen este mareo a un modo de ahorro de energía en el que entra el cuerpo. El proceso de equilibrio, de autorregulación del cuerpo, se llama homeostasis. Al notar la falta de ingesta de alimentos, el cuerpo suele «dosificar» la entrega de energía, especialmente después de entrar en cetosis, cuando la fuente de energía pasa a provenir de las reservas de grasa. Por tanto, este mareo o sensación de desmayo es común cuando la persona que ayuna no ha permanecido muy activa físicamente desde el inicio del ayuno.

Otro punto es, cualquier sensación de «malestar» siempre debe verse como una advertencia, especialmente después de los primeros tres días de ayuno, cuando el proceso de desintoxicación, con sus incómodos síntomas, ya ha pasado. He terminado los ayunos por preocupaciones que luego resultaron innecesarias. Sin embargo, a medida que avancemos en la práctica del ayuno, descubriremos reacciones y límites de nuestro propio cuerpo. Ante la duda, siempre prefiero terminar el ayuno antes que insistir.

23. ¿Puedo ayunar por algo específico?

En el capítulo ocho, destaqué que el propósito principal del ayuno es buscar a Dios. Sin embargo, he enumerado varios propósitos secundarios que a su vez incluyen orar por situaciones específicas. He hecho esto muchas veces a lo largo de mi vida cristiana. Si bien puedo decir que la mayor parte del tiempo ayuno para que Dios «obtenga más de mí» que para que yo «obtenga algo de él», no se puede negar que el ayuno se puede combinar con la oración por temas específicos.

24. ¿Cómo puedo saber si estoy ayunando correctamente o simplemente estoy pasando hambre?

Valorar el motivo y el propósito por el que no está comiendo. Si existe una posición para buscar a Dios y las motivaciones para la búsqueda son correctas, no se trata solo de pasar hambre; de lo contrario, es posible que pase hambre.

25. ¿Debo beber solo agua o también puedo beber otro tipo de bebidas?

Esta respuesta depende del ayuno que la persona se haya propuesto hacer. Ambos son tipos bíblicos de ayunos. Me ocupo de esto en el capítulo nueve.

26. ¿Puedo abandonar el ayuno antes del plazo establecido?

Hay razones para romper el ayuno antes de la fecha límite propuesta. Creo que los principales son por motivos de salud, si alguien realmente se siente mal, o si paralelamente al ayuno ha surgido otra situación de salud, como por ejemplo la detección de una enfermedad. Mientras escribía este libro, mi esposa rompió el ayuno el segundo día porque contrajo COVID-19. Ella sabiamente prefirió recuperarse y hacerlo más tarde.

Sin embargo, muchos terminan por darse por vencidos, especialmente al comienzo de la práctica, porque no pueden perseverar. No creo que deban martirizarse por ello. Al contrario, hay que animarse a empezar de nuevo e insistir, porque es en la práctica que se aprende y crece en esta disciplina espiritual.

27. ¿Qué hacer cuando olvidas que estabas ayunando?

Esto puede suceder. Cuando me pasó a mí actué de diferentes maneras, dependiendo de lo que pasó. Tuve que escupir lo que me había metido en la boca antes de tragarlo y tuve la desgracia de recordarlo solo después de haberlo comido, acto que hice por reflejo y costumbre, sin pensar. En una de estas situaciones, estaba en ayuno parcial, sin comer carne, y alguien me ofreció una *sfiha*. Mientras comía, la persona misma me preguntó: «¿No estás evitando la carne?» Miré lo que estaba comiendo, perplejo, porque se me había olvidado. Le pedí perdón a Dios y seguí con mi propósito. En otra ocasión comí antes del plazo propuesto, nuevamente por olvido. Le pedí perdón a Dios y comencé otro ayuno, haciéndolo todo de nuevo.

Con el tiempo, comencé a tener tanto cuidado de que esto no sucediera que, a menudo, durante ayunos prolongados, soñaba que comía y rompía el ayuno (¡esto es casi una pesadilla!). En estas ocasiones el alivio fue enorme al despertar y darme cuenta de que solo había sido un sueño.

28. ¿Puede el ayuno bíblico incluir también la intención de perder peso?

Si la pérdida de peso no es el objetivo principal, no veo nada malo en aprovechar alguno de sus efectos secundarios. Sin embargo, depende de qué tipo de ayuno estemos hablando, si es parcial, si es un ayuno intermitente aplicado de forma recurrente durante periodos más largos... Los ayunos más cortos casi no conducirán a la pérdida de peso. Y los más grandes, por el contrario, aunque aportan una gran pérdida de peso, también pueden conducir a una rápida recuperación del peso más adelante. Yo diría que, si el propósito es solo adelgazar, existen otras formas mejores que el ayuno, como por ejemplo realizar dietas bajo la supervisión de médicos y nutricionistas.

29. ¿Puedo ayunar mientras trabajo?

Traté esto en el capítulo once. A continuación se transcribe el comentario realizado:

«La gente siempre me pregunta si pueden ayunar mientras trabajan. Respondo que depende de la dirección que tengan de Dios y de qué tan dispuestos se sientan a hacerlo. Otros critican: "¡Pero la persona no ora mientras trabaja!" Respondo: "¡Pero, cuando sales del trabajo para orar, tendrás más horas de ayuno acumuladas que si hubieras dejado el ayuno hasta después de las horas de trabajo o cuando no estabas trabajando!" Además, algunas actividades permiten orar en paralelo mientras se realizan. Agregue a esto la guía bíblica "orando en todo tiempo con toda oración y súplica en el Espíritu" (Efesios 6:18), que también debe practicarse en el trabajo, con o sin ayuno. Por otro lado, no puedo dejar de reconocer que el contexto de mi trabajo, en el ministerio de tiempo completo, es más favorable a la práctica del ayuno que otros tipos de trabajo.

Los consejos sobre cómo comportarse durante la abstinencia alimentaria, sin embargo, pueden cambiar dependiendo de algunas variables: ¿Qué tipo de ayuno es? Si es parcial la persona tendrá algún tipo de comida, pero si no, podrá utilizar el tiempo de comida para la oración. ¿Cuánto dura? Si el ayuno es breve, las precauciones también son diferentes a cuando es prolongado».

30. ¿Cómo nos da el ayuno poder para expulsar demonios?

De hecho, el ayuno no confiere este poder. La autoridad para expulsar demonios nos fue dada mediante el uso del nombre de

Jesús, que funciona como una especie de «poder» para que lo representemos (Marcos 16:17; Hechos 16:18). Sin embargo, el ayuno, al mortificar la carne y agudizar la sensibilidad espiritual, puede hacernos más perceptivos de la autoridad que se nos ha dado y de nuestro propio discernimiento espiritual.

Destaqué, en el primer capítulo, que el texto en el que encontramos a Jesús mencionando que ciertos tipos de demonios solo saldrían a través de la oración y el ayuno (Mateo 17:21) no se encuentra en los manuscritos superiores, es decir, los más antiguos. Si a esto le sumamos la ausencia de otras instrucciones similares, terminamos concluyendo que esta frase, por sí sola, no sirve para establecer una doctrina sobre algo que, en la práctica, parece estar muy asociado: la importancia del ayuno para quienes ministran la liberación. Para recapitular esta verdad, transcribo parte del capítulo ocho:

«Sin embargo, aunque no abordan directamente el tema de la liberación o el exorcismo, existen otros registros que sugieren la importancia del ayuno en el contexto de la batalla espiritual, una realidad que enfrenta todo cristiano (Efesios 6:12) y que se da a través de la oración (Efesios 6:18).

Además de Jesús, quien ayunó al salir a un enfrentamiento directo con el diablo (Mateo 4:1-2), también tenemos a Daniel. El profeta, que ya llevaba tres semanas ayunando y orando (Daniel 10:3), cuando recibió la visita de un ángel, quien le reveló algo importante:

> Entonces me dijo: Daniel, no temas; porque desde el primer día que dispusiste tu corazón a entender y a humillarte en la presencia de tu Dios, fueron oídas tus palabras; y a causa de tus palabras yo he venido. Mas el príncipe del reino de Persia se me opuso durante veintiún días; pero he aquí Miguel, uno de los principales príncipes, vino para ayudarme, y quedé allí con los reyes de Persia. (Daniel 10:12-13)

Para la "demora", entendida entre las palabras escuchadas "desde el primer día" y la llegada del ángel el día veintiuno, hay una explicación: la guerra espiritual. Al mencionar al "príncipe de Persia", el ángel no se refería a un ser humano que, obviamente, no pudo resistirse a un ángel. La necesidad de que Miguel, "uno de los primeros príncipes" entre los ángeles elegidos, fuera convocado para ayudar en la batalla indica su proporción. Sin embargo, la perseverancia de Daniel en el ayuno y la oración lo llevó a la respuesta divina.

Aunque el texto en sí no conecta directamente el ayuno y la oración con la llegada de la respuesta, esto me parece implícito. De lo contrario, no habría necesidad siquiera de enfatizar el ayuno, como lo hizo el ángel (Daniel 10:12)».

31. ¿El ayuno saca a la superficie lo que hay en nuestro interior?

Se puede decir, en cierto sentido, que el ayuno tiene el poder de exponer lo que nos controla y, por lo tanto, lo que hay dentro de nosotros. Sin embargo, esto es mucho más una observación práctica que una doctrina bíblica. El ayuno expone la fuerza de los apetitos carnales y cuánto nos controlan. Además de proporcionar el diagnóstico, también ayuda, mediante la práctica persistente, a la mortificación de los mismos placeres.

32. ¿Cuál es la diferencia entre ayuno y propósito?

Se puede hacer un ayuno porque alguien ha establecido un propósito de buscar a Dios y consagrarse a Él. Por lo tanto, un ayuno puede ser un propósito. En este sentido, algunos utilizan la expresión «estoy a propósito» como sinónimo de ayuno. Sin embargo, no todo propósito establecido es un ayuno. No entiendo cuando alguien intenta diferenciar estas expresiones como si fueran diferentes niveles de consagración. Uno puede tener un propósito de consagración que no sea el ayuno y uno puede tener un propósito de ayuno que tampoco sea la consagración.

33. ¿Qué es el «ayuno de los insensatos»?

Las Escrituras nos advierten que no hagamos votos de insensatos: «Cuando a Dios haces promesa, no tardes en cumplirla; porque él no se complace en los insensatos. Cumple lo que prometes. Mejor es que no prometas, y no que prometas y no cumplas» (Eclesiastés 5:4-5). El voto de un insensato es algo prometido a Dios y no cumplido.

Sin embargo, no hay ninguna mención bíblica del «ayuno de los insensatos». Imagino que alguien debió usar la expresión para referirse a un individuo que no cumplió el voto que hizo durante su ayuno, por lo que la definición terminó popularizándose. En mi opinión, se ha utilizado erróneamente: más para degradar ciertos ayunos que para fomentar el compromiso con los votos asumidos.

34. ¿Es correcto ayunar por cosas materiales?

El ayuno, como su «hermana gemela» que es la oración, no tiene restricciones sobre lo que buscamos de Dios. Respecto a la oración, por ejemplo, Jesús dijo: «todo lo que pidiereis» (Mateo 21:22; Marcos 11:24; Juan 14:13). Él no dijo «todo excepto las cosas materiales», por lo que estas cosas están incluidas. Conozco a creyentes que han orado y ayunado pidiendo provisiones financieras y bendiciones y han sido respondidos; no hay razón para creer que tales oraciones no puedan ser respondidas.

Cabe mencionar que, para quienes se dedican a ayunos prolongados, existe un claro cambio de valores en un determinado momento durante el ayuno. Y digo, desde la práctica, que la sensación que nos da es que las «cosas materiales» muchas veces pierden tanta importancia a lo largo del proceso que incluso perdemos la ilusión de buscarlas.

El centro de gravedad de las cosas terrestres tira hacia abajo. El centro de gravedad del Reino de Dios tira hacia arriba: «buscad las cosas de arriba, donde está Cristo sentado a la diestra de Dios. Poned la mira en las cosas de arriba, no en las de la tierra» (Colosenses 3:1-2). No tengo motivos para culpar a nadie que lo haga ni para recomendar que el enfoque del ayuno sea solo eso. Que cada uno se deje guiar por el Espíritu Santo y por la comprensión de la Palabra que porta.

35. ¿Debo orar para romper el ayuno?

Cuando la gente me pregunta si deberían orar para romper el ayuno, normalmente respondo riendo: «Siempre debemos orar antes de cualquier comida. ¿Por qué no lo haríamos rompiendo el ayuno?».

Sin embargo, como compartí en el capítulo once, no existe ningún ritual preestablecido en torno a esta formalidad. Así como no tenemos motivos para condenar tal conducta, tampoco tenemos motivos para exigir que sea obligatoria. Me gusta hacerlo porque encaja con otros principios bíblicos, como el agradecimiento por la comida recibida. Sin embargo, este no es un requisito bíblico.

36. Mi padre no es cristiano y no aprueba que ayune, ¿qué debo hacer?

La enseñanza bíblica es honrar a los padres. La instrucción sobre los votos determinó que la hija dependería de la confirmación paterna para que el voto fuera validado: «Mas si su padre le vedare el día que oyere todos sus votos y sus obligaciones con que ella hubiere ligado su alma, no serán firmes; y Jehová la perdonará, por cuanto su padre se lo vedó» (Números 30:5). Por tanto, no veo como una conducta sabia entrar en rumbo de colisión y deshonra con un padre que, a pesar de carecer de comprensión, quiere lo mejor para su hija (la pregunta la hizo una niña). Por ejemplo, quizás se puedan realizar ayunos más pequeños, de una sola comida y sin complicaciones, sin crear problemas. De lo contrario, es mejor esperar hasta la edad adulta y la futura libertad para ayunar sin tener que romper otro principio bíblico. Mientras tanto, oraría para que Dios genere comprensión y aceptación en el corazón del padre, esperando que eso suceda primero antes de seguir adelante.

37. ¿Cuándo el ayuno deja de ser espiritual y se vuelve religioso?

Cuando se hace mal, es decir, con motivaciones equivocadas. No basta con hacer lo correcto; tienes que hacerlo de la manera correcta. Los judíos, en los días de Isaías, cuestionaban a Dios: «¿Por qué, dicen, ayunamos, y no hiciste caso; humillamos nuestras almas, y no te diste por entendido?» (Isaías 58:3). Por supuesto, es posible ayunar sin conseguir resultados. Esto generalmente se debe a que se hace lo correcto de manera incorrecta.

Jesús condenó a los hipócritas que insistían en ayunar por reconocimiento humano y no divino (Mateo 6:16-18). Este es un claro ejemplo de ayuno religioso sin resultados espirituales, sobre el que Cristo dijo «tu Padre que ve en lo secreto te recompensará».

38. ¿Es cierto que el ayuno es «todo lo que nos cuesta»?

La gente crea muchas definiciones que no son bíblicas. Comenzaron a definir el ayuno como un «sacrificio», lo cual no lo es (a menos que se considere la alegoría del sacrificio vivo como un acto de mortificación de la carne). Luego fueron al revés y definieron «sacrificios» (que sería «todo lo que nos cueste»), incluso sin que implique abstinencia de alimentos, como el ayuno. No estoy de acuerdo ni creo que el ayuno sea tan «costoso». A medida que lo practicamos, ambos aprendemos cómo hacerlo y nos acostumbramos; termina volviéndose mucho más fácil.

39. ¿El ayuno nos hace más sensibles a escuchar la voz de Dios?

Sí, aunque esto no significa necesariamente que escucharemos audiblemente la voz divina. Esto lo comenté en el capítulo siete:

«Después de afirmar que "los que son guiados por el Espíritu de Dios, son hijos de Dios" (Romanos 8:14), Pablo explica cómo se da esta guía: "El Espíritu mismo da testimonio a nuestro espíritu, de que somos hijos de Dios" (Romanos 8:16). No necesitamos una visión espectacular ni escuchar una voz audible, extraordinaria, para saber que somos hijos de Dios, porque esto se hace a través del testimonio interior. El Espíritu Santo da testimonio en nuestro espíritu de que somos salvos. Como se dijo: "Lámpara de Jehová es el espíritu del hombre, la cual escudriña lo más profundo del corazón" (Proverbios 20:27). Aunque existe una distinción entre espíritu, el lugar donde habla el Espíritu de Dios, y alma, el asiento de nuestras emociones (Hebreos 4:12), muchos, en la práctica, no perciben el gentil liderazgo del Espíritu en su propio espíritu. El ayuno, al afligir el alma y el cuerpo, nos hace más sensibles espiritualmente a la escucha del Espíritu.

40. ¿La abstinencia de alimentos específicos es ayuno o dieta?

El ayuno parcial puede, como mencioné en el capítulo nueve, incluir la abstinencia de alimentos específicos, pero no de todos. La diferencia entre ayunar y hacer dieta, en este caso, tiene que ver con el propósito: ya sea espiritual o simplemente una cuestión de salud. Recuerdo que, si el propósito es espiritual, el ayuno debe incluir oración y períodos de búsqueda de Dios.

Un último llamamiento

Después de haber cubierto tantos puntos, desde conflictos teológicos hasta cuestiones rutinarias y prácticas, decidí terminar el libro dando voz al experto al que más recurrí: el doctor Aldrin Marshall. El siguiente apéndice es un artículo firmado por él, mucho más técnico y preciso de lo que mis explicaciones no profesionales podrían ser.

Finalmente debo dejar constancia de mi llamamiento, que es también mi objetivo final con este trabajo: ayune. Si no ha ayunado, empiece. Si ya ayuna, siéntase motivado para llegar más lejos.

Que se escuche, sobre todo, la dulce voz del Espíritu Santo. Fue ella quien condujo a Jesús al ambiente en el que debía ayunar. Cualquiera sea el lugar o momento de su ayuno, en medio de un gran desierto o disfrutando de un hermoso oasis, sea cual sea el tipo o duración de su ayuno, de unas horas o más de un mes, sea el que sea, déjese llevar por la dirección del Espíritu. Permítase no solo ser introducido a la práctica del ayuno, sino que decida mantener, en su vida y en la vida de aquellos en quienes puede influir, la cultura del ayuno, hasta que llegue el Novio y podamos realizar todos nuestros ayunos juntos en la mesa de banquete celestial.

Apéndice

Ayuno: aspectos médicos y científicos

El aspecto espiritual del ayuno no puede separarse del aspecto médico-científico y, para ello, es necesario comprender qué mecanismos bioquímicos están detrás del acto de ayunar y qué beneficios se derivan de esta práctica milenaria, que trasciende culturas y religiones. En el mundo científico, el ayuno se volvió polémico cuando la revista *Science*, en 2009, publicó un artículo[1] sobre monos *Rhesus* de la misma edad, comparando a los que ayunaban con otros que recibían alimentación normal. Como se muestra en las fotografías a continuación, los monos que comieron normalmente tenían una apariencia mucho más envejecida (fotos A y B), mientras que los monos que ayunaron (fotos C y D) tenían una apariencia y un tipo de cuerpo más jóvenes:

1. Colman RJ, Anderson RM, Johnson SC, Kastman EK, Kosmatka KJ, Beasley TM, Allison DB, Cruzen C, Simmons HA, Kemnitz JW, Weindruch R. *Caloric Restriction Delays Disease Onset And Mortality In Rhesus Monkeys*. Science. 2009 Jul 10;325(5937):201-4. doi: 10:1126/science:1173635. PMID: 19590001; PMCID: PMC2812811.

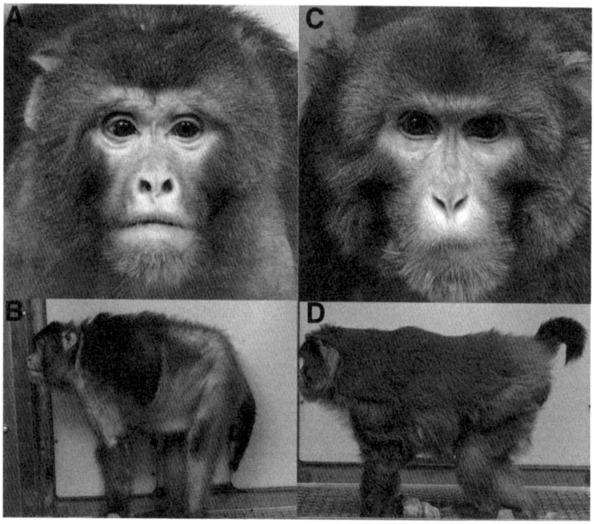

En 2016, el científico japonés Yoshinori Oshumi recibió el Premio Nobel de Medicina por sus estudios sobre la autofagia. El término autofagia proviene de las palabras griegas *auto*, que significa «yo» y *phagein*, que significa «comer». Por tanto, autofagia significa «comerse a sí mismo». Esencialmente, es el mecanismo del cuerpo para deshacerse de todas las máquinas celulares viejas y defectuosas (orgánulos, proteínas y membranas celulares) cuando ya no hay suficiente energía para sostenerlas. Es un proceso regulado y ordenado para degradar y reciclar componentes celulares. La autofagia se describió por primera vez en 1962, cuando los investigadores notaron un aumento en la cantidad de lisosomas (la parte de la célula que destruye el material viejo) en las células del hígado de rata después de la infusión de glucagón. El científico ganador del Premio Nobel Christian de Duve acuñó el término autofagia.[2] Sobre el proceso, en resumen, las partes subcelulares dañadas y las proteínas no utilizadas quedan marcadas para su

2. Harnett MM, Pineda MA, Latré de Laté P, Eason RJ, Besteiro S, Harnett W, Langsley G. *From Christian de Duve to Yoshinori Ohsumi: More to Autophagy Than Just Dining at Home.* Biomed J. 2017 Feb;40(1):9-22. doi: 10:1016/j.bj:2016:12.004. Epub 2017 Mar 22. PMID: 28411887; PMCID: PMC6138802.

destrucción y luego se envían a los lisosomas para que puedan terminar el trabajo de destruirlas.

Dado el conocimiento adquirido sobre los procesos celulares fundamentales para la homeostasis (equilibrio) de las células, comenzaron a publicarse varios artículos sobre la posible relación entre la práctica del ayuno y la optimización del proceso de autofagia[3] y sus efectos sobre la longevidad saludable y la prevención de enfermedades.

---

3. (1) Mattson MP, Longo VD, Harvie M. *Impact Of Intermittent Fasting On Health And Disease Processes.* Ageing Res Rev. 2017 Oct. 39:46-58. doi: 10:1016/j.arr:2016:10.005. Epub 2016 Oct 31. PMID: 27810402; PMCID: PMC5411330. (2) Antunes F, Erustes AG, Costa AJ, Nascimento AC, Bincoletto C, Ureshino RP, Pereira GJS, Smaili SS. *Autophagy And Intermittent Fasting: The Connection For Cancer Therapy? Clinics* (Sao Paulo). 2018 Dec 10;73(suppl 1):e814s. doi: 10:6061/clinics/2018/ e814s. PMID: 30540126; PMCID: PMC6257056. (3) Bagherniya M, Butler AE, Barreto GE, Sahebkar A. *The effect of fasting or calorie restriction on autophagy induction: A review of the literature.* Ageing Res Rev. 2018 Nov;47:183-197. doi: 10:1016/j. arr:2018.08.004. Epub 2018 Aug 30. PMID: 30172870. (4) Saito T, Kuma A, Sugiura Y, Ichimura Y, Obata M, Kitamura H, Okuda S, Lee HC, Ikeda K, Kanegae Y, Saito I, Auwerx J, Motohashi H, Suematsu M, Soga T, Yokomizo T, Waguri S, Mizushima N, Komatsu M. *Autophagy regulates lipid metabolism through selective turnover of NCoR1.* Nat Commun. 2019 Apr 5;10(1):1567. doi: 10:1038/s41467-019-08829-3. PMID: 30952864; PMCID: PMC6450892. (5) Golbidi S, Daiber A, Korac B, Li H, Essop MF, Laher I. *Health Benefits of Fasting and Caloric Restriction.* Curr Diab Rep. 2017 Oct 23;17(12):123. doi: 10:1007/s11892-017-0951-7. PMID: 29063418. (6) Paoli A, Tinsley G, Bianco A, Moro T. *The Influence of Meal Frequency and Timing on Health in Humans: The Role of Fasting. Nutrients.* 2019 Mar 28;11(4):719. doi: 10:3390/nu11040719. PMID: 30925707; PMCID: PMC6520689. (7) Tavernarakis N. *Regulation and Roles of Autophagy in the Brain.* Adv Exp Med Biol. 2020;1195:33. doi: 10:1007/978-3-030-32633-3_5. PMID: 32468455. (8) Qian H, Chao X, Williams J, Fulte S, Li T, Yang L, Ding WX. *Autophagy in Liver Diseases: A Review.* Mol Aspects Med. 2021 Dec.82:100973. doi: 10:1016/j.mam:2021:100973. Epub 2021 Jun 11. PMID: 34120768. (9) Sadeghian M, Rahmani S, Khalesi S, Hejazi E. *A Review Of Fasting Effects On The Response Of Cancer To Chemotherapy.* Clin Nutr. 2021 Apr;40(4):1669-1681. doi: 10:1016/j.clnu:2020:10.037. Epub 2020 Oct 23. PMID: 33153820. (10) Michalsen A, Li C. *Fasting Therapy For Treating And Preventing Disease - Current State Of Evidence.* Forsch Komplementmed. 2013;20(6):444-53. doi: 10:1159/000357765. Epub 2013 Dec 16. PMID: 24434759.

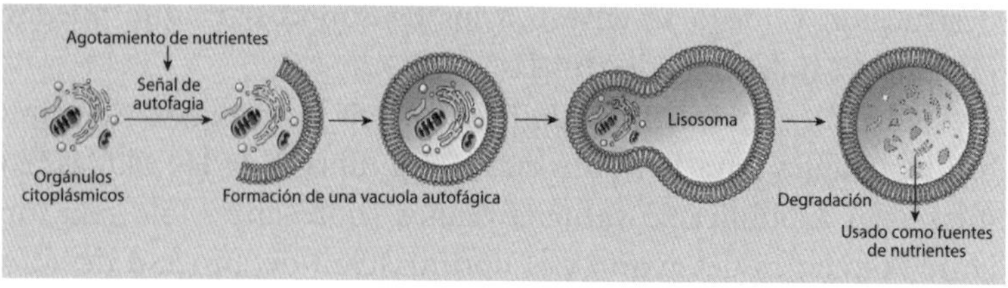

En el contexto médico, podemos clasificar el ayuno en tres categorías:

1. *Restricción calórica*: una persona que necesita 2.500 calorías diarias y consume 1.500 calorías está en lo que se puede llamar un proceso de ayuno.
2. *Ayuno fisiológico*: es aquel en el que se pasa al menos doce horas sin consumir nada que tenga calorías, y se puede beber agua, café, té o mate.
3. *Ayuno metabólico*: es un ayuno en el que, durante este periodo mínimo de doce horas, no se promueve el aumento de la insulina, hormona relacionada con el metabolismo de la glucosa. Incluso puedes comer, pero solo alimentos que no activen la insulina; no se activa, por ejemplo, cuando se consumen grasas. Una de las estrategias utilizadas es el café *bulletproof* (café con aceite de coco y mantequilla),[4] en el que se rompe el ayuno fisiológico, pero no el metabólico. Este control es importante porque la insulina elevada crea un caldo de cultivo para la inflamación.

Es importante comprender lo que sucede dentro de la célula y sus procesos bioquímicos. Como aprendí de mi profesora de biología, Alzira Mueller, en mis años de estudio entre primaria y secundaria, la célula está formada por una membrana, un núcleo y un citoplasma; en este se encuentran los orgánulos celulares.

4. Descubre más sobre el café metabólico (receta y beneficios) en: http://youtu.be/1w47vONqX74.

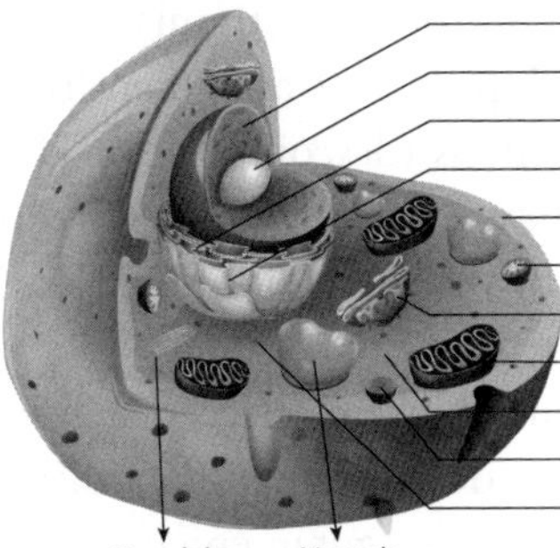

Entre estos orgánulos destaco las mitocondrias, que son las «centrales eléctricas» de las células, generando ATP, la «moneda» energética de nuestro organismo. La ruta preferida de generación de energía es a través de la glucosa, que ingresa a la célula, se fosforilada (recibe una molécula de fósforo), transformándose en glucosa-6-fosfato y luego en piruvato; este ingresa a las mitocondrias, donde, luego, se produce el ATP (trifosfato de adenosina), es decir, tres moléculas de fósforo (A-P-P-P). Cuando el cuerpo necesita energía, «roba» una de las moléculas de fósforo y deja ADP (difosfato de adenosina), dos moléculas de fósforo (A-P-P). El cuerpo vuelve a necesitar energía, por lo que descompone una molécula más de fósforo, quedando AMP (Monofosfato de adenosina), es decir, contiene una molécula de fósforo (A-P). Este es precisamente el límite, cuando «ya no tenemos dinero en la cuenta bancaria». En este escenario, se estimula una enzima quinasa, AMPK[5] (esta enzima guio el trabajo del Premio Nobel de Medicina Yoshinori Oshumi). Si no ayunamos, no se estimula la AMPK y no se activa el proceso de autofagia.

5. (1) Li Y, Chen Y. *AMPK and Autophagy.* Adv Exp Med Biol. 2019;1206:85-108. doi: 10:1007/978-981-15-0602-4_4. PMID: 31776981. (2) Mihaylova MM, Shaw RJ. *The AMPK Signalling Pathway Coordinates Cell Growth, Autophagy And Metabolism.* Nat Cell Biol. 2011Sep 2;13(9):1016-23. doi: 10:1038/ncb2329. PMID: 21892142; PMCID: PMC3249400. (3) Tamargo-Gómez I, Mariño G. AMPK: *Regulation of Metabolic Dynamics in the Context of Autophagy.* Int J Mol Sci. 2018 Nov 29;19(12):3812. doi: 10:3390/ijms19123812. PMID: 30501132; PMCID: PMC6321489.

La AMPK va al tejido adiposo, donde estimula otra enzima llamada PKA; esta estimula la Lipasa Hormona Sensible (LHS) que, a su vez, estimula la lipogénesis (descomposición del tejido adiposo para generar energía, un proceso llamado Beta-oxidación). La secuencia es entonces: AMPK, tejido adiposo, PKA, LHS y, finalmente, lipogénesis (cuerpos cetónicos).

La reducción extrema de carbohidratos hace que inicialmente el cuerpo recurra a las reservas de glucógeno para disponer de glucosa. Sin embargo, estas reservas se agotan en cuarenta y ocho horas, por lo que la energía necesaria para «alimentar» el Sistema Nervioso Central proviene de los cuerpos cetónicos.

Cuando el cuerpo entra en el proceso de ayuno, se produce una generación de estrés fisiológico, lo que hace que la AMPK estimule una proteína llamada ULK1[6], que es la promotora de la autofagia. Cuando la ULK1 aumenta, acelera el proceso de «comer» orgánulos celulares, incluidas las mitocondrias, un orgánulo que las células necesitan para generar energía. En respuesta, la AMPK estimula la biogénesis mitocondrial (generación de nuevas mitocondrias), a través de un mecanismo de defensa gestionado por proteínas del grupo de las Sirtuinas[7]: estimulan la proteína PGL-1,[8] responsable de ejecutar esta biogénesis mitocondrial.

---

6. (1)Kim J, Kundu M, Viollet B, Guan KL. *AMPK and mTOR regulate autophagy through direct phosphorylation of Ulk1.* Nat Cell Biol. 2011 Feb;13(2):132-41. doi: 10:1038/ncb2152. Epub 2011 Jan 23. PMID: 21258367; PMCID: PMC3987946. (2) Lazarou M, Salmositer DA, Kane LA, Sarraf SA, Wang C, Burman JL, Sideris DP, Fogel AI, Youle RJ. *The Ubiquitin Kinase PINK1Recruits Autophagy Receptors To Induce Mitophagy.* Nature. 2015 Aug 20;524(7565):309-314. doi: 10:1038/ nature14893. Epub 2015 Aug 12. PMID: 26266977; PMCID: PMC5018156.

7. (1) van de Ven RAH, Santos D, Haigis MC. *Mitochondrial Sirtuins and Molecular Mechanisms of Aging.* Trends Mol Med. 2017 Apr;23(4):320-331. doi: 10:1016/j. molmed:2017.02.005. Epub 2017 Mar 10. PMID: 28285806; PMCID: PMC5713479. (2) Chang HC, Guarente L. *SIRT1 And Other Sirtuins In Metabolism.* Trends Endocrinol Metab. 2014 Mar;25(3):138-45. doi: 10:1016/j. tem:2013:12.001. Epub 2013 Dec 30. PMID: 24388149; PMCID: PMC3943707.

8. Zhang G, Wang Z, Du Z, Zhang H. *mTOR Regulates Phase Separation of PGL Granules to Modulate Their Autophagic Degradation.* Cell. 2018 Sep 6;174(6):14921506.22. doi: 10:1016/j.cell:2018.08.006. Epub 2018 Aug 30. PMID: 30173914.

Algunas sustancias utilizadas para aumentar la PGL-1 son la Metformina[9] (que también regula la Telomerasa, la enzima que opera los telómeros, el marcador de edad del ADN) y la PQQ (Pirroloquinolina Quinona).[10] Por cierto, no te animo a que uses ninguna de estas sustancias sin supervisión médica.

Un paréntesis: cuando la glucosa entra en las células de forma regular, se estimula una vía anabólica (de crecimiento), MTOR,[11] que, de forma simplificada, bloquea la biogénesis mitocondrial.

Con esta pequeña explicación de bioquímica (¡uf!), hablemos de las indicaciones del ayuno, cómo se debe hacer, su duración y la mejor forma de hacerlo. Actualmente, el método de ayuno más estudiado es el ayuno intermitente diario de dieciséis horas (aprovechando el periodo de sueño) y una ventana de ocho horas para comer. Algunos estudios sugieren una asociación entre dos a tres días de ayuno intermitente por semana, intercalados con una restricción calórica de al menos un 30 a 40 % de su gasto calórico total (por ejemplo, de 2000 calorías a 1500 calorías; es importante resaltar que No solo importa la cantidad de calorías, sino principalmente su calidad, es decir, no comer comida chatarra).

---

9. (1) Lu G, Wu Z, Shang J, Xie Z, Chen C, Zhang C. *The Effects of Metformin On Autophagy*. Biomed Pharmacother. 2021 May;137:111286. doi: 10:1016/j. biopha:2021:111286. Epub 2021 Jan 30. PMID: 33524789. (2) Bharath LP, Agrawal M, McCambridge G, Nicholas DA, Hasturk H, Liu J, Jiang K, Liu R, Guo Z, Deeney J, Apovian CM, Snyder-Cappione J, Hawk GS, Fleeman RM, Pihl RMF, Thompson K, Belkina AC, Cui L, Proctor EA, Kern PA, Nikolajczyk BS. *Metformin Enhances Autophagy and Normalizes Mitochondrial Function to Alleviate Aging-Associated Inflammation*. Cell Metab. 2020 Jul 7;32(1):44-55.e6. doi: 10:1016/j.cmet:2020.04.015. Epub 2020 May 12. PMID: 32402267; PMCID: PMC7217133. (3) Kulkarni AS, Gubbi S, Barzilai N. *Benefits of Metformin in Attenuating the Hallmarks of Aging*. Cell Metab. 2020 Jul 7;32(1):15-30. doi: 10:1016/j.cmet:2020.04.001. Epub 2020 Apr 24. PMID: 32333835; PMCID: PMC7347426.

10. Harris CB, Chowanadisai W, Mishchuk DO, Satre MA, Salmosupsky CM, Rucker RB. *Dietary pyrroloquinoline quinone (PQQ) alters indicators of inflammation and mitochondrial-related metabolism in human subjects*. J Nutr Biochem. 2013 Dec;24(12):2076-84. doi: 10:1016/j.jnutbio:2013.07.008. PMID: 24231099.

11. Wang Y, Zhang H. *Regulation of Autophagy by mTOR Signaling Pathway*. Adv Exp Med Biol. 2019; 1206:67-83. doi: 10:1007/978-981-15-0602-4_3. PMID: 31776980.

Beneficios del ayuno

Hígado y tejido adiposo: genera un intercambio de la matriz energética (como un coche híbrido) de glucosa a grasas (cetogénesis), produciendo cuerpos cetónicos. La cetosis nutricional genera o mejora:

- Marcadores metabólicos e inflamatorios, incluidos lípidos, HbA1c, PCR, HDL.
- Control de peso.
- Sensibilidad a la insulina, reduciendo sus niveles.
- Descomposición del exceso de reservas grasas.
- Ahorrar masa muscular magra.
- La cetosis tiene un efecto anoréxico (reduce el apetito) mediante la liberación de CCK.
- Reduce las señales orexígenas (aumento del apetito), por ejemplo, a través de la grelina.
- Aumenta la producción de Adiponectina, proteína con actividad antiaterosclerótica, antiinflamatoria, antidiabética y que ayuda a regular la composición corporal.
- Las dietas tradicionales reducen los alimentos secretores de insulina, pero no la resistencia a la insulina. El ayuno reduce la resistencia a la insulina.
- Preserva la masa muscular magra (no degrada la masa muscular hasta que se agotan las reservas de grasa).

En el cerebro:

- Mejora la cognición.
- Aumenta la producción de Factor Neurotrófico.
- Estimula la neuroplasticidad.
- Regula la producción de Beta-amiloide.

En el sistema cardiovascular:

- Reduce la presión arterial.
- Reduce la frecuencia cardíaca en reposo.

- Mejora el tono parasimpático.
- Hay mayor resistencia al estrés.

En músculos:

- Mejor sensibilidad a la insulina.
- Mayor capacidad de resistencia.
- Reduce la inflamación.

Acerca del ayuno y el cáncer: los niveles elevados de cuerpos cetónicos reducen el daño al ADN y la carcinogénesis, creando condiciones hostiles para las células tumorales y precancerosas. Se ha demostrado que el ayuno de corta duración (cuarenta y ocho horas) es eficaz para proteger las células normales, pero no las cancerosas, sometidas a un tratamiento de quimioterapia.[12]

El mayor estudio científico sobre los efectos del ayuno terapéutico prolongado fue realizado en Buchinger Wilhelmi, una clínica de ayuno terapéutico en Alemania con 100 años de historia, por un equipo dirigido por la doctora Françoise Wilhelmi de Toledo. El estudio recopiló y evaluó datos de 1.422 personas (41 % hombres, 59 % mujeres) que completaron el programa de ayuno Buchinger Wilhelmi durante un período de cinco, diez, quince o veinte días en 2016. Bajo el título «Seguridad, mejora de la salud y el bienestar en un estudio observacional que incluyó a 1.422 sujetos durante un período de ayuno de cuatro a veintiún días», el estudio demuestra que el ayuno de Buchinger es seguro, terapéutico y eficaz. También promueve el bienestar emocional y físico. Los resultados se publicaron en línea el 2 de enero de 2019 en la revista revisada por pares PLOS ONE.[13]

12. Wilhelmi de Toledo F, Grundler F, Bergouignan A, Drinda S, Michalsen A (2019) *Safety, health improvement and well-being during a 4 to 21-day fasting period in an observational study including 1422 Subjects*. PLoS ONE 14(1): e0209353. https://doi.org/10:1371/journal.pone.0209353.

13. Laurens, C., Grundler, F., Damiot, A., Chery, I., Le Maho, A.-L., Zahariev, A., Le Maho, Y., Bergouignan, A., Gauquelin-Koch, G., Simon, C., Blanc, S., and Wilhelmi de Toledo, F. (2021) Isaías muscle and protein loss relevant in long-term

El estudio proporcionó evidencia detallada de que:

- El ayuno moviliza la energía almacenada en el tejido graso del cuerpo humano. El metabolismo pasa del consumo de glucosa al consumo de grasas y cuerpos cetónicos, lo que provoca muchos efectos beneficiosos. El cambio metabólico quedó documentado en el estudio por la presencia permanente de cuerpos cetónicos en la orina.
- El ayuno produce una pérdida significativa de peso, una reducción de la circunferencia de la cintura y niveles más bajos de colesterol y lípidos en la sangre.
- El ayuno también normalizó la presión arterial y mejoró los parámetros de la diabetes como la glucosa en sangre, la insulina y la HbA1c, mejorando así muchos factores que contribuyen a un sistema cardiovascular saludable.
- Además, en el 84 % de los casos, condiciones de salud graves como artritis, diabetes tipo 2, así como hígado graso, hipercolesterolemia, presión arterial alta y fatiga mejoraron con el ayuno.
- El 93 % de los sujetos no sintieron hambre durante el ayuno, lo que contribuyó a su bienestar físico y emocional.

Otro estudio sobre el ayuno prolongado[14] que duró diez días demostró que los músculos se ven menos afectados de lo que se temía durante mucho tiempo y que los músculos se regeneran después del ayuno del mismo modo que otros tejidos orgánicos. La pérdida de peso promedio de 5,9 ± 0,2 kg se explica por la descomposición de grasas (40 %), proteínas de tejidos metabólicamente activos, por ejemplo, hígado, riñones, bazo, mucosa

---

fasting in healthy men? A prospective trial on physiological adaptations, *Journal of Cachexia, Sarcopenia and Muscle,* 12, 1690–1703, https://doi.org/10:1002/jcsm:12766.

14. Safdie FM, Dorff T, Quinn D, Fontana L, Wei M, Lee C, Cohen P, Longo VD. *Fasting and cancer treatment in humans: A case series report.* Aging (Albany NY). 2009 Dec 31;1(12):988-1007. doi: 10:18632/aging:100114. PMID: 20157582; PMCID: PMC2815756.

intestinal, músculos cardíacos y esqueléticos (25 %), glucógeno (8 %) y pérdida de agua (27 %). Los mecanismos de ahorro de proteínas se activaron al cabo de un corto periodo de tiempo.

No se observó ninguna disminución en el rendimiento muscular; por el contrario, el rendimiento de los músculos de las extremidades inferiores mejoró significativamente después del ayuno, mientras que el del resto de músculos no se vio afectado.

Contraindicaciones del ayuno

Casos de contraindicaciones para el ayuno son:

- Pacientes con trastornos alimentarios como Anorexia Nerviosa y Bulimia.
- Los pacientes que utilizan medicamentos antidiabéticos e insulina siempre deben estar bajo supervisión médica, ya que el ayuno regula los niveles de glucosa e insulina en sangre, lo que puede provocar hipoglucemia, que suele ser grave.
- Mujeres embarazadas: el ayuno de veinticuatro horas o más está contraindicado, sin embargo una revisión sistemática con metaanálisis[15] que evaluó 31.374 embarazos, de los cuales 18.920 embarazos estuvieron expuestos al ayuno de Ramadán (noveno mes del calendario islámico en el que se practica el ayuno, que consiste en de no consumir alimentos ni bebidas entre el amanecer y el atardecer, es decir, doce horas), demostró que este tipo de ayuno no afecta negativamente el peso al nacer y no tuvo ningún efecto sobre el parto prematuro. Una patología que ha sido cada vez más común durante el embarazo es la DMG (Diabetes Mellitus Gestacional), que afecta entre el 5 al 36 % de los embarazos,

15. Glazier JD, Hayes DJL, Hussain S, D'Souza SW, Whitcombe J, Heazell AEP, Ashton N. The effect of Ramadan fasting during pregnancy on perinatal outcomes: a systematic review and meta-analysis. *BMC Pregnancy Childbirth.* 2018 Oct 25;18(1):421. doi: 10:1186/s12884-018-2048-y. PMID: 30359228; PMCID: PMC6202808.

y una estrategia que se está utilizando es el ayuno intermitente, para reducir la resistencia a la insulina, además de reducir considerablemente el peso corporal materno, glucosa plasmática y malestar psicológico, sin efectos adversos.[16] Por supuesto, el embarazo es un período en el que el seguimiento médico es fundamental.
- Mujeres lactantes: el ayuno está contraindicado, ya que estudios[17] demuestran que las mujeres lactantes que ayunan durante doce horas presentan diferencias significativas en algunos micronutrientes como zinc, magnesio y potasio. Además, su estado nutricional se vio afectado.

Cómo prepararse para un ayuno prolongado

Pablo, en 1 Tesalonicenses 5:23, advierte: «Y el mismo Dios de paz os santifique por completo; y todo vuestro ser, espíritu, alma y cuerpo, sea guardado irreprensible para la venida de nuestro Señor Jesucristo». Con esta palabra en mente, entendamos que nuestro estilo de vida occidental, en el que existe un suministro de alimentos como nunca antes en la historia de la humanidad, hace que nos enfrentemos a enfermedades provocadas por un patrón alimentario incorrecto (las llamadas Nutropatías), destruyendo o degenerando el templo del Espíritu Santo, nuestro cuerpo.

Uno de los errores más comunes que observo es el hecho de que las personas tienen su dieta compuesta mayoritariamente por «productos alimenticios», es decir, alimentos en los que se ha perdido la gran mayoría de sus nutrientes y están llenos de aditivos alimentarios, que funcionan. como un ejército enemigo que

16. Ali AM, Kunugi H. Intermittent Fasting, Dietary Modifications, and Exercise for the Control of Gestational Diabetes and Maternal Mood Dysregulation: A Review and a Case Report. *Int J Environ Res Public Health*. 2020 Dec 15;17(24):9379. doi: 10:3390/ijerph17249379. PMID: 33333828; PMCID: PMC7765295.

17. Rakicioğlu N, Amur G, Toco A, Topçu AA. The effect of Ramadan on maternal nutrition and composition of breast milk. *Pediatr Int*. 2006 Jun;48(3):278-83. doi: 10:1111/j:1442-200X:2006.02204.x. PMID: 16732795.

invade nuestro cuerpo, provocando que nuestra inmunidad (nuestro ejército) se agote. Uno de mis pacientes declaró con orgullo: «¡Estoy ayunando de refrescos!», a lo que yo respondí: «¡Eso no es ayuno, es liberación!».

Es muy común que las personas entren en un ayuno prolongado sin prepararse, es decir, sin hacer desintoxicación de comida chatarra, lo que, por supuesto, hará que el período esté lleno de síntomas desagradables, porque el cuerpo quiere aprovechar la oportunidad y liberarse rápidamente todos los residuos acumulados (toxinas). Por eso, en los primeros días son habituales síntomas como mareos, dolores de cabeza, malestar y debilidad: las células van expulsando el contenido tóxico de su interior y liberándolo al torrente sanguíneo, para luego eliminarlo del organismo.

Teniendo esto en cuenta, siempre sugiero a mis pacientes y a quienes acuden a mí hacer un ayuno prolongado como preparación, es decir, una transición al ayuno, comenzando con alimentos semisólidos, luego pasando a alimentos líquidos y, finalmente, ayuno. La realimentación se producirá en sentido contrario: líquidos, semisólidos o pastas y, solo entonces, la introducción paulatina de alimentos sólidos.

Para un ayuno de cinco a siete días, sugiero realizar el siguiente plan al menos un día antes del ayuno. Para ayunos más prolongados, sugiero hacerlo con tres a cinco días de anticipación.

DESAYUNO	1. Al despertar, 2 tazas de agua mineral alcalina (Ph>7) para vaciar los intestinos. 2. Jugo desintoxicante (01 manzana verde + 1/3 tallo de apio o 1 hoja de col + jengibre). 3. Té verde o menta (se puede endulzar con stevia).
BOCADILLO	1 taza de té Verde o de Romero.
ALMUERZO	Verduras cocidas. Ensalada de verduras crudas. 1 taza de té de menta o espinheira-santa.
BOCADILLO	1 vaso de té de flor de Jamaica con 5 fresas

CENA	1 plato hondo (300 ml) de sopa de verduras o caldo de huesos. Postre: 1 fruta o macedonia de frutas.
MERIENDA	1 taza de té (melisa, manzanilla, mulungu, melisa).
NOTA	Beba mucha agua durante el día. Haga el siguiente cálculo: su peso x 0,035 = cantidad mínima de agua que tu cuerpo necesita.

El día antes de tu ayuno, reflexiona sobre 1 Tesalonicenses 5:23 y reevalúa tus metas y motivación. Como mencioné, el equilibrio es necesario para el espíritu, el alma y el cuerpo, por lo que es una gran oportunidad para trabajar el estrés crónico. Aprovecha la semana previa al ayuno para resolver situaciones cotidianas y aligerar tu agenda durante el periodo de ayuno. También sugiero actividad física al aire libre (andar en bicicleta, caminar, correr).

Durante el ayuno:

AL DESPERTAR	Respirar, estirarse, beber 2 vasos de agua mineral alcalina (Ph>7,0) a temperatura ambiente, en pequeños sorbos.
DUCHA	Ducha caliente y enjuague final con agua fría.
A MEDIA MAÑANA	1 taza de té de hierbas o té verde.
MEDIODÍA	1 taza de té de hierbas o té verde.
MEDIA TARDE	1 taza de té de hierbas o té verde.
NOCHE (18-19 h)	1 taza de sopa de miso.
ANTES DE DORMIR (21-22 h)	1 taza de té (melisa, manzanilla, mulungu, melisa).
NOTA	Beba mucha agua durante el día. Haga el siguiente cálculo: su peso x 0,035 = cantidad mínima de agua que tu cuerpo necesita.

La tabla anterior, obviamente, es la misma para todos los días del ayuno total. Durante todo el periodo es muy importante cuidar nuestro equilibrio hidroelectrolítico, por eso recomiendo consumir sopa de miso, una sopa hecha a base de miso (pasta de soja típica de la cocina oriental), gran fuente de aminoácidos esenciales, vitaminas (Vitamina E, K y complejo B) y minerales como el sodio. Además, te sugiero consumir un suplemento multivitamínico-mineral (existen varias marcas en el mercado) para mantener optimizados tus procesos metabólicos.

La fase posterior al ayuno

La fase de regreso a la vida cotidiana debería durar aproximadamente una cuarta parte del tiempo que duró el ayuno. Es necesario porque varias funciones fisiológicas (sistema digestivo, circulatorio, endocrino, musculoesquelético, linfático, sanguíneo, inmunológico) sufren cambios notables, especialmente el sistema digestivo, que no es capaz de volver inmediatamente a su plena función, si no se respeta. Con el tiempo, aparecerán síntomas como calambres, náuseas, diarrea, hinchazón, gases, entre otros.

Está claro que hay que poner en práctica nuevos hábitos alimentarios, es decir, expresiones como «día de la chatarra» ya no deberían tener espacio en nuestra rutina. La mejora del sabor es clara, lo que te permitirá probar nuevos condimentos y sabores, reduciendo la necesidad de sal y azúcar.

PRIMER DÍA POSTAYUNO (ROMPIENDO EL AYUNO)	
AL DESPERTAR	Beber 2 vasos de agua mineral alcalina (Ph>7,0), a temperatura ambiente, en pequeños sorbos.
DESAYUNO	Té verde o de hierbas + 1/2 cucharadita de miel.
BOCADILLO	1 manzana cruda o al vapor. Té verde o de hierbas + 1/2 cucharadita de miel.
ALMUERZO	1 taza de caldo de huesos o verduras o sopa de miso.
MEDIA TARDE	Té verde o de hierbas + 1/2 cucharadita de miel.
CENA (Hasta las 19 h)	1 taza de caldo de huesos o verduras o sopa de miso. 1 fruta.

ANTES DE DORMIR (21-22 h)	1 taza de té (melisa, manzanilla, mulungu, melisa).
NOTA	Beba mucha agua durante el día. Haga el siguiente cálculo: su peso x 0,035 = cantidad mínima de agua que tu cuerpo necesita.

La reintroducción de alimentos puede durar dos o tres días, dependiendo del periodo de ayuno. En un ayuno que duraba de cinco a siete días, normalmente un día es suficiente para la transición.

SEGUNDO Y TERCER DÍA POSTAYUNO	
AL DESPERTAR	Beber 2 vasos de agua mineral alcalina (Ph>7,0), a temperatura ambiente, en pequeños sorbos.
DESAYUNO	Jugo desintoxicante (1 manzana verde + 1/3 tallo de apio o 1 hoja de col + jengibre).
BOCADILLO	Té verde o de hierbas + 1/2 cucharadita de miel.
ALMUERZO	Legumbres cocidas. Pechuga de pollo o pescado.
MEDIA TARDE	Té verde o de hierbas + 1/2 cucharadita de miel.
CENA (Hasta las 19 h)	Sopa de legumbres. 1 fruta.
ANTES DE DORMIR (21-22 h)	1 taza de té (melisa, manzanilla, mulungu, melisa).
NOTA	Beba mucha agua durante el día. Haga el siguiente cálculo: su peso x 0,035 = cantidad mínima de agua que tu cuerpo necesita.

DEL CUARTO AL SÉPTIMO DÍA POSTAYUNO	
DESAYUNO	Jugo desintoxicante (1 manzana verde + 1/3 tallo de apio o 1 hoja de col + jengibre). Té verde o menta endulzado con 1/2 cucharadita de miel). Tortilla con 2 huevos.
BOCADILLO	1 fruta.

ALMUERZO	1 plato hondo (300 ml) de sopa de verduras espesada con pasta o harina. 2 cucharadas de arroz integral. 2 cucharadas de carne molida o desmenuzada. 1 huevo caliente. 2 cucharadas de puré de verduras (zanahoria, patata). 3 cucharadas de caldo de frijoles cocidos. Postre: 1 fruta.
BOCADILLO	1 fruta (fresca o seca) o castañas (4 unidades).
CENA	Ensalada mixta de hojas y verduras. Filete de pollo o pescado. Postre: 1 fruta o 1 taza de macedonia de frutas.
ANTES DE DORMIR (21-22 h)	1 taza de té (melisa, manzanilla, mulungu, melisa).

Después de esa primera semana, ¡no vuelva a su antigua rutina alimentaria, que creó un caldo de cultivo para las enfermedades! Aprovecha la «corrección de terreno» que es el ayuno y mantén hábitos alimentarios saludables, comiendo alimentos creados por Dios que traen vida y salud.

Bibliografía

AGOSTINHO, Santo, Bispo de Hipona. *Sobre o Sermão do Senhor na Montanha*. São Paulo: Filocalia, 2016.

ARRINGTON, French L. & STRONSTAD, Roger. *Comentário bíblico pentecostal*, Novo Testamento, Volume 1. Rio de Janeiro: CPAD, 2019.

BÍBLIA DE ESTUDO JOHN WESLEY. São Paulo: Sociedade Bíblica do Brasil, 2020. BÍBLIA DE ESTUDO PENTECOSTAL. Rio de Janeiro: CPAD, 2016.

BÍBLIA DE JERUSALÉM. São Paulo: Paulus, 2002.

BÍBLIA KING JAMES FIEL 1611. Niteroi: BV Books, 2015. BICKLE, Mike. Crescendo em oração. Curitiba: Orvalho.Com, 2018.

BICKLE, Mike. *Crescendo em oração*. Curitiba: Orvalho.Com, 2018.

BONHOEFFER, Dietrich. *Discipulado*. São Paulo: Mundo Cristão, 2016.

BRIGHT, Bill. *The Coming Revival*: America's Call to Fast, Pray and Seek God's Face. Orlando: New Life Publications, 1995.

BRUCE, F.F. *Comentário bíblico NVI*: Antigo e Novo Testamento. São Paulo: Vida, 2012.

CHAFER, Lewis Sperry. *Teologia Sistemática*, volume 1. São Paulo: Hagnos, 2003.

CHAMPLIN, Russel Norman. *Enciclopédia de Bíblia, Teologia e Filosofia*, volume 3. São Paulo: Hagnos, 2015.

CHAMPLIN, Russel Norman. *Novo dicionário bíblico Champlin.* São Paulo: Hagnos, 2018.

CHAMPLIN, Russel Norman. *O Antigo Testamento interpretado versículo por versículo*, vol. 5. São Paulo: Hagnos, 2018.

CHAMPLIN, Russel Norman. *O Novo Testamento interpretado versículo por versículo*, vol. 1. São Paulo: Hagnos, 2014.

CHAVDA, Mahesh. *O poder secreto da oração e do jejum.* São Paulo: Vida, 2009.

COELHO, Valnice Milhomens. *O jejum e a redenção do Brasil.* São Paulo: Palavra da Fé, 5ª ed., 2020.

COSTA, Hermisten. *Calvino de A a Z.* São Paulo: Vida, 2006.

CUNHA, Antonio Geraldo da. *Dicionário etimológico da língua portuguesa.* Rio de Janeiro: Lexikon, 2010.

DAVIS, John. *Novo dicionário da Bíblia.* São Paulo: Hagnos, 2005.

ENGLE, Lou & BRIGGS, Dean. *O jejum de Jesus: o chamado para despertar as nações.* São Paulo: Vida, 2018.

FERREIRA, Aurélio Buarque de Holanda. *Dicionário Aurélio da Língua Portuguesa.* Curitiba: Positivo, 2010.

FOSTER, Richard. *Celebração da disciplina:* o caminho do crescimento espiritual. São Paulo: Vida, 2007.

FRANKLIN, Jentezen. Jejum: a disciplina particular que gera recompensas públicas. Rio de Janeiro: Edilan, 2016.

FRANKLIN, Jentezen. *Jejum: abrindo a porta para as promessas de Deus.* Rio de Janeiro: Edilan, 2020.

FUNG, Jason. *O código da obesidade: decifrando os segredos da prevenção e cura da obesidade.* São Paulo: nVersos, 2019. HAGIN, Kenneth E. Guia para o jejum equilibrado. Rio de Janeiro: Graça, 2013.

HENRY, Matthew. *Comentário bíblico, Novo Testamento* (Mateus a João). Rio de Janeiro: CPAD, 2018.

HOUAISS, Antônio e VILLAR, Mauro de Salles. *Dicionário Houaiss da Língua Portuguesa.* Rio de Janeiro: Objetiva, 2009.

JOSEFO, Flávio. *História dos hebreus*, volume 1. Rio de Janeiro: CPAD, 1990.

KEENER, Craig S. *Comentário histórico-cultural da Bíblia*, Novo Testamento. São Paulo: Vida Nova, 2017.

LINDSAY, Gordon. *Oração e jejum: a chave mestra para o impossível.* Rio de Janeiro: Graça Editorial, 2011.

LLOYD-JONES, Martyn. *Estudos no Sermão do Monte.* São José dos Campos: Fiel, 1999.

MELLISH, Kevin J. *Novo Comentário bíblico Beacon*: 1 e 2 Samuel. Rio de Janeiro: Central Gospel, 2015.

ORÍGENES. *Homilias sobre o Evangelho de Lucas.* São Paulo: Paulus, 2016.

PAIS APOSTÓLICOS. São Paulo: Mundo Cristão, 2017.

PFEIFFER, Charles F., VOS, Howard F. & REA, John. *Dicionário bíblico Wicliffe.* Rio de Janeiro: CPAD, 2018.

PIPER, John. *Fome por Deus*: Buscando Deus por meio da oração e do jejum. São Paulo: Cultura Cristã, 2013.

PLASS, Ewald M. *What Luter Says*, vol:1. Saint Louis: Concordia, 1959.

PRINCE, Derek. *O jejum.* Rio de Janeiro: Graça, 2019.

STRONG, James. *New Strong's Exhaustive Concordance of the Bible.* Nashville: Thomas Nelson, 1990.

SUBIRÁ, Luciano. *O impacto da santidade.* Curitiba: Orvalho.Com, 2018.

THOM, Robert. *O vinho novo é melhor.* São Paulo: Vida, 2008.

TOWNS, Elmer L. *Jejum segundo Daniel*: um modelo para seu crescimento espiritual. São Paulo: Vida, 2012.

VINE, W. E., Unger, MERRIL F. e WHITE Jr, William. *Dicionário Vine*. Rio de Janeiro: CPAD, 2002.

WALLIS, Arthur. *El Ayuno Escogido Por Dios*: Una Guia Prática y Espiritual Para el Ayuno. Nashville: Caribe, 1974.

WALLIS, Arthur. *God's Chosen Fast*. Fort Washington: Christian Literature Crusade, 1971.

WALTON, John H., MATTHEWS, Victor H. & CHAVALAS, Mark W. *Comentário histórico-cultural da Bíblia*, Antigo Testamento. São Paulo: Vida Nova, 2018.

WESLEY, John. *O Sermão do Monte*. São Paulo: Vida, 2012.

YUN, Irmão & HATTAWAY, Paul. *O homem do céu*. Belo Horizonte: Betânia, 2005.